马克思人学视域下共产主义思想研究

MAKESI RENXUE SHIYUXIA
GONGCHAN ZHUYI SIXIANG YANJIU

何喜均◎著

人民出版社

序

何喜均同志曾是我的博士生，他的博士学位论文能在较短的时间通过人民出版社严格审稿，获得出版机会，非常值得祝贺。这也是师门值得高兴的事情，他请我作序，我欣然提笔。

《马克思人学视域下共产主义思想研究》这个博士论文题目是我和喜均商量后确定的。对于博士生，选择一个难度适中、有创新性的论文题目非常重要，是做好毕业论文的前提。难度太大，有通不过答辩的风险；难度太小，索然无味，也戴不住沉甸甸的博士帽。何喜均博士学位论文的题目比较有挑战性和创新性，他硕士专业是马克思主义中国化，马克思恩格斯原著底子不太厚实，但读博期间，积极参加师门的“对话马经典”读书会，打下了比较扎实的原著功底，还参与了我的著作《中国特色社会主义制度的人学意蕴》《马克思主义是什么》《百年大党的关键抉择》等的写作，得到了锻炼，博士学位论文写作还比较顺利，也总体获得了优秀的评价。

人类自古就有对美好生活的向往和追求，世界社会主义思想也可以追溯到1516年莫尔的著作《乌托邦》，这是人类对社会主义理想的第一本系统的研究著作，书名本身就寄托了作者及当时人们对美好社会的憧憬。此后，直到19世纪中叶，空想社会主义随着资本主义的发展而不断深化，圣西门、傅立叶和欧文是19世纪三大空想社会主义者，他们的思想代表了空想社会主义发展的最高成果。马克思恩格斯在批判地吸取他们的研究成果的基础上，建立了科学社会主义思想，实现了世界社会主义思想的历史性飞跃，创立了马克思主义理论体系。

马克思也把自己的理论称作共产主义学说，实现共产主义是马克思主义的最终奋斗目标。共产主义作为人类社会发展的最终形态，是一种社会制度；作为揭示社会发展规律的理论体系，是一种学说；作为社会不断演进的过程，也是一种现实运动。不管是制度、运动还是学说，马克思的共产主义思想的核心是人的解放、人的自由全面发展，从人学视角对共产主义进行分析就抓住了问题的实质。马克思在《〈黑格尔法哲学批判〉导言》中指出：哲学不消灭无产阶级，就不能成为现实；无产阶级不把哲学变成现实，就不可能消灭自身。这充分阐明了马克思主义的最终目标是消灭无产阶级，实现无产阶级和全人类的解放。恩格斯在1894年应邀为著名杂志《新纪元》题词时就这样表述未来社会主义纪元的基本思想，他说，除了《共产党宣言》中的这句话再也找不出合适的了，那就是，“代替那存在着阶级和阶级对立的资产阶级旧社会的，将是这样一个联合体，在那里，每个人的自由发展是一切人自由发展的条件”。

现实的人是马克思新唯物主义的出发点和理论前提。人既是剧中人，又是剧作者。马克思的共产主义思想是建立在他的新唯物主义或新世界观基础之上的，它们都是人的活动的结果。马克思恩格斯强调，我们要谈的前提是现实的人，是他们的活动和他们的物质生活条件，包括他们已有的和由他们自己的活动创造出来的物质生活条件。历史是人的活动的过程，从分析现实的人的活动出发，再把握人的活动的矛盾及其变化的规律，才能揭示人类社会发展规律，把握历史发展趋势，确证共产主义的必然性。

人的解放和发展构成了马克思唯物史观的核心和中心线索。恩格斯在批判费尔巴哈抽象的人的理论之后，特别强调马克思的唯物史观是关于现实的人及其历史发展的科学。确实，唯物史观揭示了人类社会发展规律，即生产力和生产关系、经济基础和上层建筑之间的矛盾规律，而社会基本矛盾的主体是人，社会基本矛盾发生作用的规律实际上表现为人的发展要求和社会制度之间的矛盾。而随着社会制度变革、社会形态的更替，人就获得更大的发展空间和条件。分析人的发展与制度变革之间的矛盾，我们就能够抓住社会发展的核心问题，也就能深刻理解唯物史观。

马克思分析社会基本矛盾，探究人类社会发展规律，最终目标是指向共产主义。共产主义不论是作为社会制度，还是运动、学说，都贯穿着人的存在、发展的基本理论。

就共产主义作为制度而言，它是人类社会发展的最高级社会制度，是自由人联合体，是真实共同体。马克思恩格斯在《德意志意识形态》中提出："在真正的共同体的条件下，各个人在自己的联合中并通过这种联合获得自己的自由。"共产主义是人类社会的真正的开端。就共产主义作为运动而言，它"不是应当确立的状况，不是现实应当与之相适应的理想……是那种消灭现存状况的现实的运动"。它是现代化大工业发展的后果，是资本主义世界市场、竞争、经济危机、阶级斗争的必然结果，是历史发展的方向、趋势和必然归宿。而社会发展与人的发展是一致的，历史发展的过程本质上是人的发展过程，工业的历史就是人的本质力量打开的书。就共产主义作为学说而言，如恩格斯所说，它是关于无产阶级解放的条件的学说，是无产阶级立场在阶级斗争中的理论表现，它的核心是人类从生产力、社会关系和思想观念的束缚下解放出来，它是无产阶级和全人类解放的思想武器。

共产主义的实现是一个漫长的过程，我们不能想象一下子在全世界消灭资本主义，社会主义和资本主义还将长期并存，我们不能急于求成。中国特色社会主义是我国实现共产主义的一个阶段、一个环节，在我们全面建设社会主义现代化国家新征程中，人的现代化是关键因素和根本标志，推进人的现代化建设，实质性地促进人的自由全面发展，是社会主义现代化的核心问题。

以上是我对共产主义与人的存在、解放、发展的关系的一点看法，权作序。

徐　斌

目　录

绪　论

马克思的共产主义思想坚持真理性和价值性的辩证统一。一方面，他的共产主义并非空想，而是在分析资本主义社会主要矛盾和揭示人类社会发展规律的基础上得出的必然性结论，具有鲜明的真理性；另一方面，他的共产主义思想是无产阶级和全人类解放的条件的学说，它的出发点是现实的人，运动过程是无产阶级通过革命剥夺资本家的私有财产，并获得自己和全人类的解放，最终指向人的自由个性的实现，体现了其突出的价值性。但这种科学理论在历史发展和现实运动中遭受到各种各样的曲解、误解、消解、肢解，有人称其为不可能实现的乌托邦，有人用改良主义消解无产阶级革命论，有人扩大马克思某一方面的论断否定其他理论，等等。就中国而言，马克思主义传入中国后，指导中国革命、建设、改革、发展取得了历史性的成就，并成为中国共产党带领中国人民实现共产主义远大理想和中国特色社会主义共同理想的指导思想。为了坚定马克思主义信仰，我们必须准确把握共产主义思想的实质和核心，特别是其中的人学思想价值，由此凝聚共识，形成共同奋斗的历史合力。

一、研究缘由

德里达曾经指出，有一种否定马克思主义的声音喋喋不休，它宣称“马克思已经死了，共产主义已经灭亡”①。但历史事实证明，马克思虽然死了，但他的思想依旧活着，社会主义虽然有过曲折、低潮，但马克思为人类勾绘的共产主义远景代表了历史前进的方向，内蕴着人类解放的希望，因而依然具有极大的说服力、吸引力，中国特色社会主义所取得的历史性成就确证了共产主义的必然性、科学性。正如有学者指出，“马克思主义并不是一种悲剧主义的世界观。马克思主义最终的篇章的最后一幕——共产主义——也是以令人欢欣鼓舞。”②尽管我们离共产主义依旧遥远，但共产主义并不会因为人类在社会发展中遭遇的曲折而消散。

（一）共产主义思想是马克思主义学说的“皇冠”

虽然马克思不像黑格尔那样，以“解释世界”为目的创建庞大的理论体系，但他在“改造世界”理想的指引下创立了逻辑严密、体系完整的学说。虽然列宁在 1913 年所写的《马克思主义的三个来源和三个组成部分》中提出，马克思主义包括哲学、政治经济学和科学社会主义三个组成部分，但是学界仍对马克思主义思想划分存在分歧。然而，对于“什么是马克思主义思想的核心、灵魂”的认识，学界的看法则较为统一，大家一般把科学社会主义作为马克思主义思想的内核。正如恩格斯所说：“现代的唯物主义，它和过去相比，是以科学社会主义为其理论成果的。”③邓小平在谈到马克思主义时也指出：“马克思主义的另一个名词就是共产主义。”④由此可见，在许多人的心目中，共产主义就是马克思主义的代称。

马克思通过宗教批判、哲学批判、政治批判，最终走向了政治经济

① ［法］雅克·德里达：《马克思的幽灵》，何一译，中国人民大学出版社 2016 年版，第 54 页。

② ［英］特里·伊格尔顿：《马克思为什么是对的》，李杨等译，新星出版社 2011 年版，第 62 页。

③ 《马克思恩格斯文集》第 9 卷，人民出版社 2009 年版，第 357 页。

④ 《邓小平文选》第 3 卷，人民出版社 1993 年版，第 137 页。

学批判，他在批判前人与自己的过程中逐步建构了共产主义思想。共产主义是马克思为超越现存世界而建构的理想世界，是他为实现全人类解放而铺就的“救赎之路”，是实现人的自由全面发展的价值归宿。应该说，马克思终其一生都在为共产主义绘制图谱，他一生的理论研究和革命实践都是为了改造现存世界，解决现实生活中人的生存困境。无论是其哲学研究、经济学研究还是晚年的文化人类学研究，目的概莫如是。特别是在其晚年，当西方革命道路不畅时，马克思将目光投向遥远的东方社会，以期把共产主义置于现实的基础上。有鉴于此，本书希望追随马克思主义学说金字塔尖上的“皇冠”——“共产主义”——所发出的熠熠光辉来探寻马克思主义的人学价值，并借此来分析、甄别、检视历史上与当今世界各国的共产主义运动和实践。

（二）对当代人生存困境的关切

马克思的理论和实践的出发点和落脚点都是人的发展。他高度赞扬近代资本主义发展所取得的成就超过了过去一切时代，但他更关心资本主义社会发展的教训，即其经济的增长是以牺牲人的发展为代价的。在资本主义社会，资本、机器作为经济发展的手段，反过来统治人。人作为经济发展的目的，反而成为创造财富的手段。手段与目的倒置。因此，马克思批判资本主义社会中个人生存发展的悲惨境遇，指出资本宰制下人的本质的丧失，期望建立一个人人自由、平等、全面发展的新型社会。马克思考察了人与自然的关系和人与人的关系，提出了生产力和生产关系相统一的生产方式概念，并用生产方式的发展说明社会形态的更替。他体验到无产阶级的遭遇，体认到无产阶级的先进性，体察到无产阶级及其政党的革命力量。但应该注意的是，马克思恩格斯从来没有将阶级与人相对立，也没有把无产阶级解放和人的解放相分离，而是揭示了通过无产阶级解放建立无产阶级专政的国家，进而消灭阶级，为实现人的自由解放的共产主义创造条件。社会主义国家在历史发展中，由于理解的偏差，存在着强调阶级斗争、加强国家机器建设而忽视人的发展的现象。我们不应把共产主义和阶级斗争相等同，也不该把某些国家建设中出现的失误当作马克思共产主义思想的核心内容。

由此可见，共产主义不仅不排斥人，而且是因人而生、凭人实践、伴人而终。至于让·保罗·萨特提出存在主义和共产主义有共同的目标，存在主义“在有人的地方到处去找人，在他的工作，在他的家里，在街上”①；而共产主义将人吸收进观念，存在人学空场，需要把存在主义作为人学的基础而掌握。这是企图以存在主义消解共产主义，将共产主义人道主义化。

共产主义是马克思恩格斯在19世纪创立的关于人的解放的学说，今天，科学技术的发展使得人类社会由工业社会进入信息社会，马克思所观察到的资本主义社会的弊病更为明显：在人与自然关系方面，由“人类中心主义”导致的生态危机愈演愈烈；在人与社会关系方面，由资本逻辑所制约的人对物的依赖和“异化”问题未见好转；在人与自身关系方面，“逃避高尚、耻言理想”的文化虚无主义大行其道。面对人类生存的困境，东西方学者都积极探索人的自由发展的治世良策。正是在这种背景下，重思资本主义、建构共产主义的意义进一步凸显。共产主义关心人的解放和发展，观照人类社会走向的深刻底蕴始终向我们敞开，我们有必要重新挖掘马克思共产主义思想的人学内蕴，以期对新时代中国特色社会主义建设有所裨益。

二、研究意义

（一）理论意义

1. 深化对马克思共产主义思想与人学及其关系的研究

马克思共产主义思想的命运和世界社会主义运动的起伏休戚相关。

① 中国科学院哲学研究所西方哲学史组编：《存在主义哲学》，商务印书馆1963年版，第329页。

20 世纪 80 年代末 90 年代初，随着苏联解体和东欧剧变，关于共产主义的研究在这些国家举步维艰。2008 年国际金融危机爆发以后，资本主义在世界范围受到批判，西方思想界提出要“重新发现马克思”。与此同时，中国特色社会主义事业蒸蒸日上，我国国际地位和影响力显著提高，这给世界社会主义的发展以极大的信心。实践教育了那些妄谈马克思主义过时、共产主义必败的自由主义者，使他们重新燃起对马克思主义的热情、对共产主义思想的兴趣，而这一切，又促使人们重新回顾马克思共产主义思想发展史。

纵观马克思一生的理论活动，无产阶级和人类解放、每个人的自由全面发展等都是他十分关注的主题。在《1844 年经济学哲学手稿》中，马克思提出共产主义就是人作为完整的人占有自己全部的本质，首次将共产主义和人学联系起来，用人的本质的回复来表征共产主义，将异化劳动的积极扬弃作为共产主义的核心。虽然这时马克思还没有摆脱人本主义的局限性，并将共产主义归结为人道主义，但在随后的理论研究中，他不断夯实人学基础、丰富人学基本内容，使得共产主义思想随人学的发展而发展，逐步趋于科学。应该说，共产主义思想的创立与马克思为了解决人学中人的异化问题密切相关，共产主义思想与马克思的人学相得益彰。

时至今日，学界对马克思共产主义思想和人学研究都取得了长足的进展，在各自的领域都取得许多学术成果，但用马克思人学理论和方法去研究共产主义思想，却鲜有涉及。因此，借助人学视域研究马克思共产主义思想，在深化共产主义研究的同时拓展马克思人学研究范围，并形成新的学术生长点，应该能够达到化解分歧、客观理解共产主义之目的。

2. 从人学视角重新分析共产主义实践

理论来源于实践、指导实践并在实践中得到检验，继而使自身得到修正和完善。马克思共产主义实践即国际共产主义运动。目前国际共运研究方法主要还是局限于指导思想层面和政治价值观方面，缺少操作层面的研究方法和多学科的研究视角。

如前所述，马克思围绕人学概念的逐渐完善、人学内容的不断充实来发展共产主义思想，人的解放是共产主义思想的核心内容。那么国际共运作为马克思共产主义思想的实践，其最好的指导思想、检验标准便是马克思人学理论的基本观点。比如：运动是否能够更好地满足人的需要，并引起新的需要？运动能否体现人的社会价值，并实现人的自我价值？运动是否能实现社会主义条件下的平等、公正、自由？运动是否更好地发挥了无产阶级的主体性？运动是否能指向人的自由全面发展？本书用马克思人学理论中的核心概念来审视国际共运史，分析国际共运的举措，观照国际共运的得失，一方面能够深化国际共运史的研究，另一方面也能够丰富马克思人学理论。

（二）实践意义

1. 进一步坚定以人民为中心的价值追求

共产主义思想由于本身具有丰富的含义，马克思恩格斯言说的多重论域，后来者基于学术背景和意识形态的多样阐释，使得其本就丰富的内涵更加包罗万象。但就其作为指导无产阶级进行人类解放的行动指南来说，共产主义具有确定的含义，透过它可以照射出马克思主义、非马克思主义和反马克思主义的本来面目。

马克思共产主义思想的价值取向是以人为本。与哲学史上的人本主义传统不同，马克思不是从抽象的人出发，而是从现实社会中的个人出发。他认为，正是人现实的感性活动创造了人的存在条件，创造了人的生存世界。按照以人为本的原则，人在社会上具有最高的价值性，人是社会发展的主体和目的，社会发展的最终目标不是作为商品的物和作为资本的货币，而是包括资产者和无产者在内的活生生的人。然而，在资本宰制的社会，商品、货币、资本成为人们竞相争取的目标，人自身却变得无足轻重。资本主义社会背离了社会发展的终极目的，人被物所统治，成为物的奴隶。资本主义社会的价值取向不是以人为本，而是以物为本。马克思指出，与资本主义社会把人从等级和人身依赖解放出来相比，共产主义是人的再次解放，是把人从物的支配下解放出来。而且，与把人从人身依赖解放出来相比，把人从物的依赖下解放出来是更大的进步。

中国共产党以马克思主义为指导思想，以共产主义为最高理想，在社会主义实践中坚持以人民为中心，把人民作为发展的目的和归宿。中国共产党在革命和建设的实践中将全心全意为人民服务确定为根本宗旨，这是马克思公仆思想的当代体现。党的十八大将科学发展观正式列入党的指导思想，科学发展观的核心是以人为本。自此，将人的发展和人的利益作为衡量一切工作的出发点和落脚点。党的十九大提出的"习近平新时代中国特色社会主义思想"将"以人民为中心"作为基本方略之一，并将其贯彻到治国理政的全部活动之中。作为马克思共产主义思想的执行典范，中国共产党无疑是以人民为中心的价值理念的忠实践行者。可以确证，中国共产党的执政理念充分彰显了共产主义思想的人学价值，也必将丰富和发展马克思共产主义思想的人学内涵。本书通过全面挖掘马克思共产主义思想的人学价值，梳理中国革命、建设和改革过程中的人学意蕴，以期增强党的思想理论的政治认同，坚定以人民为中心的发展思想，凝聚起建设新时代中国特色社会主义的强大动力。

2. 对中国特色社会主义实践有所裨益

中国特色社会主义是中国共产党对马克思共产主义思想的运用与发展，它摒弃了过去对社会主义的教条理解，从社会主义的本质理解人的全面发展。然而，人的全面发展要经过艰难漫长的历史过程，表现在初级阶段是生产力和生产关系的双重解放，先达到共同富裕的近期目标。在人的全面发展目标的指引下，中国特色社会主义坚持科学社会主义基本原理，在各方面发展都取得了突出的成就。党的十八大以来，中国特色社会主义进入新时代，党和国家各方面发展都取得了历史性成就。这些成就的取得为人的自由全面发展奠定了坚实的基础，也使中国社会经济发展状况发生了变化，社会生产由落后变为发展的不平衡、不充分。

人的需求层次也随之发生了转变，由日益增长的物质文化需要转变为日益增长的美好生活需要。新时代中国特色社会主义发展依靠中国共产党的领导，仰赖全体人民的开拓进取，其检验的标准是对人的更高需求的满足。

中国特色社会主义语境中含有中国处于社会主义初级阶段之意。这个阶段并非马克思所设想的发达资本主义国家进入共产主义所需的阶段，而是基于中国社会生产力发展状况、人的发展现状所作的判断，也是我们更好地满足人的发展所必经的阶段。中国特色社会主义进入新时代，并没有超越初级阶段这一实际，因此，党的基本路线——党和国家的生命线、人民的幸福线仍然需要坚持。中国共产党是现实和理想统一论者，实现中华民族伟大复兴的中国梦是新时代中国共产党的历史使命，实现共产主义是我党的最高理想和最终目标。因此，从人学角度阐释马克思共产主义思想，检视国际共产主义运动的成败得失，可以为中国特色社会主义建设提供镜鉴。本书尝试用人学价值来处理当前利益与长远利益、现实目标与远大理想的关系，结合当前实际，在各项工作中遵循人学价值，在推动社会发展的同时促进人的发展。

三、国内外研究现状

（一）国外研究现状

马克思共产主义思想产生之后便对人类历史进程产生了重要的影响，它不仅影响了共产党执政的社会主义国家，也影响了非共产党执政的资本主义国家；不仅影响了经济社会落后的发展中国家，也影响了经济社会先进的发达国家。在马克思共产主义思想的指引下，共产主义运动风起云涌，许多社会主义国家由此建立。但是，20 世纪以来，社会主义国家的命运跌宕起伏，对马克思共产主义思想的评价也随之或毁或誉。随着社会主义运动的发展进程顺逆变化，国外学者对共产主义思想的态度也随之变化。国外学者对共产主义思想的研究和探讨，主要围绕以下几个方面进行。

1. 对“三位一体”共产主义思想的理解

马克思的共产主义思想是一个科学体系，马克思在阐述共产主义时，有时强调其作为指导无产阶级解放的理论武器，有时强调其作为代替资本主义社会的未来社会制度，有时强调其作为一场改造世界的现实运动。因此，要完整、准确地把握共产主义思想这一科学体系，应该全方位把握、多角度审视，如果人为割裂，抽出其中一个方面无限发挥，就会陷入“盲人摸象”的境地，将科学的探讨变为烦琐的争论。

首先，将共产主义理论从共产主义思想体系中抽离出来，并与宗教加以附会类比，这一思潮产生于20世纪30年代，一些西方学者围绕着《1844年经济学哲学手稿》的发表做文章，惊呼马克思是预言家，而共产主义则是“千年王国”。

在他们的思想深处存在着把信仰和科学相对立的倾向，也存在着将信仰仅归结为宗教信仰的思想误识。在他们看来，共产主义思想不能被证实为科学知识，也不能被证伪为谬误，只能处于二者之间成为信仰。马克思恩格斯曾对空想共产主义者威廉·克里斯蒂安·魏特林试图以共产主义先知自居进行过批判。恩格斯明确指出，魏特林“口袋里装有一个能在地上建成天堂的现成药方，并且觉得每个人都在打算窃取他的这个药方”①。马克思则指出魏特林没有正确的科学思想指导工人运动，只是作为慷慨激昂的预言家玩弄空洞虚伪的把戏。

其次，将共产主义制度从共产主义思想体系中独立出来，特别是20世纪80年代末90年代初，随着东欧剧变和苏联解体，社会主义国家遇到了前所未有的困难。共产主义思想因其与现实社会主义国家的密切联系而受到更多的关注，也遭受到更多的非难。

马克思关注现实，对历史秉持乐观的态度，因而在其著作中呈现出对未来社会制度一般特征的勾画和对历史向好的憧憬。众所周知，马克思恩

---

① 《马克思恩格斯文集》第4卷，人民出版社2009年版，第234页。

格斯在《德意志意识形态》中，对未来社会强制性分工消失后的情形做了精彩的刻画，即“任何人都没有特殊的活动范围，……因而使我有可能随自己的兴趣今天干这事，明天干那事，上午打猎，下午捕鱼，傍晚从事畜牧，晚饭后从事批判”①。马克思共产主义思想的制度之维度确实存在，但是国外有些学者将其绝对化，忽视共产主义的其他维度，导致其丰富内涵简单化。

仅执制度一维勾画未来共产主义社会的详细特征，甚至以此来要求现实社会主义国家，这与空想社会主义并无二致。马克思恩格斯在谈到共产主义制度含义之时，态度非常审慎、严谨。他们仅就原则谈自己的看法，涉及未来共产主义社会也仅提出一个大致的轮廓和方向，并且是在研究资本主义社会的发展趋势时，提出未来社会制度所能形成的要素，而不对未来情景做过多的预测。马克思恩格斯主张对共产主义思想的运用，应该随时随地以当时的历史条件为转移。如果将共产主义仅仅理解为制度，不仅误解了马克思的原意，也违背了马克思将其作为原则的教诲。

再次，将共产主义运动从共产主义“三位一体”思想中剥离出来，从而将其庸俗化。19 世纪末 20 世纪初，欧洲主要资本主义国家爆发经济危机，开始向垄断资本主义过渡。垄断资产阶级对工人运动的态度由公开镇压变为收买和镇压交替使用，工人阶级内部开始分化。历史形势的变化引起了理论上的论战，第二国际部分修正主义者借口回应现实中出现的新情况，对共产主义中的一些问题做出自己的阐释。

将共产主义运动绝对化的观点并不新鲜，恩格斯晚年根据革命形势的变化和经济发展的趋势，反思了他和马克思在 1848 年关于革命进程和策略的一些看法，提出在无产阶级革命基础上，利用“一件新的武器——最锐利的武器中的一件武器……利用普选权”②。德国社会民主党据此断章取义，在《前进报》上声称恩格斯主张无论如何要做

① 《马克思恩格斯文集》第 1 卷，人民出版社 2009 年版，第 537 页。

② 《马克思恩格斯全集》第 22 卷，人民出版社 1965 年版，第 601 页。

一个爱好和平的守法者。恩格斯随后进行了驳斥，并指出“我谈的这个策略（指选举权，引者注）仅仅是针对今天的德国，而且还有重要的附带条件。对法国、比利时、意大利、奥地利来说，这个策略就不能整个采用”①。恩格斯当年批判的是那种放弃无产阶级革命，在德国现行的法律制度下，无产阶级可以通过合法的运动实现社会变革的误识。仅看到共产主义运动性的国外学者，站在极端的立场上来分析问题，不可避免地具有片面性。将所有的运动乃至变化都理解为共产主义，而不提无产阶级革命和消灭资产阶级私有制，这势必将共产主义庸俗化。这将无法辨别此种运动的真正性质，也无法保证达至共产主义的前途。

由此可见，国外学者对马克思共产主义思想的研究，都致力于回应当时社会历史发展的变化，并敏锐地抓住了其中的个别维度。但由于各种原因，他们忽略乃至无视其他维度，或将其中的几个维度加以对立，这种简单的非此即彼的二元化思维，限制了对共产主义的科学阐释。

2. 共产主义思想和人道主义关系研究

人道主义和人本主义都出自英文 humanism 一词，并且经常被学界等同视之、交互使用。虽然二者的思想根源、思想原则相同，但人道主义是一种社会思潮、意识形态，侧重于文学、政治和道德方面。人本主义是一种哲学理论、学术思想。人本主义是人道主义的哲学基础，人道主义是人本主义在社会科学和社会生活中的具体运用。② 关于共产主义思想乃至马克思主义和人道主义的关系问题，一直是国外学者的重要研究领域。他们对二者的关系研究，主要集中在以下两个方面。

首先，割裂马克思共产主义思想历史逻辑和实践发展，人为地制造了“两个马克思”，即“青年马克思”和“老年马克思”，并将二者对立起来。

---

① 《马克思恩格斯文集》第 10 卷，人民出版社 2009 年版，第 700 页。

② 袁贵仁：《马克思主义人学理论研究》，北京师范大学出版社 2013 年版，第 23 页。

距国外一些学者正确地指出了青年马克思和老年马克思在思想认识、语言风格等方面的差异，一定程度上抓住了马克思主义乃至共产主义思想发展史的阶段性特点。但他们偏执地持守二元对立的思维方式，片面看待和理解马克思共产主义思想，有意夸大、歪曲马克思思想发展的阶段性区别。这些观点即使包含着科学的因素，但其完全否定马克思思想发展的某个阶段，肯定另一阶段，既没有完整地把握共产主义思想的全貌，也不符合历史事实。

其次，将共产主义等同于人道主义。国外一些学者面对社会现实，反抗西方社会总体化趋势，他们希望挖掘马克思共产主义思想所蕴含的、西方人道主义传统具有的对人的本质、潜能的关怀。但由于他们立论的依据都是《手稿》，并且关注个体的自由，而不是作为整体的无产阶级的自由和解放，因而具有乌托邦的性质。

3. 历史进步视野中的共产主义思想辩护

青山遮不住，毕竟东流去。历史的车轮滚滚向前，岁月的尘埃无法永远遮掩真理的光芒。从马克思主义发展史来看，经过社会主义国家的沉浮和资本主义国家的演变，学者们更能够看清马克思共产主义思想的科学价值，也更能明白马克思主义的原则和方法是否科学。正所谓吹尽黄沙始见金。国外的一些严肃学者，结合世界历史发展出现的一些新特征，站在对历史负责、对未来负责、对人类负责的高度对马克思共产主义思想进行了公允的评价。

美国市场社会主义理论的代表人物詹姆斯·劳勒认为共产主义有虚无主义和辩证主义两种研究方法。巴枯宁和“德国的”“真正的”社会主义者所使用的是虚无主义的研究方法，马克思所采取的是辩证主义的研究方法。虚无主义研究方法即把共产主义和资本主义相对立，否认二者之间的内在联系，对资本主义的一切均采取否定的态度；辩证主义研究方法认为共产主义产生于资本主义内部，二者之间存在辩证环节，应关注资本主义社会的积极因素。从这个意义上来说，研究资本主义实际上就是研究共产主义。劳勒进而认为，马克思提出了人类向共产主义的进化是一个过程，这个过程可以分为六个阶段：共产主义对自由市场限制阶段；共产主义组织明显发展阶段（这两个阶段属于资本主义之中的共产主义阶段）；无产阶级专政指导下的共产主义和资本主义企业在市场中竞争阶段；市场社会主义阶段（这两个阶段属于资本主义和共产主义之间的共产主义阶段）；共产主义低级阶段；共产主义高级阶段（这两个阶段属严格意义上的共产主义阶段）①。劳勒正是在这个意义上评价说："如果说阿基米德是在外空寻找支点来移动世界，那么马克思就是在资本主义范围内发现了他批判和改变资本主义的阿基米德点。在他的辩证的方法看来，共产主义是在资本主义范围之内发展的。"②

美国学者罗伯特·海尔布隆纳指出马克思共产主义首创了对社会的理解方式，如果没有它，人们将无法认识社会。他认为马克思主义"一直是理论和实践的结合，是对过去和现在的分析。这种分析旨在为实现一个理想的未来提供指导。这一理想的未来就是建立社会主义，以之为过渡，最终实现共产主义"③。他通过分析马克思恩格斯著作中关于社会主义人的劳动和自由的论述，来论证马克思关于共产主义思想的科学性。

意大利学者多米尼克·洛苏尔多在《马克思：社会主义的历史经验和展望》中指出，马克思从三个方面论述社会主义：其一是社会主义理想，其二是展望人类社会发展前景，其三是无产阶级夺取政权后的任务。共产主义的解放力量表现在第三个方面，前两个方面的理解都落脚于解决当前的现实任务。通过洛苏尔多的论述，我们可以进一步理解马克思共产主义思想的科学性及其方法论意义④。

---

① ［美］詹姆斯·劳勒：《虚无主义的共产主义与辩证的共产主义》，《国外理论动态》2006 年第 2 期；欧阳康：《对话与反思——当代英美哲学、文化及其他》，人民出版社 2005 年版，第 256 页。

② 欧阳康：《当代英美哲学地图》，人民出版社 2005 年版，第 636 页。

③ ［美］罗伯特·L. 海尔布隆纳：《马克思主义：赞成与反对》，马林梅译，东方出版社 2016 年版，第 102 页。

④ 欧阳康：《对话与反思——当代英美哲学、文化及其他》，人民出版社 2005 年版，第 255 页。

日本学者岩崎允胤认为科学社会主义包括学说、运动和体制三个方面，这三个方面在历史过程中辩证统一。苏联是在体制上偏离了科学社会主义，但它并不是社会主义学说和运动的失败，也无损于科学社会主义。①

斯拉文教授批判了那些认为马克思思想和理想属于19世纪的众多思想家，指出他们“批判水平之低，超乎所有工人的标准”，因而作出的结论“未免过于仓促”。他认为未来社会建立在人类现代科学技术和信息革命所创造的包罗万象的文明的基础之上，这种文明只有马克思指称的自由人的联合体才能适应。②

这个名单还可以列得更长，但却没有必要。只要学者们不是出于无知和抱有其他的偏见，只要对人类历史发展抱有乐观的态度，他们都承认马克思共产主义思想极富魅力，并具有归纳历史、统摄现实、指引未来的批判力和解释力。他们从各个方面对马克思共产主义思想的阐释，不仅驳斥了对马克思主义的种种污蔑，也从时代角度深化了共产主义思想的研究。

（二）国内研究现状

国内学者对马克思共产主义思想的研究成果较多，内容也较为丰富。综合来看，学术界近些年研究重点集中在以下几个方面。

1. 马克思共产主义思想的发端与演变

共产主义思想是马克思在扬弃空想共产主义、驳斥反动的和保守的共产主义、否定自己先前的哲学共产主义中生成和发展的。学界普遍认为马克思共产主义思想是一个创生的过程，在共产主义的创立过程中，马克思不是教条式地预见未来，而是坚持“在批判旧世界中发现新世界”的原则。目前，学界关于马克思共产主义思想发端和演变的研究，综合

---

① 欧阳康：《对话与反思——当代英美哲学、文化及其他》，人民出版社2005年版，第254页。

② ［俄］鲍·斯拉文：《被无知侮辱的思想》，孙凌齐译，中央编译出版社2006年版，第14—21页。

起来有三种观点。

第一种观点，马克思共产主义思想发展经历了一个“哲学共产主义”阶段。

王金福、庄友刚认为马克思恩格斯的思想发展经由哲学阶段，最后发展到科学阶段。即1845年之前马克思恩格斯思想处于哲学阶段，1845年以后马克思恩格斯思想发展到科学阶段。1845年马克思恩格斯实现了一场深刻的变革，标志着马克思思想的分野。马克思恩格斯反对用“哲学”来指称自己的新世界观，不像通常所理解的那样，马克思哲学和他之前的哲学只是阶级立场、理论观点不同。与之相应，哲学共产主义和科学共产主义分别是马克思思想处于哲学阶段和科学阶段的产物。陈慧珍指出，恩格斯在1843年为了区别“工人共产主义”，而将他们的共产主义称作哲学共产主义，意指他们的共产主义有哲学基础；虽然马克思多使用“实践的人道主义”和“积极的人道主义”来指称这一阶段的共产主义，但从其哲学依据是费尔巴哈人本主义哲学来看，当属于哲学共产主义发展阶段。后来二人创立的科学共产主义以唯物史观为基础，立足现实生活，通过无产阶级的阶级斗争来实现，是对历史上和他们自己先前带有空想性质的共产主义的超越。焦坤、邓福庆通过梳理马克思早期文本发现，马克思立足于人（社会主体）的本质和资本主义雇佣劳动（社会客体）两个向度，依次以黑格尔理性主义、费尔巴哈人本主义和唯物史观为理论基石，其转向共产主义以后分别经历了人本共产主义、世俗共产主义和科学共产主义阶段。其中的人本共产主义明显具有哲学性质，也可以称作哲学共产主义阶段。世俗共产主义具有过渡性，是哲学共产主义和科学共产主义的过渡环节。①

① 参见王金福、庄友刚：《从“哲学共产主义”到科学共产主义——马克思、恩格斯的哲学革命与共产主义学说的转变》，《哲学研究》2006年第11期；陈慧珍：《马克思恩格斯早期的共产主义理论》，《福建论坛（人文社会科学版）》2011年第12期；焦坤：《马克思早期共产主义思想发展轨迹探析》，《理论探讨》1994年第1期；焦坤、邓福庆：《青年马克思共产主义思想解读》，《教学与研究》1999年第8期。

第二种观点，马克思共产主义思想演变中各因素共同起作用，不可视为阶段的转换。

侯惠勤指出，从马克思思想发展可以看出，当他参加革命斗争时，其政治观点和阶级立场的转变起主导作用；当他埋头书斋时，自身知识引领世界观的转变。他认为，1843 年 4 月前，马克思实际知识不足以支撑其善良的前进愿望，所以政治观点的转变推动哲学主题和论证方式的变换；其后的经济学研究、历史研究又成为主导马克思哲学和政治观点转变的因素。因此，侯惠勤认为马克思的哲学观和共产主义观相互促进，共生共存，不应把其中某一因素发挥的作用凸显而将其夸大为一个阶段的特征。张奎良承认马克思共产主义思想包含哲学意蕴，具有高远的境界，因而他认为马克思创立的科学共产主义思想并没有抛弃其哲学价值，这也是共产主义得以成为理想的原因之一。①

第三种观点，通过梳理马克思的经典文本，将马克思共产主义思想划分为若干阶段。

豆金贤、胡绪明、齐亚宁等人从文本探析角度将马克思共产主义思想发展划分为几个阶段：(1)《〈黑格尔法哲学批判〉导言》标志马克思接受了共产主义思想，这个阶段可以视为马克思共产主义思想的萌芽阶段。(2) 在《1844 年经济学哲学手稿》中，马克思站在费尔巴哈人本主义的立场上，其共产主义思想超越了经验的层面，置身于高远的境界，是马克思共产主义思想的发展阶段。(3)《德意志意识形态》标志着马克思唯物史观的创立，共产主义思想从此有了科学的理论基础，这是马克思共产主义思想的完成阶段。(4) 从《共产党宣言》至《哥达纲领批判》时期，马克思批判非科学社会主义思潮，建构自己的共产主义，这是马克思共产主义思想发展之成熟阶段。②

---

① 参见侯惠勤：《共产主义：马克思主义哲学之魂》，《红旗文稿》2015 年第 18 期；张奎良：《马克思共产主义思想的哲学意蕴》，《哲学研究》2003 年第 4 期。

② 参见豆金贤、胡绪明：《马克思恩格斯共产主义的文本学阐释》，《学理论》2010 年第 31 期；齐亚宁：《马克思共产主义思想发展的内在逻辑》，《学理论》2011 年第 22 期。

上述学者对马克思共产主义思想发展阶段的具体划分虽有差异，但在“共产主义思想是生成的过程，并且随着社会实践的发展而不断发展”这一点上达成共识。这是马克思生前对自己创立的理论所坚持的态度，也是我们今天坚持和发展马克思主义的题中应有之义。

2. 马克思共产主义思想的核心和特征

一个理论的核心思想应在该理论体系中居于核心地位，并具有超越性和终极价值。学界对马克思共产主义思想之核心的不同认识，反映了人们所选取角度的差异，体现了人们秉持不同的立场对共产主义本质认识的偏差。综合学界对此问题的研究，主要集中在两个方面：人们或从改造外部世界的角度，或从改造人自身的角度阐释共产主义的核心思想。

李伟根据马克思主义创立之初，马克思将共产主义的基本运动概括为消灭阶级剥削和阶级，提出共产主义思想的核心就是消灭剥削和阶级。他指出共产主义作为实践活动，随历史的发展变化而变化，并逐步展现其本质特征；李济广通过梳理马克思恩格斯关于共产主义论述的著作，指出其基本结论都是消灭私有制，建立公有制。所以公有制是共产主义的核心思想，是区别真假共产主义的试金石。两位学者的共同之处在于从改造外部世界的角度认识共产主义，有其合理因素。但他们将共产主义社会的某些特征指认为其核心，并不具有终极价值和普遍意义，其阐释难免有失偏颇。①

俞可平、叶汝贤等人从关注、改造人自身的角度，将共产主义思想和人的自由相联系，认为每个人的自由发展是共产主义的最高命题，也是共产主义的灵魂和目的，是马克思主义的出发点和落脚点。他们针对马克思的一个或几个文本进行研究，从整体的角度抓住了共产主义的理论核心，把共产主义思想的核心问题研究引向深入，也为以马克思人学

① 参见李伟：《社会主义就是消灭剥削和阶级——论社会主义运动的本质》，《马克思主义研究》2013 年第 11 期；李济广：《科学社会主义制度的基本内涵是生产资料公有制》，《马克思主义研究》2017 年第 3 期。

统摄共产主义思想提供了理论依据。①

共产主义思想的核心是消灭剥削、阶级、私有制，还是人的自由解放、建立自由人的联合体？二者并非非此即彼的对立选项，在回答"马克思共产主义思想的核心问题是什么"的问题时，应寻求最佳的结合点，借以深化此问题的研究。

3. 马克思共产主义思想的多维理解

人们对共产主义思想理解的差异导致其对待马克思主义的不同态度，对马克思主义的不同态度又关乎对其信仰与否。资本主义社会当代发展中存在的经济、政治、文化危机以及现代社会人的生存困境问题，召唤我们破除传统上对共产主义的理解之蔽，使共产主义思想在解决现实社会新问题中焕发生机。综合学界对共产主义思想理解的不同视角，大致可以划分为以下四类。

第一，从功能、作用维度理解共产主义。

荆学民提出马克思共产主义学说是对理论和社会现实的双重批判：理论上通过批判先前各种共产主义流派，建构、阐释科学共产主义；实践上共产主义的实现要诉诸共产主义行动，共产主义是在现实中阶段性实现的理想。因而，他认为马克思共产主义思想应该从批判、建设和信仰三个维度相结合来理解。曹峰认为马克思的共产主义是一个立体的、多维的概念。应该从现实关照、终极关怀和历史发展逻辑三个维度来理解，而不应视其为固定的、终极的社会模式。共产主义是一场批判现实的实践运动，其目标所指永远是优于人类现存处境，因而具有现实关照；共产主义终极关怀不同于宗教，不是悬设一个与现实无涉的终极世界，而自始至终都是人的自由自觉的实践活动；共产主义的发展逻辑符合人类社会发展和人自身的发展逻辑，势必随着生产力的提高和人逐渐

① 参见俞可平：《人的全面发展：马克思主义的最高命题和根本价值》，《马克思主义与现实》2001 年第 5 期；叶汝贤：《每个人的自由发展是一切人的自由发展的条件——〈共产党宣言〉关于未来社会的核心命题》，《中国社会科学》2006 年第 3 期。

摆脱对人与物的依赖而得以实现。①

第二，从经验和超验双重视角理解共产主义。

贺麟在对马克思共产主义思想进行思考后指出，马克思共产主义思想可作经验和超验双重理解。经验角度强调经济意义的社会制度、所有制等等；超验角度强调哲学的理想性。马克思共产主义思想虽然本质上前后一致，但在不同阶段强调的侧重点不同。傅长吉、丛大川认为马克思共产主义思想可以从政治经济学和人道主义两方面理解。从政治经济学理解是狭义共产主义，或者说是通常意义上的科学社会主义，其目标指向是消灭私有制；从人道主义理解是广义的共产主义，即是全面的、普遍的共产主义，价值所指是人的自由个性的实现。前者是现实的运动，着力于完成当下的任务；后者是未来理想，着眼于对人的关切。王海锋对比了《1844年经济学哲学手稿》与《德意志意识形态》后指出，前者从超验层面提出自然主义和人道主义之完成的共产主义，亦即高扬人之尊严的共产主义；后者从经验层面确证了建立在唯物史观之上的共产主义，即是消灭现存状况的现实运动。张奎良通过文本梳理提出，共产主义有哲学意蕴和现实意蕴。从哲学意蕴上看，共产主义是各种矛盾的真正解决，是人向自身的复归；从现实性看，共产主义运动是极其漫长而艰难的过程。苏联共产主义实践，根本原因在于不理解共产主义思想的哲学意蕴。②

第三，从理论和现实双重视域理解共产主义。

王庆丰提出，要从马克思主义经典文本和当代资本主义发展趋向双重视域来理解共产主义。从马克思的文本可以看出，他没有抽象描述未

① 参见荆学民：《当代意义：马克思共产主义学说的三重维度》，《人文杂志》2005年第5期；曹峰：《马克思共产主义概念的三个维度阐释》，《内蒙古社会科学（汉文版）》2010年第5期。

② 参见贺麟：《辩证法和哲学的理想性》，《社会科学战线》1988年第1期；傅长吉、丛大川：《对卡尔·马克思“共产主义”另想的解读》，《广东社会科学》2007年第1期；王海锋：《交往·资本·共产主义——论马克思对“人的解放”的探索》，《晋阳学刊》2009年第5期；张奎良：《马克思共产主义思想的哲学意蕴》，《哲学研究》2003年第4期。

来社会，而是通过反驳资本逻辑来论述共产主义。在辩证法的意义上，共产主义表达了人类对未来的向往；在政治哲学意义上，共产主义并非设立美好蓝图的理性政治，而是逐步解决问题的知性政治；在社会理想意义上，共产主义是非建构性的，而是调节性的。因此，从理论上来看，对共产主义应该从价值层面而非实体层面去理解。从当代西方资本主义发展来看，其所采取的种种调节举措恰恰确证了共产主义的胜利。共产主义使现代金融资本主义颓废的现状充满希望，证明共产主义并未过时。不仅如此，共产主义使世界充满希望，即使其理想状况无法得以实现，但是共产主义运动使得我们逐步靠近它。白新欢提出要从科学、哲学和现实三个维度结合来理解共产主义。科学维度指共产主义是历史发展规律的理论反映，唯物史观和剩余价值是其理论依据；哲学维度指共产主义的哲学依据，它是空想共产主义和原始共产主义理论的继承和发展；现实维度指人类学上原始共产主义的发现和现时代资本主义社会的矛盾和斗争，共产主义在历史和现时代发现其萌芽和要素，使它初步显现出其实现的可能。陈慧平指出应从制度和文化两个方面来理解共产主义。从制度方面来看，要抛弃将共产主义和资本主义绝对对立的二元对立思维方式，树立在全球化时代，二者的共存有利于我们利用资本主义的先进生产力实现跨越发展的理念。从文化方面来看，共产主义文化通过弥合科学技术和人的精神之间的断裂，服务于人的全面发展，使得人的价值、人的尊严随着实践范围向更广范围、更深层次的扩张得以彰显。①

第四，从其他视角理解共产主义。

李彬彬通过《巴黎手稿》来理解马克思共产主义思想的原生形态。他认为《手稿》是马克思创建共产主义思想的重要环节，正确理解其中的论述，有利于理解共产主义思想的系统性、复杂性和深刻性。《手稿》

① 参见王庆丰：《批判的辩证法与共产主义》，《哲学动态》2013 年第 7 期；白新欢：《马克思、恩格斯共产主义思想的“三个维度”及其当代意义》，《理论导刊》2006 年第 3 期；陈慧平：《如何理解共产主义》，《理论月刊》2003 年第 7 期。

中的共产主义不是一种理想的社会制度，而是达至理想社会制度所经历的运动。这场运动是各种矛盾的解决，是历史之谜的解答；是人的感性的解放，是自我意识的确证；要理解共产主义是人性的充实和发展要借助于黑格尔的辩证法；黑格尔辩证法意义上的共产主义运动在现实历史发展中要经过漫长的过程。①

张雷指出要从人和物双重视角理解共产主义思想。根据马克思的劳动辩证法和实践辩证法，共产主义社会不是人为创造而是自然生成的。在此社会中，经济上实现了占有主体和占有客体二分，即社会占有生产资料，个人占有生活资料和享受资料。管理上政治组织让位于社会组织，国家让位于社会。② 王永强提出可以从生活观方面理解共产主义。他指出共产主义着眼于对商品经济条件下人的生活态度和生活方式的批判。通过对人的异化的生活态度的批判达至人的类生活；通过对物化生活方式的扬弃导向人的社会化生活方式。③

马克思共产主义思想本身具有的全面性、深刻性、复杂性召唤学界从不同向度进行理解、阐释。学者进行的多维理解无疑扩展、深化了我们对共产主义思想的认识，使得我们进一步趋近其本来面目。我们只有继续从多维的视角、深广的层面理解马克思共产主义思想，才能做到对共产主义思想的解蔽和祛魅，也有助于其活力的不断发挥。正是在多维阐释和理解中，我们才能发现共产主义与今天的世界和现实生活的实践紧密关联。

4. 共产主义的理想性和现实运动研究

根据通常的理解，共产主义的理论定位往往局限于理想层面。然而，随着对共产主义的科学性论证不断加强，其哲学性逐渐弱化。于

① 参见李彬彬：《马克思共产主义思想的起源：重新思考“巴黎手稿”对共产主义的七条论证》，《马克思主义与现实》2013 年第 3 期。

② 参见张雷：《马克思恩格斯共产主义思想的逻辑进路》，《东北大学学报（社会科学版）》2013 年第 3 期。

③ 参见王永强：《马克思的共产主义思想是人类的生活观》，《长白学刊》2009 年第 6 期。

是，共产主义“渺茫论”和宗教信仰论同时出现于20世纪70年代末80年代初的中国和西方思想界。两种论调分享着共同的思想根源，一是通过后来的共产主义实践来理解马克思共产主义思想；二是共同持有近代知性形而上学的思维方式。近年来，随着“回到马克思”的呼声高涨，学者们返“本”归真，于经典文本中重新发现马克思共产主义思想的全貌，使得共产主义的哲学性、理想性得以彰显。综合来看，学界对马克思共产主义思想理想性的论述都自觉地区分了对立和矛盾的概念，将理想和现实视为一对相互关联、相互包含的矛盾关系，而非处于独立的两个环节之间的对立关系。这样就正确地区分了理想和空想，而将共产主义置于现实和理想相结合的恰切境地。

荆学民指出共产主义的理想性不是马克思的首创，其原生状态在空想共产主义时已然存在。马克思共产主义思想与之不同不在于理想性，在于将之建立于现实的基础上，而并非主观上悬设一个未来天国。共产主义实践运动的根据是理想，并且理想不断通过实践运动转化为现实。共产主义实践实现了理想和现实的统一。①

张奎良指出，马克思遵从辩证思维规律，将意境高远的共产主义理想寓于现实运动和现实斗争之中。共产主义思想既不是空想也不是幻想，过去一切推翻资本主义的革命运动都是共产主义运动，今天建设中国特色社会主义事业也是为共产主义奠定基础。因此，共产主义就在我们身边，就在我们的日常实践中。②

邓晓臻认为，共产主义思想的理想性正在于对现实资本主义的批判和否定。共产主义的生产资料社会所有源于对资本主义私有制的反叛；共产主义的社会组织的有计划生产针对的是资本主义生产的无政府状态；消灭分工和阶级是对资本主义社会狭隘分工和阶级对立的否定；人的自由全面发展是对资本主义造成的人的异化的扬弃。由

① 参见荆学民：《当代意义：马克思共产主义学说的三重维度》，《人文杂志》2005年第5期。

② 参见张奎良：《马克思共产主义思想的哲学意蕴》，《哲学研究》2003年第4期。

此可见，共产主义理想正来源于对资本主义社会现实发展的弊端的扬弃。①

张兴国、阚玉双否定了传统共产主义观重科学性和实体性，轻价值性和超越性的倾向。他们指出这种知性思维限制了事物的思辨性和超越维度，并导致信仰危机。二人认为，只有从共产主义思想和人类解放共享人的自由解放这一前提出发，对共产主义和人类解放理想的阐述才是科学性和人文性的统一。可贵的是，他们进一步指出了共产主义思想、理想的根源就是人的自由本性的现实性和思辨性。而正是自由的思辨性才是共产主义理想的本质，也才使得共产主义具有如此巨大的道德感召力和世界影响力。② 焦佩锋同样指出，即使我们将共产主义设定为最高理想，也不能将其视为和现实相隔的价值预设。因为马克思在创立伊始就使共产主义包含了对现实的批判，包含了对现存世界的反思。③

应当注意的是，学界对共产主义理想性的研究已经将其和宗教信仰、空想和幻想区别开来，而将其视作对未来的、合规律的、有根据的设想。这样就与其科学性相契合，使共产主义理想有了实践生成的性质。

5. 马克思指称的未来社会和现实的社会主义关系研究

学界对这个问题的研究主要集中在两个方面。一是通过梳理马克思恩格斯的文本，考察他们关于未来社会的指称之演变；二是着眼现实，说明资本主义、现存的社会主义、马克思本来意义上的社会主义以及共产主义之间的关系。

---

① 参见邓晓臻：《马克思共产主义思想的文本阐释》，《淮海工学院学报（社会科学版）》2008 年第 3 期。

② 参见张兴国、阚玉双：《马克思共产主义思想及其信仰维度：读马克思〈1844 年经济学哲学手稿〉》，《辽宁大学学报（哲学社会科学版）》2015 年第 4 期。

③ 参见焦佩锋：《重申马克思共产主义思想的三个本质维度》，《社会科学研究》2013 年第 6 期。

首先，马克思恩格斯关于未来社会名称的历史演变。赵家祥、高放通过梳理经典著作中对社会主义社会和共产主义社会两个名称的历史演变指出，在经典著作中，社会主义和共产主义有时意义不同，用以指称未来社会的不同阶段或在实现理想社会中所发挥的不同作用；有时又不加区分，共同用于指代资本主义社会之后的未来社会。

两人的分歧有二：一是赵家祥认为，一直到《1844年经济学哲学手稿》，马克思都将社会主义社会视为未来理想的社会制度，而仅将共产主义作为实现社会主义的中介和必经环节。高放指出，《1844年经济学哲学手稿》中马克思不仅将共产主义视作实现社会主义的必要原则和运动，也将其作为社会主义阶段之前的一个社会发展阶段——共产主义阶段。二是高放指出，把共产主义社会的第一阶段或低级阶段称作社会主义社会始于德国的女革命家罗莎·卢森堡。他罗列了卢森堡和列宁论述此问题的相关文章，分析了新一代马克思主义者改变将社会主义和共产主义作同义使用的原因。赵家祥同意卢森堡先于列宁将代替资本主义社会的未来社会分为社会主义社会和共产主义社会，并分出先后顺序，但并未明确指出社会主义社会是共产主义社会的第一阶段，并指出自己将列宁的《国家与革命》看作提出共产主义社会的第一阶段——社会主义社会开篇之作的原因所在①。

其次，关于现实的社会主义、经典社会主义、共产主义及其关系。张星炜、谭建陵指出，社会主义应该明确含义，并加以区分。一类是经典社会主义，即经典作家语境中的共产主义社会第一阶段，张文中将其称作“社会主义Ⅰ”；一类是未经过资本主义发展阶段，而与资本主义社会并存的现实的社会主义，张文中将其称作“社会主义Ⅱ”。现实的社会主义前途与资本主义社会相同，都是马克思恩格斯所设想的经典社会主义而非共产主义；马克思恩格斯所设想的经典社会主义的前途才是

① 参见高放：《也谈马克思主义经典著作中未来社会名称的历史演变》，《理论视野》1999年第6期；赵家祥：《马克思主义经典著作中未来社会名称的演变》，《贵州社会科学》2009年第3期。

共产主义①。

由此可见，马克思恩格斯根据社会实践发展情况的变化，出于争取广大群众的需要，或者将社会主义和共产主义不加区别地作为代替资本主义社会的未来社会；或者是加以区分，将它们视作未来社会发展的不同阶段。列宁、卢森堡践行了马克思主义唯物辩证法的精神，视自己国家情况变化而将共产主义社会的第一阶段称作社会主义社会，将共产主义社会的高级阶段推向下一个历史阶段，其正确性已为许多社会主义国家的发展实践所证明。实践的发展呼唤理论的创新，学界根据实践发展将社会主义分为经典社会主义和现实的社会主义，理论上进一步深化了对“社会主义概念、社会主义建设”的认识；在实践上，一方面可以防止认为共产主义渺茫而根本不可能实现的消极主义倾向；另一方面有利于克服认为共产主义就在不远的将来的激进主义的轻慢。由此可见，唯有积极投身现实的社会主义建设之中，为人的解放不懈地奋斗，才是迈向共产主义的现实之举。

6. 从人的维度深化共产主义研究

与学界以往将共产主义作实体性的理解不同，越来越多的学者倾向于从本质上，即从人的发展的角度来研究共产主义。学界主要从以下两方面研究共产主义蕴含的人本思想，并形成了一些有价值的探索成果。

第一，将共产主义和人的解放、自由人的联合体联系起来。

荆学民指出，如果将马克思的共产主义学说等同于人的解放学说，或是完全割裂二者之间的联系，都是一种误解。但共产主义毕竟是作为人的解放的过渡环节和现实运动，构成了人的解放学说的内在组成部分。陆剑杰认为共产主义的空想和科学之分、传统和现代之别都源于对人的不同理解。正因为马克思创立“现实的人”的人学，共产主义才走向了科学；也正是因为对马克思主义哲学“现实的人”做了重新解读，

① 参见张星炜、谭建陵：《社会主义与共产主义的关系再探析》，《前沿》2011 年第 10 期；张星炜：《什么意义上的社会主义必然能够代替资本主义》，《毛泽东思想研究》2009 年第 1 期。

共产主义才从传统过渡到现代。据此，马克思共产主义学说和人学是一而二、二而一的东西。①

卜祥记、汤文曙等人对马克思在《1844年经济学哲学手稿》中关于共产主义的一段论述进行了深度解读，指出它不仅对于马克思早期的共产主义思想，而且对于马克思后来的共产主义学说，都具有重要的意义。他们认为马克思的共产主义就是克服人的异化状态，实现人的本质的复归。②

叶汝贤、李延明等人围绕马克思在《共产党宣言》《资本论》中对自由人联合体的论述进行研究，认为共产主义的根本宗旨是实现人类解放。而要实现人类解放，必须实现个人自由发展，实现每个人自由发展方可实现一切人的自由发展，前者是后者的条件和保障，共产主义最终目的即人的自由全面发展。于萍辨析了马克思共产主义思想中人的解放的一般意义和具体意义，指出前者是解放全人类，后者是首先解放无产阶级，进而解放全人类，无产阶级的解放是人类解放的必然环节，其阶级解放即无产阶级消灭自身。无产阶级自身解放与全人类解放互为前提。③

第二，马克思共产主义思想是否可以称作"人本共产主义"?

马克思共产主义思想无疑具有人本价值，学界对此没有分歧。但是否因此可将其概括为"人本共产主义"或"人道主义共产主义"？学界对此意见并不统一，大致有以下三种看法。

第一种，马克思共产主义思想经历了人本共产主义发展阶段。焦

① 参见荆学民：《当代意义：马克思共产主义学说的三重维度》，《人文杂志》2005年第5期；陆剑杰：《社会主义与人》，河南人民出版社2011年版，第1页。

② 参见卜祥记：《马克思共产主义思想的生存论透析》，《社会科学战线》2002年第4期；汤文曙：《论马克思关于共产主义的本原性阐述》，《当代世界与社会主义》2005年第5期。

③ 参见叶汝贤：《每个人的自由发展是一切人的自由发展的条件：〈共产党宣言〉关于未来社会的核心命题》，《中国社会科学》2006年第3期；李延明：《共产主义与人的全面自由发展》，《当代思潮》2003年第1期；于萍：《马克思人的解放理论意义探寻——对共产主义的一种解读》，《求实》2011年第11期。

坤、邓福庆认为，随着马克思世界观的转变，其共产主义思想历经了理性共产主义、人本共产主义和世俗共产主义，发展到科学共产主义。李红波认为马克思共产主义思想从理性共产主义，经由人本共产主义抵达科学共产主义。他们的共同点是将马克思受费尔巴哈影响期间的共产主义思想称为人本共产主义；不同在于，李红波明确指出马克思的科学共产主义思想保留和吸收了人本共产主义的合理成分，在强调科学共产主义科学性的同时，不应忽略其价值性。①

第二种，马克思共产主义思想从本质上讲就是人本共产主义思想。赵敦华从认识论、本体论和价值论三个方面分析了西方人本主义思想，指出马克思主义是在扬弃西方人本主义传统的基础上、批判旧唯物主义的过程中创立了“以人为本”的思想。马克思的理论包括共产主义思想始终以阐发、实现和发展人的崇高价值为目标。因此，可以认定其理论导向原则和价值判断原则都是以人为本，这既不会影响其科学性，也不能认定其思想前后不一。韩东屏认为不应对共产主义作实体性的“天堂式解读”，这样，要么使人觉得共产主义遥不可及，要么使人觉得奋斗和享受并不能由同一代人共享而转入迷茫。他提出，对共产主义应该做价值维度的“人本”解读，首先将共产主义从遥远的未来拉至人的发展，这样凡是以人为目的的社会，就是共产主义社会；其次是为人的发展确立终极价值目标，即富裕、和谐和自由。他认为共产主义除了以人为本的价值诉求不可更易之外，其余的制度、道路等工具性的手段都是选择性的。许庆朴等人明确提出人本共产主义概念，认为马克思共产主义价值理念和归宿是人的自由。他们将马克思人本共产主义思想的发展划分为七个阶段：(1) 中学时期，马克思确立了为人类的幸福而奋斗的崇高理想。(2) 大学时期，通过学习哲学凸显了自己为实现人类解放和“自由人”的理想。(3)《莱茵报》时期，通过反对封建专制制度，开始争

① 参见焦坤、邓福庆：《青年马克思共产主义思想解读》，《教学与研究》1999 年第 8 期；李红波：《也谈马克思的哲学变革与共产主义学说的转变》，《广东社会科学》2008 年第 4 期。

取政治生活自由的斗争。(4) 克罗茨拉赫时期，通过批判黑格尔的国家观，萌发了以人为本的共产主义思想。(5)《德法年鉴》时期，马克思找到共产主义和人类解放的实现主体和途径，确证共产主义是实现人类解放的现实运动。(6) 布鲁塞尔时期，马克思投身革命洪流并发表《共产党宣言》，标志着人本共产主义思想的形成。(7) 科伦—伦敦时期，马克思论证了其人本共产主义实现的现实性。他们指明共产主义是马克思主义的核心，人是马克思共产主义思想的核心理念，因此，可以将马克思学说界定为人本共产主义。①

综上所述，无论是将共产主义看作马克思主义人学的重要组成部分，还是将人学视为共产主义的理论基础，两者之间必然存在着密不可分的关系。当前，国内外越来越多的学者从人的自由、人的解放视域解读马克思共产主义思想，并取得了丰硕的成果，这种转变和倾向是非常可贵的。但总体看来，从人学的理论视野、人学的理论框架来研究共产主义思想，借以审视历史上发生的共产主义实践，评价资本主义社会出现的种种新变化，不仅能够对历史上共产主义运动实践按以人为本的标准做出评析，也能为新时代中国特色社会主义实践提供可资借鉴的宝贵经验，为新时代中国特色社会主义治国理政提供哲学理论支撑。因此，学界下一步应沿着这一方向将已有的研究成果继续深化、拓展，以期使共产主义思想在新的时代条件下重新焕发生机活力。

四、研究方法及创新之处

共产主义思想是科学性和价值性的辩证统一，是真善美的统一体。对共产主义思想的研究必须采用科学的方法，只有采用科学的方法，才

① 参见赵敦华：《西方人本主义的传统与马克思的“以人为本”思想》，《北京大学学报(哲学社会科学版)》2004 年第 6 期；韩东屏：《从“人本”价值维度重释共产主义》，《河北学刊》2005 年第 5 期；许庆朴：《马克思恩格斯学说与中国现实》，人民出版社 2007 年版，第 11—24 页。

能掌握思想的真谛，才能坚定共产主义的理想和信念，也才能为中国特色社会主义建设中人的解放提供理论支持和决策依据。本文主要采用以下方法进行研究。

（一）研究方法

第一，文本解读与现实审视相结合。

要从人学的角度阐释马克思共产主义思想，如果不回到马克思原著，就无法解读出其真意。对共产主义思想的产生和发展，只有深入文本，“按照作者写的原样去阅读这些著作”才能“不把著作中原来没有的东西塞进去”①。因此，本书选取了马克思共产主义思想发展过程中的重要著作，如《1844年经济学哲学手稿》《神圣家族》《德意志意识形态》《关于费尔巴哈的提纲》《共产党宣言》《哥达纲领批判》《资本论》等，并参考其他著作，对共产主义思想的发展过程进行梳爬耕犁，探析其中所蕴含的人学内容。

马克思主义的理论旨趣不是解释世界，而是改造世界。因此不能将其作为僵死的教条，而应该视其为行动的指南。共产主义作为指导无产阶级解放全人类的理论武器，对它的研究也应该避免成为书斋里的学问。而应该从历史和现实的社会问题出发，以人的自由发展为宗旨来审视和观照世界历史中的共产主义运动。唯其如此，才能撇清现实社会主义实践中不符合共产主义思想的做法，并为正在进行的社会主义实践提供价值参照。

本文将文本解读和现实审视相结合，一方面澄清对共产主义思想的种种歪曲，另一方面驳斥将所谓“共产主义实践”归咎于马克思的种种污蔑，达到既弄清问题，又指导现实之目的。

第二，逻辑与历史相结合。

恩格斯在谈到马克思对资本主义的经济研究时，明确提出运用逻辑

---

① 《马克思恩格斯全集》第25卷，人民出版社1974年版，第26页。

抽象的重要性。“历史常常是跳跃式地和曲折地前进的，如果必须处处跟随着它，那就势必不仅会注意许多无关紧要的材料，而且也会常常打断思想进程”。而逻辑的方法摆脱了历史偶然性的干扰作用，“思想进程的进一步发展不过是历史过程在抽象的、理论上前后一贯的形式上的反映”。虽然逻辑中的历史不可能在细节上全然还原现实历史发展，但却因为“按照现实的历史过程本身的规律修正”①，因而更能够揭示历史发展的规律。对于马克思共产主义思想的制度维度，马克思恩格斯并没有做过多的详细勾画，他们主要致力于批判资本主义社会中被物与物的关系所掩盖的人与人的关系。我们要探究马克思共产主义思想的发展，就必须深入剖析资本主义社会的今生和来世，而中国社会并没有经历资本主义的完全发展，那么逻辑的方法就是最适用的方法。

共产主义思想作为无产阶级的“头脑”，在马克思恩格斯逝世后取得了巨大的成功。然而现实的社会主义在经历了辉煌的发展历程后，却在20世纪80年代末90年代初遭遇巨大的挫折。对现实社会主义国家乃至整个国际共产主义运动的成败得失，都需要蕴含人学智慧的共产主义思想加以统摄，因而，历史的方法不可缺少。唯有如此，我们才能看清这些世界历史的偶然性。只有明白了这些偶然性，对共产主义的信心才会更加坚定。

只有将逻辑的方法和历史的方法相结合，才能既客观反映马克思在对资本主义社会人的关注中发现的共产主义轨迹，又能够用共产主义思想来观照人的自由发展之路。

第三，系统研究与比较分析相结合。

马克思共产主义思想是理论、制度和运动的有机统一，但如此分类却容易导致三者彼此孤立，而忽视了三者的内在互通、相辅相成的关系。马克思致力于用共产主义理论武装无产阶级，通过现实的社会主义运动，建立符合人的自由个性发展的社会制度。如果我们留意便可发

① 《马克思恩格斯选集》第2卷，人民出版社1995年版，第43页。

现，马克思运用系统的方法阐释共产主义，并且批判割裂共产主义的做法。我们在研究共产主义思想时，也应该坚持系统的研究方法，无论是对马克思共产主义思想对空想社会主义的继承和超越，还是对马克思共产主义思想自身的发展和完善都应该予以系统、全面地把握。

如果说系统的方法立足于历史的追溯和现实的分析，那么比较分析的方法则着眼于与西方马克思主义、新马克思主义和新共产主义进行交流和对话。国外马克思主义主要基于时代的发展和社会历史出现的新情况而产生，立足于回应社会实践中的重大问题。只有自觉借鉴其理论精华，才能开阔我们系统性研究方法的视野，才能全方位地理解马克思共产主义思想，也能为中国特色社会主义建设提供决策依据。

将系统研究和比较分析相结合，可以从纵横两个方面深入探究马克思共产主义思想，也可以从世界历史角度把握共产主义实践的总体趋势。

（二）创新之处

近年来，对马克思共产主义思想的研究异彩纷呈、成果丰硕，既有对文本和文献的解读，也有对思想脉络和核心要旨的梳理；既有从信仰层面对其进行的理论建构，也有从思想史视角对其进行的归类研究。纵观诸多马克思共产主义思想的研究视角和研究范式，鲜有从人学视域对马克思共产主义思想进行审视、梳理和把握，也很少将之置于当代社会主义发展现实中加以考察。这恰是本文的创新之处。

第一，选用新的理论视角。

本文从马克思共产主义思想与人学的核心与价值旨归入手，梳理马克思共产主义思想及人学的发展过程，界定马克思人学思想的基本内容是以“现实的个人”为逻辑出发点，以“人的存在”为基础、“人的本质”为核心、“人的自由全面发展”为归宿的逻辑严密的理论体系。此前，学界已经把马克思共产主义思想与人的发展联系起来，文章以人学框架统摄观照马克思共产主义思想，以期达到对共产主义的全面、立体的认识，通过研究共产主义与人学的内在融通关系，为马克思共产主义思想和人学研究提供新的学术生长点。

第二，运用于新的研究领域。

谈到马克思共产主义思想，学界多从理论与运动两个维度进行阐述，本文不仅梳理了马克思共产主义理论、制度和运动三个维度的内容，并且挖掘了其中所蕴含的丰富的人学意蕴。在此基础上，运用马克思人学分析欧洲 1848 年革命、国际共运史上的巴黎公社、苏联东欧的社会主义建设以及中国的社会主义革命和建设，总结其成败得失。运用新的研究方法，可以正确地认识国际共运跌宕起伏的缘由，从本质上厘清作为运动的共产主义之界限，从而深化国际共运史的研究。

第三，观照新的社会实践。

中国特色社会主义创新、发展了马克思共产主义思想，是共产主义在中国的生动实践，是马克思人学在中国的实践和发展。在现阶段，中国人的发展仍然处于马克思论域中的“物役”向自由个性的过渡阶段，中国社会还存在资本逻辑与人的逻辑之间的张力，并以人的逻辑钳制资本逻辑。在资本全球化的狂潮中，中国仍然要更好地发挥政府的作用，发挥资本在市场领域的积极作用，限制资本拜物教、商品拜物教与货币拜物教对其他领域的侵袭，即有为政府和有效市场相结合。文章比较了当今西方资本主义国家中资本对人、自然与社会的宰制，阐明了中国特色社会主义凭借制度优势占据道义制高点，朝向共产主义的价值理想，在人的解放和发展的道路上自觉前进。这是用马克思人学思想观照中国特色社会主义理论和实践的初步尝试。

第一章　马克思人学与共产主义思想的发展及其内在关联

在追求人的自由和解放的过程中，马克思形成了“以人为中心”的一系列人学和共产主义观点。特别是在历史唯物主义的基础上，马克思人学和共产主义思想实现了革命性的变革。

第一节　马克思人学的理论嬗变及发展成果

从一定意义来看，人是哲学的最终目的。德尔菲神庙上镌刻着“认识你自己”的神谕，启示人们认识自己的重要性和艰难性。自人猿揖别，人超然独立于外部世界，逐步习得自我意识和自我反思能力。人集主体、客体于一身，除认识周围世界之外，更强烈地想认识自己。认识自身决然不同于认识外部世界，这无疑增加了解开“斯芬克斯之谜”的难度。卢梭因此由衷地感叹，关于人的知识是各种知识中最有用的，但也是最不完备的。自古希腊以降，人们致力于认识自己，但对人的认识仅仅停留在哲学抽象与理论思辨的层面，直到马克思人学诞生，才对人的本质等人学问题作出了正确的解释。

一、前马克思人学理论的历史演变

人学思想作为人在人类社会历史发展中对自身反思的理论成果，经历了一个逐步成熟完善的历史发展过程。马克思人学思想就是在继承西方人学思想的基础上，特别是对德国古典哲学中人学思想吸收和改造的基础上形成的。因此，我们要洞悉马克思人学思想的本质，就有必要探究西方人学思想发展史。西方哲学自诞生之日起，便开始了对人的思索。如果说古希腊哲学以万物始基为理论旨趣，古希腊人学便以人的始基为理论旨趣。古希腊人学思想宛如奔腾向前的河流，正是在回答人之始基这个问题上，分为支流和主流两个脉系，其支流是物质实体主义人学，主流是精神实体主义人学。

（一）物质实体主义人学

古希腊早期，囿于生产力发展水平和人的认识能力，人们将人的问题和宇宙问题等同视之，把人的问题看作自然的问题。恩斯特·卡西尔曾说："在对宇宙的最早的神话学解释中，我们总是可以发现一个原始的人类学与一个原始的宇宙学比肩而立：世界的起源问题与人的起源问题难解难分地交织在一起。"① 米利都学派把"水""气"等宇宙中存在的物质看作人和万物的起源，毕达哥拉斯认为人和宇宙起源于"数"，赫拉克利特认为人和万物发端于"火"，德谟克利特更是把"原子"指认为包含人在内的宇宙万物的起源。随着抽象思维能力的发展，人们对人的认识逐渐呈现出高度抽象的思辨特性，但并非所有的哲学家都能像柏拉图一样将感性与知性严格划界。比如亚里士多德仍然认为人能认识事物，"并显明事物之间的诸多差别，此于五官之中，以得于视觉者为多"②。由此可见，亚里士多德试图从生物学家的角度说明即使人的知识

① ［德］恩斯特·卡西尔：《人论》，甘阳译，上海译文出版社 2013 年版，第 6—7 页。

② 汪子嵩：《希腊哲学史》（修订本）第 3 卷，人民出版社 2014 年版，第 511 页。

也来源于人的肉体生命。

进入近代以来，哲人们便开始了对中世纪宗教人学的清理与反叛。弗朗西斯·培根、托马斯·霍布斯、约翰·洛克等近代唯物主义者坚守古希腊物质实体主义的传统，以感性经验主义哲学为基础，用人的自然本性来说明人是自然界长期发展的产物。培根用自然科学阐释人，他指出“知识即道德”，“知识就是力量”；霍布斯认为人的活动与钟表相同，无非是自我保存的机器；拉美利特进而认为人就是自我启动、自我运动的永动机。近代物质实体主义人学认为人具有感性、欲望、意志等自然属性，是有血有肉的自然存在物。虽然他们并未彻底抛弃形而上学的超越性，但在他们的眼中，“物质带着诗意的感性光辉对人的全身心发出微笑”①。

物质实体主义人学的集大成者是路德维希·安德列斯·费尔巴哈。他承接培根、霍布斯、洛克等近代感性经验主义的传统，把物质实体主义人学发扬光大。费尔巴哈敏锐地发现黑格尔的“绝对理性”和神性的本质是相同的，黑格尔的哲学体系是“神学最后的避难所和最后的理性支柱”②。因而不推翻宗教，就不可能恢复人的地位。只有用人的理性驱散宗教的迷雾，人们才能从宗教的愚昧中解放出来。他指出，上帝的本质就是人的本质，是人将自己的本质外化为一个独立于人的全能之神，上帝的无所不能恰恰证明人的本质的无所不能。面对从神的庇护下解放出来的茫然无措的人，费尔巴哈急需向人说明究竟什么是人的本质。针对近代精神实体主义人学勒内·笛卡尔提出的“我思故我在”，费尔巴哈提出“我欲故我在”，以一己之力对抗实力雄厚的理性超验主义传统，一举恢复了感性、经验对人的权威。他指出，理性创造科学和艺术，感性创造人本身，“不思想的人当然不是人；但是这并不是因为思维是人的本质的缘故，而只是因为思维是人的本质的一个必然的结果和

① 《马克思恩格斯全集》第2卷，人民出版社1957年版，第163页。

② ［德］路德维希·费尔巴哈：《费尔巴哈哲学著作选集》上卷，荣震华等译，商务印书馆1984年版，第115页。

属性"[①]。而"只有在感性开始的地方，一切怀疑和争论才停止"[②]。由此，费尔巴哈对感性进行了本体论论证，指出感性即人本身，是人本质力量的对象化，感性直观是意识、思维的根据。人应该通过感性直观，而非意识来确定思维的真理性。

物质实体主义人学意图从宇宙存在的物质中或者人的自然生命来揭示人的本质，他们采取经验主义态度，貌似站在坚实的大地上，但由于采取了先验的、抽象的态度，把个人与社会相对立，其实质仍游走于历史之外，没有深入生活的内部。即使伟大如费尔巴哈者，他以"现实的人"的名义，以一己之力对抗近代形而上学的传统，扭转把人视为精神实体的偏执，但也仅仅孕育了一场即将到来的人学革命，并且革命的最终实现者还不属于这一流派中的任何人。

（二）精神实体主义人学

随着人类文明的推进和人的抽象思维能力的发展，人类进入轴心时代。这是人类文明获得巨大发展的时代，人们发现把人的问题与宇宙问题等同看待，并把人的本质归结为某种自然物质是不科学的。古希腊人学于是脱离了启蒙时期，踏上真正意义上的人学发展之路。古希腊苏格拉底时期是人学真正的开端。因为"划分苏格拉底和前苏格拉底思想的标志恰恰是在人的问题上……在苏格拉底那里，不再有一个独立的自然理论或一个独立的逻辑理论，甚至没有像后来的伦理学体系那样的前后一贯和系统的伦理学说。惟一的问题只是：人是什么……他所知道以及他的全部探究所指向的惟一世界，就是人的世界。他的哲学（如果他具有一个哲学的话）是严格的人类学哲学"[③]。从此以后，哲学从追问自然

---

① ［德］路德维希·费尔巴哈：《费尔巴哈哲学著作选集》上卷，荣震华等译，商务印书馆1984年版，第182页。

② ［德］路德维希·费尔巴哈：《费尔巴哈哲学著作选集》上卷，荣震华等译，商务印书馆1984年版，第170页。

③ ［德］恩斯特·卡西尔：《人论》，甘阳译，上海译文出版社2013年版，第8—9页。

转为关注人。苏格拉底把人的本质归结为灵魂，指认灵魂是能够自我认识的理性，是人与动物区别的主要标志，动物受欲望支配，而人受理智控制。由此可见，苏格拉底所谓的灵魂不同于古希腊早期自然哲学家所谓蕴含于肉体中、起能动作用的灵魂。其所述的灵魂就是理智，是与身体相分离的“无形的、纯粹的实体”①。柏拉图在苏格拉底重理性轻肉体的基础上更进一步，将二者彻底地对立起来，他把人的本性归结为灵魂，指出人就是利用身体达到一定目的之灵魂。柏拉图把人的灵魂分为情欲、意志和理性，将“灵魂可比作是两匹飞马和一个车夫的组合体”②。即情欲和意志是两匹飞马，而理性则是控制情欲和意志的车夫。柏拉图认为，只有当理性成功地操控情欲和意志之时，人方能达到智慧、勇敢和节制相协调的完美状态，此时的人才是理想的人。与柏拉图不同，亚里士多德承认人是理性的动物，但他认为人的理性与身体并非对立关系，而是相互统一，二者不可分离，灵魂依存于人的躯体，是“有生命躯体的原因和本原”③。由此可见，古希腊三杰都把人的本性归结为理性，并视其为人与动物的根本区别。精神实体主义人学的大幕由此拉开。

中世纪是神学的时代，但并非是人学退隐的时代。人学在中世纪采取了异化的形态，以神学的面目示人。神学认为人是上帝根据自己的形象创造出来的，因此人之根据不在于人，而在于上帝。事实恰好相反，人才是神存在的根据，“一切宗教的内容是以人为本源，所以这些宗教在某一点上还有某些理由受到人的尊重……只有意识到这一点，才能使宗教的历史，特别是中世纪宗教的历史，不致被全盘否定，永远忘记”④。因此，离开人本身和人生活的现实世界，去宗教的虚幻世界寻找人存在的根据，结果只能是南辕北辙。

笛卡尔是近代精神实体主义人学的奠基者，他以“我思故我在”开

① 赵敦华主编：《西方人学观念史》，北京出版社2005年版，第38页。

② 苗力田主编：《古希腊哲学》，中国人民大学出版社1989年版，第285页。

③ 苗力田主编：《古希腊哲学》，中国人民大学出版社1989年版，第487页。

④ 《马克思恩格斯全集》第1卷，人民出版社1956年版，第651页。

始了对中世纪宗教人学的反叛。笛卡尔承袭了古希腊精神实体主义人学的传统，以“我思”来确证“我在”。他指出“我”是一个思维的东西，是精神、理智和理性。马丁·海德格尔直接指出，笛卡尔的“‘我思’是理性，是理性的基本行为”①。可见，笛卡尔是理性本体论的提出者。他对理性本身进行反思，将理性提高到本体论的高度。笛卡尔对人在本体论层面上予以肯定，彻底推翻了上帝的中心地位，但他同时彻底清理人的感性因素，致使完整的人成为分裂的人。

德国古典哲学在理性主义人学的道路上越走越远。人的理性最终脱离了人，成为“人之为人”的根据，其地位等同于上帝。康德虽然也承认人的感性存在，但他认为正是感性存在使得人受制于自然规律，理性存在才使得人区别于动物，使人得以自由，使人成为人。与笛卡尔相比，康德更进一步，他把“我思”从人之中成功摘除，使其成为纯粹的先验自我。至此，笛卡尔提出的“我思”在康德这里成了一个不存在于时空之中的超验存在物。在康德看来，先验自我属于物自体的范畴，人们无法认识它，而只能思想它。费希特将自己的哲学称为“知识学”，其出发点是“自我”，“自我是感性世界的原始力量，它按照一个自由地拟定的目的概念，自由地实现它的意志；这个意志……首先推动和塑造自我的身体，然后推动和塑造自我周围的世界。”②可见，费希特正是通过自我设定非我，进而创造出整个外部世界。费希特声称“自我”是绝对自我而非个体的自我，是人之为人的基础。他把人学再度拉回实体主义的轨道，使康德试图挣脱实体的努力化为虚无。经由谢林将主客体的绝对同一视为人和万物的根源，黑格尔把近代精神实体主义人学推向极致。黑格尔认为绝对理性就是一粒种子，它生长出（包括人在内的）一切存在。“理性构成世界的内在的、固有的、深邃的本性，或者说，理

① ［德］马丁·海德格尔：《海德格尔选集》，孙周兴选编，上海三联书店 1996 年版，第 884 页。

② ［德］费希特：《人的使命》，梁志学等译，商务印书馆 1982 年版，第 3—4 页。

性是世界的共性。”[1] 绝对理性在发展运动中产生了自然界和人，因此，绝对理性是人存在的根据。实质上，黑格尔只不过是发明“绝对理性”这一名词，并用它来代替上帝而已。至此，精神、理性、自我意识都已经与人无涉，成为抽象的、纯粹的实体，成为上帝的代名词。在这个理论体系中，精神实体主义人学终结了。

二、马克思人学思想的历史演变

精神实体主义人学终结于黑格尔，物质实体主义人学终结于费尔巴哈。两派都力求发现人之为人的“实体”根据，但都因没有摆脱“逻各斯”情结，没有弃绝形而上学崇拜，最终没能对人学作出科学的解释，而这一历史重担就落在了马克思的肩上。马克思出生于特里尔地区，这里虽然是德国最古老的城市之一，但由于受到法国大革命的洗礼，到处洋溢着言论自由和立宪自由的启蒙精神气息，马克思的父亲就深受启蒙运动的人文精神影响，尤其推崇戈特霍尔德·埃夫莱姆·莱辛和法国启蒙运动先驱伏尔泰。彼时，分裂的德意志要求统一，进而积极发展资本主义。这一切都深深地影响着马克思，推动了马克思人学思想的萌芽和发展，他在对资本主义进行哲学批判、政治经济学批判中，阐释了他的人学思想。

1. 马克思人学思想的萌芽阶段。马克思在中学时代深受人道主义的浸润，追求为人类幸福而工作，崭露了马克思人学思想发展的萌芽。马克思在特里尔中学受到了扎实的人文主义教育，即使在宗教作文中，他也对人的本性问题进行了探讨。他认为人的本性喜欢作恶，所以人只有与基督相结合，才能达到美好的结果。在德语作文《青年在选择职业时的考虑》中，马克思阐述了人的选择既确证了人的自由，也表明了这种自由的限度，“我们并不总是能够选择我们自认为适合的职业；我们在

---

① ［德］黑格尔：《小逻辑》，贺麟译，商务印书馆 1981 年版，第 80 页。

社会上的关系，还在我们有能力决定它们以前就已经在某种程度上开始确立了。”① 其早年对人性的探寻即使不是“成年时期的不朽贡献”的火花，也是启蒙运动影响的结果。还是在这篇作文中，马克思指出人的选择要着眼于自身和人类的幸福完满，“如果我们选择了最能为人类而工作的职业，那么，重担就不能把我们压倒，因为这是为大家作出的牺牲……我们的幸福将属于千百万人……面对我们的骨灰，高尚的人们将洒下热泪。”② 从马克思一生所从事的理论研究和革命实践来看，这并不是他思想火花的灵光乍现，而是少年马克思为自己制定的座右铭。

2. 马克思人学思想的黑格尔阶段。在做博士论文和撰稿《莱茵报》时期，马克思短暂停留于黑格尔的思辨理性人学，我们可将其称为马克思人学的黑格尔阶段。从人学发展史的角度来看，此时马克思人学思想属于精神实体主义人学派别。当然，马克思并非要做一个墨守书斋的哲学家，而是要“大刀阔斧”地争取自由，他在接触现实生活后，很快便从理论家转变成一个革命家，身份的转变导致其人学思想也开始转变。

在做博士论文时期，马克思信奉布鲁诺·鲍威尔的自我意识哲学，推崇人的自我意识，将人的本质归结于理性和精神。在博士论文中，马克思辨析了伊壁鸠鲁和德谟克利特自然哲学之间的区别，阐述了伊壁鸠鲁的原子偏斜运动，说明“个人意识只有离开世界，才能在这个使它感到无能为力和受压迫的世界中确立自己的自由”③。根据马克思的理解，原子（即个别自我意识）精神自由即个人的精神解放。马克思肯定原子偏斜打破了命运的束缚，但在如何获得个人自由这个问题上，他和伊壁鸠鲁、青年黑格尔派分道扬镳了。他指出，不能只知道“脱离定在中的自由”，而应该“在同周围现实的关系中获得自由”，这预示着马克思想通过认识和改造周围现实环境获得自由。马克思此时仍暂留于唯心主

① 《马克思恩格斯全集》第1卷，人民出版社1995年版，第457页。

② 《马克思恩格斯全集》第1卷，人民出版社1995年版，第459—460页。

③ ［法］科尔纽：《马克思恩格斯传》第1卷，刘丕坤等译，生活·读书·新知三联书店1963年版，第207页。

义，但他重视伊壁鸠鲁把“对象化了的、经验的、个别的自我意识”看作“感性的自我意识”“感性的自然”①，这为我们理解马克思很快转向费尔巴哈的唯物主义提供了线索。

撰稿《莱茵报》时期，马克思的工作重心从理论研究转移到现实的政治斗争，为争取人的自由、利益而奔走。此间，马克思一进入现实社会生活，就发现黑格尔的“绝对理性”不起实际作用，反倒是黑格尔所轻视的社会等级和经济利益更显重要。人学出发点是人的自由本性，但德国的现实生活中却是有些人（等级）享有特权，有些人（等级）没有自由。理想和现实之间充满了矛盾，马克思越是遵循黑格尔的人学原则，就越是在现实生活中到处碰壁。此时，费尔巴哈发表了系列批判黑格尔的著作，在哲学界引起极大轰动，吸引马克思转向费尔巴哈的人本主义。

3. 马克思人学思想的费尔巴哈阶段。在克罗茨纳赫时期，马克思在费尔巴哈人本主义启迪下，开始了对黑格尔人学的批判。在《黑格尔法哲学批判》中，他指出黑格尔错误地认为“并不是现实的人成为国家，倒是国家必须先成为现实的人”②。在国家和现实的关系上，黑格尔犯了因果颠倒的错误。不是君主立宪制成就了人民，而是现实的人民成就了君主立宪制。在人的社会本质方面，马克思此时也迈出了重要的一步，他指出，“‘特殊的人格’的本质不是它的胡子、它的血液、它的抽象的肉体，而是它的社会特质”③。虽然马克思此时理解的社会还带有抽象普遍性，但这为他后来提出人的社会本质奠定了基础。

1843 年 10 月，马克思前往巴黎，开始创办《德法年鉴》。这一时期，马克思的人学思想主要体现在他发表在《德法年鉴》上的两篇文章：《〈黑格尔法哲学批判〉导言》（以下简称《导言》）、《论犹太人问题》。在这两篇文章中，他对宗教进行了批判，阐明是人创造了宗教而非相反。因

① 《马克思恩格斯全集》第 1 卷，人民出版社 1995 年版，第 54 页。
② 《马克思恩格斯全集》第 3 卷，人民出版社 2002 年版，第 50 页。
③ 《马克思恩格斯全集》第 3 卷，人民出版社 2002 年版，第 29 页。

此，人是人的最高本质，而并非中世纪宗教人学提出的“神是人的最高本质”。面对现实社会中人受侮辱、受奴役、被遗弃、被蔑视的境况，人如何才能改变这种局面，真正成其为人？马克思提出了彻底的解决办法。他认为人的解放既不同于宗教解放，也不同于政治解放。具体到德国，要实现人的解放必须“摧毁一切奴役制”，否则“任何一种奴役制都不可能被摧毁。彻底的德国不从根本上进行革命，就不可能完成革命。德国人的解放就是人的解放。这个解放的头脑是哲学，它的心脏是无产阶级。”① 要实现人的解放，需同时满足两个条件，即“哲学把无产阶级当作自己的物质武器，同样，无产阶级也把哲学当作自己的精神武器。”② 马克思关于人的论述此时还停留在哲学思辨的基础上，他对人性的阐述多从人的精神属性出发，论证人的解放之根据也基于伦理道义的角度。

在《1844年经济学哲学手稿》（以下简称《手稿》）中，马克思尝试将经济学与哲学相结合，来揭示资本主义社会人的生存状况。他借助黑格尔“劳动是人的本质”的思想、费尔巴哈“类特性”等术语，指出“自由自觉的活动”是人的类特性（人的本质）。在现实资本主义社会，人与劳动产品、劳动过程和类本质相异化，终至人的自我异化。劳动本来是人的类本质，是自觉自愿的活动，在现实社会却成为维持人生存需要的手段，成为强迫的活动，目的和手段的倒置使人成为动物般的存在。马克思把复归人的本质与共产主义结合起来。他提出只有在共产主义社会，方能扬弃人的自我异化，恢复劳动的自由自觉性（类本质）。“共产主义是对私有财产即人的自我异化的积极的扬弃，因而是通过人并且为了人而对人的本质的真正占有；因此，它是人向自身、也就是向社会的即合乎人性的人的复归”③。共产主义是人道主义和自然主义的和解，是人的存在和人的本质的完美统一。由此可见，此时的马克思仍然没有彻

① 《马克思恩格斯全集》第3卷，人民出版社2002年版，第214页。

② 《马克思恩格斯全集》第3卷，人民出版社2002年版，第214页。

③ 《马克思恩格斯文集》第1卷，人民出版社2009年版，第185页。

底摆脱人本主义的思想纠缠，其人学思想带有浓厚的伦理色彩。

《神圣家族》是马克思恩格斯历史地考察现实的人的开篇之作。在这篇文章中，马克思旗帜鲜明地批判了青年黑格尔派的“抽象的人”，指证他们所谓“现实的人”实质是精神和理性。他们“用‘自我意识’即‘精神’代替现实的个体的人，……（认为，引者注）精神创造众生，肉体则软弱无能”①。此时，马克思并没有意识到费尔巴哈“现实的人”的思辨性，甚至认为费尔巴哈已经在自己之前，历史地考察了现实存在的人。因而指出，“费尔巴哈把形而上学的绝对精神归结为‘以自然为基础的现实的人’”②，这种“建立在人们的现实差别基础上的人与人的统一，从抽象的天上降到现实的地上的人类这一概念，如果不是社会这一概念，那是什么呢?”③后来重读此书，马克思才发现自己先前对费尔巴哈的迷信“非常滑稽”。由此可见，他虽然批判“抽象的人”，但并没有完成这项任务。此时的马克思虽然意识到要从现实的人出发，但还不能科学地认识现实的人。

从克罗茨纳赫时期到巴黎时期，马克思因崇敬和爱戴费尔巴哈而接受了人本主义。在此期间，马克思对黑格尔思辨的、抽象的、观念的人进行了自觉地批判，但对费尔巴哈抽象的、自然的人却语焉不详，甚至深陷其中而不自觉。由此可见，马克思刚刚挣脱了精神实体主义人学的泥淖，便投入了物质实体主义人学的怀抱。但马克思毕竟不是“只想穿着哲学家的高贵的古代长袍走过感性世界”，而是“想用利剑征服这个世界”④。在理论追求的驱使下与实践发展的推动下，马克思迅速超越了其人学发展的费尔巴哈阶段，开始建构自己的人学思想。

4. 马克思人学思想的创立阶段。《关于费尔巴哈的提纲》（以下简称《提纲》）以总纲的形式创立了意蕴丰富的新人学；《德意志意识形态》

---

① 《马克思恩格斯全集》第 2 卷，人民出版社 1957 年版，第 7 页。

② 《马克思恩格斯全集》第 2 卷，人民出版社 1957 年版，第 177 页。

③ 《马克思恩格斯文集》第 10 卷，人民出版社 2009 年版，第 13 页。

④ ［德］弗·梅林：《德国社会民主党史》第 1 卷，青载繁译，生活·读书·新知三联书店 1963 年版，第 166 页。

（以下简称《形态》）以鸿篇巨制的雄文对言简意赅的纲要详加阐释，这两篇文献是马克思人学思想创立的标志。《提纲》开门见山地指出前马克思物质实体主义人学“对对象、现实、感性，只是从客体的或者直观的形式去理解，而不是把它们当做感性的人的活动，当做实践去理解，不是从主体方面去理解。”① 而是抽象地、思辨地谈论人。现实的人不是感性直观，而是感性的活动，是实践。《提纲》奠定了实践（感性的人的活动）在马克思人学中的基础性地位，并正确阐释了人的本质、人的能动性、人与环境的关系。费尔巴哈把人理解为“感性的直观”，人的本质理解为“单个人所固有的抽象物”。马克思与之不同，他把人理解为“感性的活动”，人的本质理解为“一切社会关系的总和”，指出“人学本身就是自己实践活动的产物”②。海德格尔也将人的本质视为人的自我实现，它寓于人的生存之中。此时的马克思已经抛弃了费尔巴哈的“类”观念，而把人的本质指证为人在实践活动中的社会关系之总和。前马克思唯物主义人学认为“环境和教育”的改变导致人的改变。马克思人学在实践基础上，把环境和教育的改变也看作人主体作用的发挥。他指出，环境、教育与人相互作用，两者的改变“只能被看做是并合理地理解为变革的实践”③。人在感性活动中发挥其主体作用，改变生存于其中的物质世界，马克思人学不仅仅着眼于建构理论以解释世界，而是要立足于“社会的人类”并致力于“改造世界”。

在《形态》中，马克思在彻底批判传统人学的同时，对新人学进行了详细的阐述。他指出，人不仅是“有生命的个人”的自然存在，更是“以一定的方式进行生产活动”的社会存在。人的存在是马克思区别于旧人学，构建新人学思想的前提和基础。关于人的本质，马克思提出劳动是人的类本质，是人和动物相区别的标志，他指出，“一当人开始

① 《马克思恩格斯文集》第 1 卷，人民出版社 2009 年版，第 499 页。

② 转引自中共中央党校马克思主义理论教研部、中国马克思主义研究基金会编：《马克思主义关于人的学说》，人民出版社 2011 年版，第 28 页。

③ 《马克思恩格斯文集》第 1 卷，人民出版社 2009 年版，第 504 页。

生产自己的生活资料……人本身就开始把自己和动物区别开来"[①]；人的本质是历史的，是特定"社会关系的总和"，这是人与人相区别的根本标志。他指出，"以一定的方式进行生产活动的一定的个人，发生一定的社会关系和政治关系。"[②]"历史的每一阶段都遇到有一定的物质结果、一定数量的生产力总和……尽管一方面这些生产力、资金和环境为新的一代所改变，但另一方面，它们也预先规定新的一代的生活条件，使它得到一定的发展和具有特殊的性质。"[③]至此，马克思对人的本质的阐发彻底抛弃了实体性和抽象性，而诉诸关系和历史的维度，人的本质是历史的，它受同代人和上一代人社会实践的影响，并且通过当代人的发展实践影响下一代人。人的本质是现实的，它随社会历史发展的改变而改变。关于人的发展，马克思放弃以伦理和道义指责资产阶级私有制的方法，阐明发展"是一种历史活动……由历史的关系，是由工业状况、商业状况、农业状况、交往状况促成的"[④]。所有制形式由生产力发展状况所决定。私有制的产生与生产力得到发展但并未充分发展相适应，私有制的消灭和私有制的产生，走的是同一条道路，只有随着生产力的极大发展，才能被最终消灭。关于共同体与人的关系，马克思指出，人只有在集体中才能有个人自由。"只有在共同体中才可能有个人自由……在真正的共同体的条件下，各个人在自己的联合中并通过这种联合获得自己的自由。"[⑤]个人自由需要一定的条件，如消灭分工、消灭异化等，共产主义作为真正的共同体，为满足这些条件提供了可能。直到此时，马克思才在唯物史观的基础上，把人的自由个性和共产主义社会科学地联系起来。

5. 马克思人学思想的丰富和发展阶段。从《哲学的贫困》《共产党

① 《马克思恩格斯文集》第1卷，人民出版社2009年版，第519页。
② 《马克思恩格斯文集》第1卷，人民出版社2009年版，第523—524页。
③ 《马克思恩格斯全集》第3卷，人民出版社1960年版，第43页。
④ 《马克思恩格斯文集》第1卷，人民出版社2009年版，第527页。
⑤ 《马克思恩格斯文集》第1卷，人民出版社2009年版，第571页。

宣言》（以下简称《宣言》）到马克思晚年“人类学笔记”，是马克思人学思想的丰富和发展时期。这一时期马克思主要探讨了人的能动性和受动性、未来社会人的发展原则、人的解放与人类历史的划分等有关人的发展问题。关于人在历史发展中的作用，唯心史观认为“人民群众是历史的剧中人，英雄人物是历史的剧作者”。马克思指出，一方面，人不能选择社会生产力和社会形态，其能力的发挥和需要的满足都受制于社会发展，因此，人是历史的“剧中人”；另一方面，人民群众不仅创造自己的历史，而且通过创造活动决定整个社会的发展，所以，人是历史的“剧作者”①。社会发展和人的发展相协调，社会发展不应以牺牲个人的发展为代价。因而，未来社会作为真实的共同体，坚持自由的个人原则，不同于存在阶级和阶级对立的冒充共同体，其本质特征是自由的个人的联合。在未来社会中，每个人和一切人互为条件，即“每个人的自由发展是一切人的自由发展的条件”②。依据人的解放程度，马克思把人类社会划分为三个阶段。“人的依赖的关系”阶段，社会生产力低下，个人生产能力的低下，因而人既依赖自然又依赖集体，人离开自然和集体将无法取得赖以生存的物质生活资料，也就无法生存下去。人类社会发展的前资本主义时期，人的发展和解放处于这一阶段；“以物的依赖性为基础的人的独立性”是人的解放和发展的第二阶段，其对应人类社会的资本主义时期。此时，随着生产力的提升，工业的大发展，人的生产能力也得以提高，交通的发展和市场的扩大使交换得到极大发展，人与人之间建立以货币为中介的多方面关系。人利用自然的能力增强，摆脱了对人的依赖，但人的社会关系表现为物与物的关系，人在依赖物之外具有相对独立性；“自由个性”阶段，个人发展和集体发展同步进行，集体的发展以个人的自由发展为基础，个人的自由发展只有通过共同体的发展才有可能。这种发展既符合人的本质，也符合共同体的价值追

① 《马克思恩格斯文集》第1卷，人民出版社2009年版，第608页。

② 《马克思恩格斯文集》第2卷，人民出版社2009年版，第53页。

求，是人的本质和共同体发展追求的完美结合。马克思对人的研究由设定类本质转变为探寻具体的社会经济结构，对人的研究也趋向科学。

至此，马克思以“现实的人”为前提，以感性的实践活动为基础，把自然、社会与人相统一，开创了人的生成与发展的实践人学。马克思人学没有耽于空想，他找到了人的解放的指导思想、解放的主体力量与解放路径，并在社会发展和人的解放统一中实现人的自由个性。

三、马克思人学的革命性变革

物质实体主义人学和精神实体主义人学，都试图寻找人之为人的根据，但它们都诉诸实体，可谓南辕北辙、舍本逐末。作为本体论哲学，它们分享“本体论哲学的根本弱点”，使“人的本性已完全失去了人性的特质”①。马克思人学继承了西方传统人学的优秀成果，从“现实的个人”出发，视实践为人的存在方式，实现了人学思想史上里程碑意义的革命。

第一，存在论上从“既成”转向“生成”。

存在论即本体论（Ontology），国内学者主张译作与认识论、方法论相并列的“存在论”，意指人之存在的最后根据。存在论根源于人类思维的超越性。人与动物的区别是人“立足于现实并力求超越现实，根据于有限却不满足于有限，而力求超越有限去追寻无限，生活于特殊却不滞留于特殊而去追寻普遍”②。由此可见，人具有理性思维，而理性思维的固有情结是追根究底。人学的问题不在于该不该寻找人之存在的根本，而在于从何处寻找根本？马克思之前的人学或视人为“纯粹的对象物”，或将人等同于理性、意识。他们虽已竭尽其力，但终不得要领，根本原因在于他们的思维方式。他们都把人看作“既成之物”，未把人

① 高清海：《找回失去的“哲学自我”——哲学创新的生命本性》，北京师范大学出版社2004年版，第329页。

② 欧阳康：《本体论的兴衰与哲学观念的变革》，《天津社会科学》1997年第2期。

看作感性活动中的“生成之物”。

自古希腊以来，人学便确立了人的主体地位。与之前相比，人学对人自身的提问发生了变化，由“这是何物”变为“人是什么”。但思维方式与之前相比没有变化，仍抽象地把握人的固有属性，无视人的超越性和生成性，因而不具有历史性、具体性和科学性。他们描述人的“自画像”不可能像人，自身也落得像理查德·罗蒂所说的“五分钟明星”处境。旧人学将“存在”存在者化，抹杀了存在与存在者之间的存在论距离，把存在等同于存在着的东西而非行动，导致存在之遗忘。因而，海德格尔认为，一部西方人学史就是一部“遗忘存在”的形而上学史①。

马克思开辟了一条全新的人学路径，新人学思维方式的转变表现为提问方式的变化，即变“人是什么”为“人是什么样的”。马克思批判包括费尔巴哈在内的旧唯物主义者，指出他们对“(包括人自身在内的)对象、现实、感性”仅以直观的方式视为客体，而不当作实践、主体和感性的人的活动去理解。黑格尔把人的产生看作一个过程，看作人自己劳动和实践的产物，这恰恰是他的伟大之处。提问方式虽然在语法结构上没有根本改变，但内在意蕴却大不相同。马克思把对人之存在的追问与回答，由现成的存在物变成由人自身的生产劳动、本身实践所决定的生成物。人再也不是“是其所是”的“现成人”，而是“永无定型”的“变化人”。马克思实现了人学的存在论革命，从人的历史、人的运动、人的变化中思考人的存在，他一举改变了西方人学从抽象意义上把握人之本质的传统。在马克思的眼中，人是未定型的存在物，他有历史、现在和将来，人永远在生成的途中，且永远不会完成。

第二，认识论上从“人之外”转向“人自身”。

人是哲学的永恒主题和核心内容。从外在形式看，哲学研究的最终

① ［德］马丁·海德格尔：《存在与时间》，陈嘉映等译，生活·读书·新知三联书店1999年版，第3页。

目的是为了人的自由和人的发展。从哲学内容看，人对自身的反躬自问始终是哲学的主题。从这个意义上说，哲学就是人学，人对自身的认识便是思想者智慧之所向。尤其是苏格拉底把“认识你自己”作为哲学主题以后，哲学的理论旨趣便是人生的意义、人的价值、人的自由等问题。“认识自身”这一主题虽不具有时间上的优先性，但有逻辑上的先在性。人不认识自己，何以认识世界？因此“认识自我乃是哲学探究的最高目标……即使连最极端的怀疑论思想家也从不否认认识自我的可能性和必要性”①。愿望和结果、理想和现实之间永远存在距离，哲学史上众多哲人为阐明人之存在前赴后继，但遗憾的是，纷纷无功而返。

旧人学两个流派都看到了人的二重性，并选择物质或精神作为人之存在的根据。它们把人的属性与人的本质相混淆，把人与动物相区别的特性等同于人在各种关系中表现出的全部属性，它们试图寻找人的存在本体论依据，却徘徊于人之外，盘旋于抽象的形而上学。事实证明，割裂人与其生活的世界，企图用理性洞悉与人对立的世界的客观规律，并把它当作人的思想和行动的根据，最终会使人成为漂浮不定的、无根的、抽象的人，属人世界成为只存在于人的头脑中、没有主体、虚幻的世界。无怪乎卢梭发出关于“人”的知识是各种知识中最有用但又最不完备的感叹。

马克思指出，人是自然和社会的二重存在物，人的二重性使人区别于动物。人既是主体又是客体。作为客体，人是对象性的存在物，生活于其赖以生存的自然和社会中，依赖其对象物而存在。作为主体，人的社会性使其能够按照自己的意志改造对象世界，并在改造世界的实践活动中与他人结成社会关系。在人的二重性决定了人之存在是非限定的、永远变化的，而非固定的、不变的。人的二重属性中，人的自然性是社会性的根据，脱离自然的人是抽象的和虚幻的。然而人需要从自然走向社会，从必然走向应然，正是这种应然逻辑，确证了“人的规定不是本

① ［德］恩斯特·卡西尔：《人论》，甘阳译，上海译文出版社2013年版，第3页。

然的，而是变化的，是不可规定的”①。马克思把目光从传统人学的“天国”转向“人间”，唤醒了从事实践活动的“现实的个人”，使得人的问题得以澄明，从而创立了科学的人学。

第三，实践论上从“解释”转向“改变”。

从总体上看，旧人学徘徊于属人世界之外阐释人。这些哲人们主观上并非不想改变人与属人世界，实在是因为他们空有主观愿望，但没有找到正确的方法，所以未能发现改变人及世界的路径。即使某些理论在一定程度上推动了历史的发展，也不能改变旧人学思想脱离现实世界阐释人的整体趋势，因而，旧人学思想可称为解释人的学说。

自古希腊以降，哲学家大都沉溺于形而上学的抽象思辨，以建立庞杂的哲学体系为己任。他们“从事哲学思索是为了摆脱无知，显然，他们并不是为了任何实用的目的，而是为了求知而追求科学”②。这种割裂人的求知与实践活动的致思理路，在寻找解释人之存在的终极实体时，要么将终极实体归于物质，要么归于精神。然而，传统哲人竟然以为，如果能从本体论上解释人的问题，就能改变现实世界。他们中甚至有人指出，阐释人的根本问题的本身就是对人的改变。于是，传统哲人像魔术师一样，口中念念有词，幻想自己的咒语可以把握并改变思想中的世界。旧人学所谓的“改变”是批判的理性和理性的批判，或者换句话说，其“改变”就是“解释”。

马克思并非皓首穷经的玄学家。他指出人学的根本任务不在于“解释”人，而在于“改变”人。马克思从“现实的个人”出发，考察人之生存的社会实践，提出人解放的现实路径。从这个意义上说，马克思人学的“解释”就是“改变”。传统的“解释”是脱离客观世界抽象地阐释问题，抛开批判人之存在的社会实践“解释”人，放弃探寻人的解放的道路，既不科学也不可能。可见，“解释”和“改变”密切相关，离

① 陆杰荣：《哲学境界》，吉林教育出版社 1998 年版，第 78 页。

② The Basic Works of Aristotle, p.982b. 转引自文史哲编辑部编：《知识论与后形而上学：西方哲学新趋向》，商务印书馆 2011 年版，第 3 页。

开“改变”的“解释”绝无成功可能。马克思首先是一个革命家，其人学实现了价值转变，“解释”人与世界仅仅是手段，目的是“改变”人及世界。具体而言，马克思阐释资本家对剩余劳动的无偿占有，揭露工人阶级受剥削的秘密，目的是改变资本主义条件下人的异化状态，变革属人世界，走向人的自由个性的共产主义社会。他为人之解放提供了精神武器，阐释人之解放的物质武器，指明人之解放的现实路径。就此而言，马克思人学并非是“密纳发的猫头鹰”，而是“高卢的雄鸡”，它并非为“人何以为人”提供理论反思，而为“人如何成为人”阐明行动指南。

第四，方法论上从“否定”转向“扬弃”。

如黑格尔所言，哲学史就像堆满死人骨骼的战场。后世哲学家往往通过批判自己的前辈，阐发自己的哲学主张，确立自己在哲学史上的地位。果如其是，旧人学两派之间相互否定，即使同一派别内，也大多是后人彻底否定前人，阐述己见，进而成就自己。一定意义上来说，这种相互否定具有合理性，它推动着人学思想的完善，鞭策人类在思想中把握时代。然而，凡事过犹不及，彻底否定对方往往使哲人不能仔细考察前人思想的合理之处，导致在“倒掉洗澡水的同时倒掉孩子”。如费尔巴哈就是在否定黑格尔唯心主义的同时抛弃了辩证法。

马克思与前辈哲人不同，他吸收并改造前人的思想，哲学上称这种方法为扬弃。具体到人学方面，马克思批判传统人学思想并汲取其合理成分，作为新人学（实践人学）的来源和组成部分。换句话说，马克思解构传统人学的理论范式和致思路径，汲取其中的合理因素重建新人学的理论范式及致思路径。具体说来，马克思批判黑格尔根据意识区别人和动物的观点，汲取劳动是人自我确证（本质）的思想，改造黑格尔狭隘、抽象的精神劳动概念，创立物质实践活动的科学概念，并肯定实践的历史作用；他批判费尔巴哈止步于把宗教的本质归结为人的本质，但却采纳费尔巴哈从宗教批判出发构建人本学的方法，强调要推翻使人成为“非人”的一切关系，恢复人的最高权威。在扬弃的基础上，马克思提出人之为人的存在论基础，“人的本质……在其现实性上，它是一切社会关系的总和。”[①]可见，马克思人学批判继承了西方传统人学，甚至其人学范畴如“实践”“现实的人”“异化”等也直接来源于前人。他没有因为这些范畴为前人所用而弃之不用，自己重新创造新范畴，而是赋予其新的内涵继续使用。譬如“实践”，经马克思改造后，成为其哲学的核心范畴和新人学的重要基础。

四、马克思人学主要内容及其逻辑关系

在《马克思的人学思想》中，袁贵仁给出了关于人学的定义，即对人的问题研究，并将其分为宏观、中观和微观三个层面。人的哲学是宏观层面，主要从哲学方面对人的本质、人的地位和人的使命进行探讨。它把人视作与自然相对的类存在物进行研究，探讨人与自然关系中人类的一般问题，不涉及人的问题的各个方面，也不关注人的个体。人的科学是微观层面，涵盖人的自然科学、人的社会科学和人的精神科学。它对人进行分门别类的研究，是系统化、理论化研究人的必经阶段。人学是中观层面，包含哲学和科学的双重性质。它以人的哲学为理论指导，在各种人的科学基础上对人进行整体的把握[②]。马克思人学的革命性变革，从人学含义的角度看，就是实现了从人的哲学向人学的转变。通过梳理马克思人学思想的历史演变，阐明其所实现的伟大变革，我们初步理解了马克思人学思想的逻辑演进。然而，把握马克思的人学思想，我们还需要透视其总体图景，阐明各部分之间的内在逻辑关系。

第一，马克思人学的逻辑出发点是“现实的个人”。

“现实的人”一词首先出现于费尔巴哈哲学，用来批判黑格尔思辨的、抽象的人。费尔巴哈所谓“现实”是基于人的自然属性和男女性别差异，把人的情欲和性爱作为人与人的本质联系。毋庸讳言，虽然提出

---

① 《马克思恩格斯选集》第1卷，人民出版社2012年版，第139页。

② 参见袁贵仁：《马克思的人学思想》，北京师范大学出版社1996年版，第1—4页。

“现实的人”的概念，但“费尔巴哈从来没有看到真实存在着的、活动的人，而是停留在抽象的‘人’上……他没有批判现在的生活关系，因而他从来没有把感性世界理解为构成这一世界的个人的共同的、活生生的、感性的活动”①。因而，其语境中的“人”和“现实”是片面的和抽象的。费尔巴哈人学缺陷源于其不彻底的唯物主义，依然执迷于形而上学的思维方式，终至既不了解人的社会存在，也不了解人的本质。就本质而言，费尔巴哈人学仍然属于旧人学。

但在费尔巴哈的启发下，马克思创立了历史唯物主义，扬弃了西方传统实体主义人学的存在论，把历史纳入人学视界并从中考察人与社会。他批判旧唯物主义和唯心主义把精神作为历史发展的动力，践行哲学对前提进行再反思的本质。马克思超越传统人学的致思理路，摒弃对人抽象和虚化的理解，他指出：“全部人类历史的第一个前提无疑是有生命的个人的存在。”②“现实的个人”既是马克思历史观的发端，也是马克思人学的策源地。马克思用具体经验的方法，发现这些“有生命的个人”，由“他们的活动和他们的物质生活条件，包括他们已有的和由他们自己的活动创造出来的物质生活条件”③决定。“现实的个人”不同于黑格尔“绝对精神”中长出的人类个体，也不同于费尔巴哈所谓“现实的人”这个类概念。“现实的个人”是在自然规律的制约下，在社会实践活动中结成一定社会关系的有生命的个体，是历史的范畴。

综上所述，“现实的个人”是马克思人学的首要范畴和逻辑出发点。从理论上来讲，正是通过“现实的个人”，“人的生存”“人的本质”和“人的发展”等范畴才得以建立，马克思才建构了完整的人学体系。从现实实践来看，唯有在“现实的个人”的物质实践活动中，人才能与自然、社会和自身发生各种关系，马克思人学的实践内容才得以充盈，才能在

① 《马克思恩格斯全集》第3卷，人民出版社1960年版，第50页。

② 《马克思恩格斯文集》第1卷，人民出版社2009年版，第519页。

③ 《马克思恩格斯文集》第1卷，人民出版社2009年版，第519页。

社会生活中得以丰富地展示。

第二，马克思人学的基石是“人的存在”。

“人的存在”是“现实的个人”范畴的逻辑延伸和扩展，是现实的人在社会生活中的存在方式。马克思立足于感性经验，分析现实的人之存在样态，阐明人之存在和人之本质之间的张力，分析两者之间背离的缘由，指明人的发展的归宿。正源于此，我们说马克思人学建立在科学的基础上。

人的存在即人的属性，是人作为整体，在与自然、社会和自身关系中表现出来的特性，可分为自然、社会和精神三种。马克思分析自然科学和社会科学发展的成果，指出人源于自然，是自然界长期发展进化的产物；同时人依赖于自然，二者的联系永远剪不断，因而人具有自然属性。人的自然性不能区分人与动物，它确证自然之人经过动物的发展阶段，并停留于动物的高级阶段。“人永远不能完全摆脱兽性，所以问题永远只能在于摆脱得多些或少些，在于兽性或人性的程度上的差异。”① 人永远具有兽性，无疑让人感到尴尬，需要时时自警自省。要区分人性与兽性，我们须诉诸人的精神属性和社会属性。人的精神性是人与动物的重要区别，唯心主义反复强调这一点，并因此称人为“理性人”。马克思也承认人是有意识的存在物，但他反对夸大人的精神属性，否认理性为人的本质属性。马克思指出，动物与自己的生命活动是直接统一的。动物也有感觉，只是它不自知；动物也有心理，但它却不会反思。他赋予费尔巴哈的“类”范畴以全新内涵，阐明“有意识的生命活动把人同动物的生命活动直接区别开来。正是由于这一点，人才是类存在物”②。马克思指出人的类特性为有意识的感性活动，即劳动。

旧唯物主义夸大人的自然性，无视人的精神性，将人称作“自然人”；唯心主义强调人的精神性，忽视人的自然性，将人看作“理性人”。

① 《马克思恩格斯全集》第 20 卷，人民出版社 1971 年版，第 110 页。

② 《马克思恩格斯文集》第 1 卷，人民出版社 2009 年版，第 162 页。

但马克思把人的自然性与精神性统一起来，单就此而言，马克思的人学便决然不同于旧人学。马克思同时指出，社会属性是人的根本属性，是人作为主体的重要表征，这给抽象的人性论致命一击。至此，马克思全面地阐释了人的属性，即人是自然存在、精神存在和社会存在的统一，人的自然性和精神性都受到社会性的制约，并在社会实践中得以实现。正是在这个意义上，马克思说："只有在社会中，人的自然的存在对他说来才是他的人的存在。"①"意识一开始就是社会的产物，而且只要人们还存在着，它就仍然是这种产物。"②只有在承认人的社会属性的基础上，人的自然属性与精神属性才是"人"的属性；唯有阐明人的社会属性，我们才能够触及马克思人学思想的核心——人的本质。

第三，马克思人学的核心是"人的本质"。

本质乃事物之所以存在的根据。人的本质问题作为马克思人学的核心，就是人之为人的根本。我们回溯西方传统人学，发现哲人们之间对这个问题争执不休却鲜有共识，主要原因在于他们不能阐明人的本质，不能区分人的本质、人性与人的属性。因此，要科学准确地把握人的本质，首先要正确界定人的本质、人性与人的属性等范畴。

人性是系统范畴，包含多个层级。人的属性（人的存在）是第一层级，包括人的所有特性：自然、精神和社会属性；人的社会属性又称为人的特性，它把人与动物、人与人区别开来，包括劳动、思维等，是人性的第二层级；人的本质乃人之为人的根据和关键，主要指人的社会实践，是人性的第三层级。三个层级中，人的属性区分人与动物，人的特性区分人与人，人的本质是人之为人的根本属性和最终根源，是人性展开的根据。③质言之，人性层层递进，人的本质是人性中最核心、最本质的特性。从人的属性看人的本质，并不为西方传统人学所独有，马克思也以人的属性区分人与动物。西方旧人学的失误在于，把人的属性当

① 《马克思恩格斯全集》第 42 卷，人民出版社 1979 年版，第 122 页。

② 《马克思恩格斯全集》第 3 卷，人民出版社 1960 年版，第 34 页。

③ 参见陈志尚：《人学新论》，人民出版社 2015 年版，第 63 页。

作人的本质，仅仅谈论人的属性，没有深入人之为人的根基处。

马克思并非生而知之，他对人的本质的认识经历了从实体到关系、从静态到动态的变化。马克思意识到把人的本质看作某种实体，不仅不能区分人与其他物质，而且会把人的本质“降低为他同任何虱子和任何沙粒所同有的性质”①。在其人学思想形成过程中，马克思曾把“自我意识”“人民精神”作为人的本质，也曾提出“人是人的最高本质”，最终提出现实的人的“社会特质”。正如卡西尔所言，“如果有什么关于人的本性或‘本质’的定义的话，那么这种定义只能被理解为一种功能性的定义，而不能是一种实体性的定义。”②马克思明白动物与环境、外物也发生联系，但这种联系并不是作为“关系”存在，只有人才通过劳动实践同外部世界发生关系。

马克思指出，人的本质包括类本质与个体本质，人的类本质把人与动物区分开来，人的个体本质把人与人区分开来，应从类和个体两个维度阐释人的本质。关于人的类本质，马克思说：“一个种的全部特性、种的类特性就在于生命活动的性质，而人的类特性恰恰就是自由的自觉的活动。”③人正是在劳动中与自然、社会发生关系，产生语言和意识，表现出人的自然属性、社会属性和精神属性，因此，劳动是人的本质。如果我们仅仅指出劳动是人的本质，只表明认同了人的类本质，并没有揭示人个体所固有的本质。人的个体本质，决定于“他们进行生产的物质条件”，这正是马克思的关注点，他并不是要说明人与动物的不同，而是要阐明资本主义经济形态中人与人的不同。随着人学思想的发展，马克思在批判费尔巴哈人学的基础上阐明：“人的本质不是单个人所固有的抽象物，在其现实性上，它是一切社会关系的总和。”④从理论逻辑来看，揭示类本质也许更为重要，因为劳动是社会关系的源泉。但

① 《马克思恩格斯全集》第3卷，人民出版社1960年版，第520页。

② ［德］恩斯特·卡西尔：《人论》，甘阳译，上海译文出版社2013年版，第115页。

③ 《马克思恩格斯全集》第42卷，人民出版社1979年版，第96页。

④ 《马克思恩格斯文集》第1卷，人民出版社2009年版，第501页。

在实践逻辑上，从类本质深入到“单个人”的本质，即人的现实本质更为重要。因为我们只有把握了人的现实本质，才能看清资本主义社会中无产阶级的现实处境，即无产阶级是作为创造财富的手段而非目的存在于资本主义社会中。无产阶级只有明白这一点，才能在实际的斗争中不至于迷失方向。搞清楚这一问题，我们便合乎逻辑地提出人学的最终归宿——人的发展。

第四，马克思人学的归宿是“人的发展”。

马克思指出，人的发展目标是“人的自由而全面的发展”，它包含两层意思：人的自由发展与全面发展。人的自由发展侧重人的个性伸张、协同发展；人的全面发展注重人的能力、素质得到普遍而充分的发展。两者相互联系、相互区别、相互依存、相互促进，统一生成于现实的人的感性活动之中。“人的自由发展是人的全面发展的前提和基础，全面发展是人的自由发展的目标和归宿。”① 人的自由全面发展需要具备许多先决条件，要经历漫长的历史过程，它是一个从量变到质变的发展过程。

人的发展是马克思人学思想的最高命题、发展归宿。马克思首先指明了人的发展与人的本质的辩证关系。人的发展是人的本质的延伸与深化，只有彻底明了“人是什么样的”，才能清楚“人如何发展”；人的本质是人的发展的逻辑前提，也是现实的前提，人的本质决定人的发展。正如前所述，马克思从类与个体两个方面阐释人的本质，人既是类存在，也是个体存在，表现为社会与个人的统一。马克思人学的价值归宿是每个人的解放和发展，“要不是每一个人都得到解放，社会本身也不能得到解放”②；人学的归宿当然也是类的发展，因为“一个人的发展取决于和他直接或间接进行交往的其他一切人的发展”③。显而易见，马克思人学的理想目标与最佳归宿是个体与类、个人与社会协调发展。

① 陈尚志：《人学新论》，人民出版社 2015 年版，第 191 页。

② 《马克思恩格斯全集》第 20 卷，人民出版社 1971 年版，第 318 页。

③ 《马克思恩格斯全集》第 3 卷，人民出版社 1960 年版，第 515 页。

然而从现实来看，人类社会的发展却在过去很长时间以牺牲个人发展为代价。马克思通过分析人与自然、人与社会和人与自身的关系，揭示了人的发展历史进程。他指出，前资本主义社会生产力水平和个人生产能力较低，以牺牲部分个人的发展来促进社会的发展，这是人类历史发展的必经阶段，也是个人与人类协调发展的必由之路。到了资本主义社会，生产力的快速发展、社会分工的细化以及大工业的发展造就了人类文明的总体繁荣。个体摆脱了封建人身依附关系，获得极大的自由，然而人的发展却采取了“普遍物化的形式”，表现为人的全面异化。正是基于此，马克思早期的人学思想便是控诉资本主义社会人的发展异化之“恶”。当然，由于马克思在人的发展问题上坚持辩证逻辑和历史逻辑相结合，所以他正确地指出，人从原始全面性到近代片面性，再到未来社会新的全面性，是否定之否定的辩证发展过程，未来社会个性的高度发展必然要经历牺牲个体发展的这个否定阶段。唯其如此，将来每个人才具有“自由个性”，每个人才能得到自由全面的发展，这样的社会才称其为“自由人的联合体”。发现人与社会发展的普遍规律，只是在一般意义上揭示人与社会的发展规律，马克思并未止步于此，而是继续深入，具体地分析资本主义社会，阐明人的自由全面发展“只有在实际运动中，在革命中才有可能实现”①。唯有通过革命，才能推翻剥夺大多数人的劳动以发展自己的统治阶级；唯有在革命中，被统治阶级才能摆脱陈旧的东西，重构新型社会关系，从而获得新生。

从“现实的个人”出发，马克思吸收自然科学与社会科学的发展成果，阐明“人的存在”，运用哲学思维抽象出“人的本质”。他深入资本主义生产方式，批判古典政治经济学，揭示资本主义条件下人的本质全面异化，分析产生异化的原因和扬弃异化的途径。马克思明确指出，扬弃人的异化，复归人的本质，人的发展既是前提条件又是目的归宿，而

① 《马克思恩格斯全集》第 3 卷，人民出版社 1960 年版，第 78 页。

人的异化便为人的本质复归提供了方法和途径。由此，人的发展前景已经凸显，那就是全面发展的“自由个性”。现实的个人——人的存在——人的本质——人的发展，马克思人学呈现出基本内容内在统一、层层递进的逻辑架构。

第二节　马克思共产主义思想发展历程及其意涵

共产主义思想“起初表现为十八世纪法国伟大启蒙学者所提出的各种原则的进一步的、似乎更彻底的发展”①。马克思在批判继承人类文明成果的基础上，逐步确立了共产主义思想。他的共产主义思想与任何新的学说一样，是从“已有的思想材料出发”，经历了从“形而上学”到“科学”的发展过程。

一、马克思共产主义思想的历史发展

列宁曾经阐述，马克思主义是对德国古典哲学、英国古典政治经济学和英法空想社会主义的继承与发展。列宁的马克思主义理论对社会主义革命产生了巨大影响，它有效地促进了各国的共产主义者快速掌握马克思主义要点，普及马克思主义基本知识，取得了丰硕的成果。但是，有人机械教条地理解列宁的这一论断，简单地把马克思主义的三个组成部分与三个直接理论来源看作一一对应的关系，而忽视了三个组成部分之间的内在统一关系。这种理解既不符合理论逻辑，也不符合实践逻辑。就德国古典哲学与共产主义关系来看，“如果不是先有德国哲学，特别是黑格尔哲学，那末德国科学社会主义，即过去从来没有过的唯一

① 《马克思恩格斯全集》第20卷，人民出版社1971年版，第19页。

的科学社会主义，就决不可能创立。”[①]马克思显然认识到了这点，于是他一接触共产主义便探寻其哲学基石。此外，共产主义的存在和发展也有相应的社会条件，它伴随英国产业革命、法国大革命成为“曼彻斯特、巴黎和里昂大街上引人注目的事实”[②]。19世纪三四十年代，德国知识分子在法国社会主义理论的影响下，审视现实社会中存在的贫困问题，体认到“过去长期被认为是贫困者固有的、稳定的困难已发展成一种不断恶化的普遍贫瘠和无家可归”[③]。马克思也敏锐地察觉到了这一情况，他借助法国空想社会主义的理论灵感，思考德国通向现代化的特殊道路。

第一，马克思对共产主义“爱恨交加”。

通过梳理马克思的文本，我们可以看出，“共产主义”是马克思作为《莱茵报》主编时，在为驳斥资产阶级保守派的报纸《总汇报》的指责而写就的文章中首次出现。在这篇名为《共产主义和奥格斯堡〈总汇报〉》的文章中，马克思对共产主义的态度十分矛盾。《总汇报》指责《莱茵报》向共产主义“卖弄风情”和“频送秋波”，马克思驳斥了这一不实的指控，他指出，不能因为共产主义“衣服不干净”“没有玫瑰的香味”而否定它是当前的重要问题。从现实情况来看，共产主义在英法已经是“极端严重的问题”，德国此时面临着摆脱封建割据、工业危机等社会问题，共产主义也许正是德国寻找的“药方”和“途径”。但马克思在理论上不认同“现有形式的共产主义思想的现实性，因此，就更不会期望在实际上去实现它，甚至都不认为这种实现是可能的事情”[④]。原因何在？翻检马克思在《莱茵报》上的政论文章，我们可以看出，马克思此时正沉溺于黑格尔的理性国家观，“把国家看成道德理性的最高实现，是调节社会发展的决定力量。”他认为德国社会问题“有赖于对

① 《马克思恩格斯全集》第18卷，人民出版社1964年版，第565页。

② 《马克思恩格斯全集》第1卷，人民出版社1956年版，第131页。

③ ［美］沃伦·布雷克曼：《废黜自我：马克思、青年黑格尔派及激进社会理论的起源》，李佃来译，北京师范大学出版社2013年版，第162页。

④ 《马克思恩格斯全集》第1卷，人民出版社1956年版，第133页。

国家和法律所实行的改革”①。因而，马克思仍秉持建立普鲁士理性国家的信念。由此可以说，此阶段的马克思对共产主义的态度显然比较“暧昧”。

马克思希望对共产主义从理论上予以说明，解决德国的贫困问题。然而，残酷的现实令他改变了想法。在《关于林木盗窃法的辩论》和《摩塞尔记者的辩护》中，马克思指出，黑格尔的理性国家观未能正确揭示国家、市民社会和家庭的关系，更不能破解国家与市民社会之间的矛盾。要洞察社会生活各种现象并给予解决，唯有求助于“事实的基础”。于是，普鲁士内阁查封《莱茵报》以后，马克思带着困惑和彷徨进入共产主义认识的新阶段。

第二，马克思以哲学阐释共产主义。

1859 年，马克思追忆为何转向政治经济学研究时明确谈到，《莱茵报》时期自己面临对物质利益发表意见、评判共产主义两件“难事”，这两大难事紧密联系。恩格斯后来回忆，马克思曾不止一次地说过，他正是由于从纯政治转向研究经济关系，从而走向了社会主义②。为解决这两大“难事”，马克思重新返回书斋，阅读了大量的著作，并撰写了“克罗茨纳赫笔记”。在此基础上，他彻底清算了黑格尔哲学，对共产主义拥有了广泛的理论认知，并渴望在实践中对其加以检验。于是，他决定前往“哲学大学”和“新世界的新首府”——巴黎。

作为德意志民族的一员，马克思深知哲学对一种学说的重要性，并一直致力于为共产主义提供哲学基础。但他却一贯反对在文章中点缀共产主义，并且鄙夷共产主义仅带着些许哲学色彩。从马克思和阿尔诺德·卢格的通信中，我们可以看到马克思对社会主义原则仅关心现实生活的不满，对树起教条主义大旗的“实际存在的共产主义”的轻视。他对费尔巴哈阐述无神论和唯物主义哲学观点的著作大加赞赏，认为费氏

① 孙伯鍨：《探索者道路的探索》，南京大学出版社 2002 年版，第 96 页。

② 《马克思恩格斯全集》第 39 卷（上册），人民出版社 1974 年版，第 446 页。

学说“给社会主义提供了哲学基础”①。《德法年鉴》期间，马克思以费尔巴哈的人本主义为哲学基础接受了共产主义。他不像恩格斯那样明确地称自己的共产主义是“哲学共产主义”，而是明确指出政治解放是人的解放的一大步，是当时世界范围内“人的解放的最后形式”，但“不是普遍的人的解放的最后形式”②。人的解放既需要“批判的武器”，更需要“武器的批判”。哲学是实现人类解放的精神武器，无产阶级是人类解放的物质武器，无产阶级的消灭和哲学的实现之时，也是人的解放实现之时。

英国是当时最发达的资本主义国家，因而物质利益冲突和阶级对立更为突出。生活于此的恩格斯更容易感受到资本主义社会的现实矛盾，更有机会接触英国的古典政治经济学和社会主义学说。因此，他通过深入考察英国的工人运动，深入研究英国的古典政治经济学和西欧的各种共产主义学说，较早地转向了共产主义。马克思没有恩格斯的这番经历，他不是直接从现实生活得出革命结论，而是通过对哲学的批判改造走向现实。直到1844年，马克思才对共产主义问题有了自己的见解。他批判“粗陋的共产主义”出于贪欲和对财富的嫉妒，要求私有关系普遍化，认为对私有财产的占有就是扬弃，因而它“不仅没有超越私有财产的水平，甚至从来没有达到私有财产的水平”③。马克思批判“政治领域的共产主义”倡言通过创建国家或废除国家实现共产主义，这是在政治领域否定私有财产，实质是政治解放而非人的解放。从前的共产主义都认识到了人的异化情状，并以扬弃异化为己任，然而，它们不清楚私有财产的积极本质，没有把私有财产与异化劳动相联系。马克思通过研究古典政治经济学，批判地发展了异化理论，重新思考国民经济学习以为常的出发点——私有财产——何以可能。马克思从观察到的经济事实出发，提出了异化劳动的理论，阐释异化劳动包含四重规定：劳动者与

① 《马克思恩格斯全集》第47卷，人民出版社2004年版，第73页。

② 《马克思恩格斯文集》第1卷，人民出版社2009年版，第32页。

③ 《马克思恩格斯全集》第3卷，人民出版社2002年版，第296页。

劳动产品相异化、劳动者与劳动活动相异化、劳动者与其类本质相异化、人与人的关系相异化。异化劳动为初涉政治经济学的马克思提供了思路，为他认识社会结构和历史过程提供了一把钥匙。在此基础上，马克思理清人类历史发展的思路，并通过异化劳动即私有财产的积极扬弃阐释了共产主义，即“共产主义是私有财产即人的自我异化的积极的扬弃，因而是通过人并且为了人而对人的本质的真正占有；因此，它是人向自身、向社会的即合乎人性的人的复归，这种复归是完全的，自觉的和在以往发展的全部财富的范围内生成的”①。马克思此时尚未彻底摆脱费尔巴哈人本学的影响，因而，他称自己的共产主义是“人道主义的共产主义”，把共产主义视为合乎人性的人的复归，人的解放和复原的现实环节。同时，他又超越了费尔巴哈，把生产劳动作为实践的内容，并把实践视作解决理论问题的唯一途径，这就为共产主义思想从哲学转向科学打下了坚实的基础。

第三，马克思在唯物史观基础上阐释共产主义。

1845 年以前，马克思一直致力于为共产主义奠定哲学基础。他认为费尔巴哈已经完成了哲学革命，所以才以费尔巴哈人本学为基础阐释共产主义。随着他深入研究政治经济学，深入细致地考察现实社会，马克思发现费尔巴哈的哲学不仅不科学，且实质上是用理论反对理论。他认为，理论的对立无法在理论内部得到解决，要解决理论对立，不能求诸哲学，而应该诉诸实践。于是，马克思放弃了从哲学原则出发寻找改造现实生活问题的思路，通过描述人们实践活动的实证科学来思考“历史之谜”。历史唯物主义应运而生。

马克思放弃哲学，从哲学转向实证科学（历史科学），是不是意味着马克思没有自己的哲学，学界对此颇有争议。如果马克思有自己的哲学，我们如何理解马克思恩格斯文本中诸如“哲学已经死去了”“哲学骗局”“结束历史领域内的哲学”等言论？如果真如马克思所言，哲学

① 《马克思恩格斯全集》第 3 卷，人民出版社 2002 年版，第 297 页。

死亡了，那历史唯物主义又是什么？在笔者看来，马克思恩格斯论域中的历史唯物主义“新哲学”其实是对旧哲学的变革，正是创立了唯物史观这一“新哲学”，共产主义才有了科学的哲学基础。

在标志“新世界观的天才萌芽的第一个文献”① 中，马克思指出，旧唯物主义从客体形式理解对象和人类社会，唯心主义从主观出发理解现实和历史，两者都尚未脱离传统哲学的本体论立场。他把对象（包括人类历史）理解为人的感性活动，即人的实践活动。根据实践立场，唯物史观具有了独特的研究出发点，即人类历史的出发点就是“有生命的个人的存在”②。我们不能“从人们所说的、所设想的、所想象的东西出发，也不是从口头说的、思考出来的、设想出来的、想象出来的人出发，去理解有血有肉的人。我们的出发点是从事实际活动的人”③。此时的马克思已经抛弃了普遍的原则，而专注于特殊的现实。在现实的资本主义社会中，马克思恩格斯发现“现实的人”日益分裂为两个阶级：资产阶级与无产阶级。他们超越了“哲学共产主义”阶段，把共产主义看作超阶级运动，看作一切人的解放，而把目光聚焦于无产阶级——这个除了镣铐一无所有、只有解放人类才能解放自己的阶级。马克思恩格斯指出，共产主义代表无产者的利益，“是关于无产阶级解放的条件的学说”④。马克思弃绝了费尔巴哈人本学立场，不再把扬弃异化视为人类历史发展的动力，当作批判资本主义、阐释共产主义的钥匙。马克思恩格斯通过研究只有在“臆想中才能撇开”的物质生产过程，得出生产力与交往形式、经济基础与上层建筑之间的矛盾是人类社会发展的动力。在考察社会基本矛盾的基础上，马克思看清了资本主义社会的种种乱象，得出“两个不可避免”的结论。马克思不再把人的个性和自由理解为人的本质、类本质，把共产主义理解为“人向自身的复归”，人的生存和

① 《马克思恩格斯文集》第 1 卷，人民出版社 2009 年版，第 805 页。

② 《马克思恩格斯文集》第 1 卷，人民出版社 2009 年版，第 519 页。

③ 《马克思恩格斯文集》第 1 卷，人民出版社 2009 年版，第 525 页。

④ 《马克思恩格斯文集》第 1 卷，人民出版社 2009 年版，第 676 页。

人的本质的契合。而是将未来社会人的生存状态即人的自由个性，与共产主义相联系。共产主义是个人与共同体共同的发展，二者互为条件和结果，马克思将其凝练为“每个人的自由发展是一切人的自由发展的条件”①。

马克思指出：“对实践的唯物主义者即共产主义者来说，全部问题都在于使现存世界革命化，实际地反对并改变现存的事物。”②实践唯物主义即历史唯物主义。马克思明确指出，实践的唯物主义等同于共产主义，两者同属于辩证唯物主义，本质上都是革命的。学界普遍认为《形态》标志着马克思主义的形成，《宣言》标志着马克思主义公开问世。更有学者断定，作为马克思主义哲学变革的标志性作品，这两篇著作都浸染着“共产主义”的色调，呈现出唯物史观和共产主义交互重叠现象，这属必然现象。③这一论断看来确有道理。

二、共产主义是理论、运动和制度的统一

我们翻检马克思恩格斯文本，发现他们反复提及共产主义是理论、制度、运动的统一体，这是我们理解共产主义的三个基本维度，我们需要从三个独立又统一的角度，全面地把握马克思共产主义思想的丰富内涵。

第一，共产主义是追求人的自由和解放的理论。

资产阶级启蒙思想家曾对资本主义制度的确立欣喜若狂，因为他们预言的理性王国没有让人失望：资本主义给人类带来了巨大的进步，生产力巨大发展、世界市场迅速拓展、民主制度广泛认同、文化观念深入人心。然而与此同时，他们发现与“华美诺言比起来，由‘理性的胜利’建立起来的社会制度和政治制度竟是一幅令人极度失望的讽刺画”④。与

① 《马克思恩格斯文集》第2卷，人民出版社2009年版，第53页。

② 《马克思恩格斯文集》第1卷，人民出版社2009年版，第527页。

③ 参见侯惠勤：《共产主义：马克思主义哲学之魂》，《红旗文稿》2015年第18期。

④ 《马克思恩格斯文集》第3卷，人民出版社2009年版，第527页。

繁华相对应，社会上出现大批失业大军、诸多贫民窟、环境污染和道德堕落等与文明相悖之事。共产主义作为否定资本主义的理论，便随着资本主义的制度性弊病应运而生。初期的共产主义理论如初生之儿，必然粗糙而肤浅。马克思最初接触这一理论，便持有德国人特有的谨慎态度。他虽然承认共产主义对欧洲的重要意义，但同时认为应该给激情的行动以坚实的理论基础，唯有如此，才能抓住事物的根本，也才能说服人。由此可见，与共产主义理论出现的原因相同，马克思初次评判共产主义，也是着眼于资本主义社会弊病，特别是德国社会的各种危机。

马克思在中学时代便萌生了“为人类而工作”的志向，在博士论文中也表达了对人类自由热烈追求的坚定信念。马克思一踏入社会，便站在民主主义者的立场上，呼吁新闻出版自由、捍卫人民民主权利，对封建专制制度进行了无情地鞭挞。然而当时，马克思缺乏对经济关系的研究，面临对物质利益发表意见的难事；缺乏对共产主义深入的研究，他遭遇到了“共产主义难事”。这两大难题使得马克思开始质疑黑格尔哲学，并开启了对古典政治经济学、法国唯物主义与共产主义的研究。他在巴黎和“正义者同盟”的领导人建立联系，近距离观察工人，参加工人的集会。理论研究和实践活动促使马克思的世界观发生了转变，由革命民主主义转向共产主义。马克思在《德法年鉴》创刊号上发表的两篇文章，不仅重申了自中学时代便树立的信念，而且区分了政治解放与人类解放。他指出政治解放是国家的彻底解放，把人从特权和等级中解放出来，使部分人在政治领域得到解放；人类解放是人的解放的最后形式，使人从市民社会与政治国家的对立中得以超越。马克思没有像空想社会主义者那样，仅仅指责现存社会的弊端，畅想未来社会的美好，而是呼吁无产阶级和哲学相结合。马克思此时理解的“人的解放”是人本主义的理论归宿，而共产主义是人本哲学原则的最终实现。与此同时，恩格斯通过考察英国的社会状况，研究资产阶级政治经济学著作，最终接受了共产主义理论，他对马克思奠定共产主义的现实基础产生了重要影响。

理论的成熟程度取决于社会关系、阶级关系的成熟程度。“为了使社会主义变为科学，就必须首先把它置于现实的基础之上。”[①]空想社会主义思潮随着资本主义的萌芽而诞生，资本主义社会的历史发展条件决定了空想社会主义思想的空想性。欧洲资本主义社会生产方式、社会结构和阶级关系充分发展，赐予了马克思恩格斯超越前人具备的社会条件，为他们创立历史唯物主义与剩余价值理论提供了必要条件，“前者是科学共产主义理论直接的一般哲学基础，而后者是科学共产主义理论的根本经济基础。”[②]马克思的两大发现揭露了资本主义生产的秘密，使共产主义由空想走向科学。除此之外，马克思恩格斯彻底批判了当时存在的、形形色色的社会主义、共产主义派别，并在指导工人实践中检验、丰富了科学共产主义理论。恩格斯指出：“共产主义作为理论，是无产阶级立场在这种斗争中的理论表现，是无产阶级解放的条件的理论概括。”[③]由此可见，共产主义要成为一种科学理论体系，应该包括共产主义的实现必然性、实现条件、实现路径与基本特征等内容。

综上所述，马克思始终抱着为人类解放而奋斗的信念，这一信念贯穿于其理论研究和社会革命实践全过程之中。他早年对共产主义持保留态度，希望其拥有坚实的哲学基础；后来通过研究哲学、政治经济学，参加工人运动实践，发现共产主义是实现人类自由解放的理论，是人的全面发展和人类社会发展的必然归宿。

第二，共产主义是那种消灭现存状况的现实的运动[④]。

马克思的共产主义初次登场，并不是一种理想的社会制度，而是扬弃私有财产（人的自我异化）的运动。马克思在《手稿》中说，共产

① 《马克思恩格斯文集》第3卷，人民出版社2009年版，第537页。

② ［苏］F.A. 巴加图利亚：《马克思的第一个伟大发现——唯物史观的形成和发展》，陆忍译，中国人民大学出版社1981年版，第2页。

③ 《马克思恩格斯文集》第1卷，人民出版社2009年版，第672页。

④ 《马克思恩格斯文集》第1卷，人民出版社2009年版，第539页。

主义是“人的自我异化的积极的扬弃”，是“历史的全部运动”①。后来，马克思在《形态》中重申共产主义既非教条，又非理想，“共产主义对我们来说不是应当确立的状况，不是现实应当与之相适应的理想。我们所称为共产主义的是那种消灭现存状况的现实的运动。”②恩格斯认为，共产主义在其所依据的辩证法面前，是不断生成的、无止境地从低级向高级运动的过程。与所有的社会形态一样，共产主义唯一不变的是运动变化。不止于此，马克思从来不把共产主义看做是可以一蹴而就、轻而易举就能实现的乌托邦，他从来不脱离社会生产条件与主体发展状况抽象地谈论共产主义。谈到共产主义的长期性，马克思既坚定又慎重地指出：“历史将会带来这种共产主义行动，而我们在思想中已经认识到的那正在进行自我扬弃的运动，在现实中将经历一个极其艰难而漫长的过程。”③

马克思从人类社会发展与人自身发展两方面来考察共产主义的运动性。在人类社会发展方面，马克思抛弃了德意志民族从思维到存在的思维方式，考察人类物质生产过程，生产力与生产关系之间的矛盾作为历史发展的根本动力。他批判蒲鲁东用“原理创造历史”，强调应该是“历史创造原理”。马克思分析欧洲社会的生产力发展和生产关系状况，把人类社会历史划分为原始社会、奴隶社会、封建社会、资本主义社会和共产主义社会。在人自身发展方面，马克思根据人的自由和发展程度，把人的发展分为人的依赖、物的依赖和自由个性三个阶段。人类社会历史与人自身的发展内在契合，都是螺旋式上升、辩证地发展，把人的自由全面发展作为理论旨归。正是在这个意义上，共产主义实现了社会与人的协同发展。共产主义也只有在运动中，才能最终实现两者相互促进、协调发展。在人类社会历史发展实践中，共产主义最终由理论变为现实，并于20世纪在世界范围书写了波澜壮阔的宏伟篇章。在当今

① 《马克思恩格斯文集》第1卷，人民出版社2009年版，第186页。

② 《马克思恩格斯文集》第1卷，人民出版社2009年版，第539页。

③ 《马克思恩格斯文集》第1卷，人民出版社2009年版，第232页。

世界，现实社会主义国家主导的共产主义运动在全球范围内仍处于“劣势”，然而，作为共产主义运动的成功代表，新时代中国特色社会主义建设正乘风破浪、勇往直前，为解决全球资本问题贡献了“中国智慧”，为全球社会主义的发展提供了“中国方案”。

马克思不仅通过批判空想共产主义理论昭示共产主义的运动向度，而且通过领导、参加工人运动实践，践行共产主义的运动意蕴。他阐释共产主义运动的根本前提是“生产力的巨大增长和高度发展”。没有生产力的高度发展，人们之间就不能建立普遍交往的关系，“世界历史性的个人”就不能存在。通过阐明共产主义实现的根本前提，马克思把共产主义从遥远的海市蜃楼拉到了现实的地基，进而消弭了共产主义应然与实然之间的沟壑，使其既避免堕入乌托邦，也避免滑向庸俗化。关于共产主义内含运动向度，学界没有分歧。有学者指出，为避免共产主义运动的“泛化”，应该以人为目的来验证运动是否具有共产主义性质①。这种观点显然具有相当的合理性。

第三，共产主义是一种合乎人性的社会制度。

从马克思恩格斯对共产主义的阐释来看，共产主义也是他们一生致力于实现的一种社会制度。作为制度的共产主义是在马克思主义理论指导下，经过漫长的共产主义运动，最终实现的理想社会目标。与学界普遍认同共产主义是一种现实的运动不同，学界对作为制度的共产主义颇多诟病与质疑。总体来看，对共产主义制度的质疑，主要出于以下几个方面的原因。

首先，在政治哲学意义上对共产主义理解的偏差。共产主义在政治哲学上有知性政治与理性政治两种理解方式。马克思的共产主义是知性政治，致力于逐步逐个地解决问题；它不同于理性政治预设一个理想的社会制度，企图一揽子解决所有的社会问题②。由此看来，马克思的共

① 参见韩东屏：《天堂与人本——重解共产主义》，《学习月刊》2005 年第 2 期。

② 参见王庆丰：《批判的辩证法与共产主义》，《哲学动态》2013 年第 7 期。

产主义不同于空想社会主义悬设一个未来的理想目标，更不是西方学者指称的乌托邦。共产主义制度源于对现代性社会的调节，对资本主义社会不合理秩序、关系和机制的反叛。也就是说，共产主义是解构基础上的建构，是解构和建构的统一。这样的“共产主义是最近将来的必然的形态和有效的原则，但是，这样的共产主义并不是人类发展的目标，并不是人类社会的形态”①。学界有些人正是以此为据，认为共产主义不包含制度一维。毫无疑问，如果马克思的共产主义言止于此，它作为人的解放的一个环节，是通向未来社会主义社会的中介，而非实现人之自由解放的社会制度。然而，马克思还把共产主义视为“人类史前史”的结束，真正“人的历史”的开启。正像恩格斯所说的那样，共产主义应当、确实像任何其他社会制度一样，是经常变化和改革的社会。综上所述，作为知性政治的共产主义没有终结，作为一种社会制度永远是对现存制度的改革和完善。从这个意义上看，共产主义制度作为人类社会的目标，永远处于现存社会阶段的下一阶段。

其次，对未经验事实的怀疑。直到今天，共产主义制度并非现实存在着或存在过的社会形态，而是马克思基于人类社会发展和人自身发展的规律而做出的科学预测。对共产主义持怀疑态度的人标榜只承认亲眼见到的事实，实际上是存有形而上学的思维方式。他们没有掌握辩证思维方法，在理想或现实之间仅持一端。试想，原始社会的人们没有“经验过”资本主义社会，难道资本主义就不是既成事实了？当然，那种认为共产主义社会是人的发展与人类历史发展的终点，是所有矛盾彻底消失、人与人之间没有差别的存在状态的观点也是错误的。共产主义制度的优点主要在于，“它增强了人们调节与自然的物质、能量、信息变换的自觉性，有利于人类摆脱物质的束缚、物欲的追求，在更高层次上显示自己的本质力量，提高人文精神的层次”②。我们不能让“贫穷”限

① 《马克思恩格斯文集》第1卷，人民出版社2009年版，第197页。

② 陈慧平：《如何理解共产主义》，《理论月刊》2003年第7期。

制了自己的想象力，共产主义没有实现并不代表不能实现。我们可以预见，随着资本主义社会危机的再现，共产主义理论将牵引共产主义运动再度勃兴，人们在运动中将推动共产主义制度变为现实。

最后，马克思拒绝描摹未来理想社会的具体细节。与前人对共产主义进行美好憧憬和详细表述不同，马克思的兴趣并不在于详细勾画理想社会，甚至可以说，为了防止共产主义沦为空想，他努力避免对未来社会展开想象。在马克思的视阈中，共产主义是批判和建构的统一。他正是在分析批判资本主义社会各种矛盾的基础上，发现其中萌生的新社会因素和阶级主体，揭示通过无产阶级革命实现共产主义的客观规律。因而我们可以看出，马克思对共产主义本质特征和发展阶段做了粗线条勾画，而对共产主义社会的具体表征着墨不多，这“并非因为马克思的更大的兴趣是批判资本主义而不是描绘他认为‘应当’取代资本主义社会的共产主义社会。真正的原因在于，马克思根本不是以这种方式来看待资本主义与共产主义之间的差别……理解共产主义的惟一科学道路，就是辩证地理解资本主义，把它理解成一个在其‘母体’中孕育着共产主义的发展过程”①。由此可见，共产主义的运动维度和社会制度维度是完全统一的。

综上所述，共产主义是理论、运动和制度“三位一体”的思想体系，是同一事物的三重规定，并非有三种不同意义的共产主义同时存在。马克思视阈中的共产主义有理论、运动、制度三重规定性，后来者为理解和阐释的方便，经常根据论述需要取舍某一方面，因而影响了对共产主义的完整理解，这应该引起我们注意。共产主义作为运动是消灭私有制，实现人的自由解放的现实运动，作为理论是对共产主义运动的理论概括，作为制度则是在科学理论指导下，践行共产主义运动的必然结果，三者统一于共产主义实践之中。

---

① 欧阳康主编：《当代英美哲学地图》，人民出版社 2005 年版，第 644 页。

三、实现共产主义的三个历史阶段

马克思共产主义社会的阶段理论是对人类社会发展阶段理论的细化和发展。马克思通过多维度地阐释，从静态的角度横向地揭示了共产主义的丰富含义；通过多阶段的定义，从动态的角度纵向地破译了“历史之谜”。他通过多视角的转换，对社会形态进行了多种不同的表述。马克思依据生产力发展水平，把人类社会分为“史前时期”和“历史时期”；依据生产方式的发展标准，把人类社会分为自然经济形态、商品经济形态和产品经济形态；依据社会分工把人类社会分为亚细亚所有制、古代所有制、日耳曼所有制、资本主义所有制和共产主义所有制。但无论根据哪种划分标准，马克思都指认共产主义社会是未来的理想社会。理想社会是何种样态，是单一形态，还是复合形态？马克思经过了长时期的理论探索，才给出自己的答案。

首先，共产主义从原则规定到阶段划分的转变。从某种意义上说，人类社会的历史就是一部人类追求自身解放的历史。马克思从接纳共产主义之时就把人的解放作为其目标，阐明“共产主义是对私有财产即人的自我异化的积极的扬弃，因而是通过人并且为了人而对人的本质的真正占有”①。扬弃人的自我异化（私有制），重新占有人的本质，这是马克思在人本主义哲学基础上对共产主义的阐发。后来，历史唯物主义的创立，使得共产主义有了科学的理论基石。在此基础上，马克思对资本主义的伦理批判转为科学分析，共产主义被看做是在资本主义生产力大发展基础上，消灭资本主义社会化大生产与生产资料私人占有之间矛盾的现实运动。马克思恩格斯在《宣言》中指出，共产主义的本质特征是“每个人的自由发展是一切人的自由发展的条件”②。后来，他们把共产主义视为联合体——“自由人联合体”③。直到此时，马克思一直是从原

① 《马克思恩格斯文集》第1卷，人民出版社2009年版，第185页。

② 《马克思恩格斯文集》第2卷，人民出版社2009年版，第53页。

③ 《马克思恩格斯文集》第5卷，人民出版社2009年版，第96页。

则、特征等方面阐释共产主义社会，并没有把共产主义社会划分阶段。之所以如此，与他对待人类社会历史的科学态度有关。“马克思、恩格斯历来反对对未来社会做详细的描述，在他们看来，对未来社会描述得越详细，越是陷入空想。”①在他们看来，未来的事情只能交由后来的马克思主义者来解决，否则，那与空想共产主义又有什么区别呢？这是他们的一贯做法。恩格斯曾经对记者说，想知道未来社会组织的详细情况，他和马克思没有现成的答案。任何事情都不是绝对的，我们说马克思没有对未来社会做详细描摹和阶段划分，并不代表他没有提及未来社会的特征。例如，在《詹姆斯·穆勒〈政治经济学原理〉》一书摘要中，马克思就曾阐发了未来“真正人的社会”的四个基本特征，即个人在生产过程中对自己和他人的感性需要及其本质的双重肯定。在《形态》中，马克思指明在未来社会，认识到自身力量的个人联合起来，共同占有社会的生产资料，个人消费品实行按需分配的原则。《宣言》中阐释无产阶级掌握政权后，社会将经历若干不同的社会发展阶段的思想。尤其值得一提的是，在1852年写给约瑟夫·魏德迈的信中，马克思指出，与资产阶级历史学家相比较，其贡献之一是揭示无产阶级专政“是达到消灭一切阶级和进入无阶级社会的过渡”②。此时，马克思对于资本主义与共产主义之间存有过渡阶段的设想已然成型，上述观点为提出共产主义社会阶段论奠定了基础。

其次，从资本主义向共产主义发展的三个阶段。在阐述共产主义是一个不断发展的历史过程的基础上，1875年马克思撰写了《哥达纲领批判》，在这部批判拉萨尔主义的著作中，他提出从无产阶级夺取政权后社会发展分为过渡时期、共产主义第一阶段和共产主义高级阶段。过渡时期之所以是共产主义社会阶段之一，原因有二：一方面，马克思限定过渡时期“在资本主义社会和共产主义社会之间”，而且是“从前

① 石镇平：《关于什么是社会主义的讨论》，《马克思主义研究》2009年第4期。

② 《马克思恩格斯文集》第10卷，人民出版社2009年版，第106页。

者变为后者的革命转变时期”①。从时间上来看，过渡时期是一个独立阶段，既非资本主义社会，也非共产主义社会；从社会构成因素来看，共产主义过渡时期存在资本主义和共产主义两种因素，两者相互斗争、此消彼长，总趋势是资本主义的因素不断减少，共产主义的因素不断增加。另一方面，马克思在《1848年至1850年的法兰西阶级斗争》中指出，革命的社会主义就是达到“三个消灭、一个改变”目标的过渡阶段②，也就是后来的过渡时期。过渡时期社会属性很难确定，但它的前途无疑是包含共产主义第一阶段的共产主义社会，因此，可将其视作共产主义的准备阶段。

共产主义第一阶段是经过“长久阵痛期”从旧社会分娩出来的新社会。它还不是在自身基础上发展了的共产主义社会，而是建立在资本主义工业和贸易大发展的基础之上，生产力和生活资料已具有无限增长的可能性。即便如此，由于共产主义第一阶段经历过两种社会因素的较量，有旧社会因素影响和制约，特别是“在各方面，在经济、道德和精神方面都还带着它脱胎出来的那个旧社会的痕迹”，在分配制度上，“每一个生产者，在作了各项扣除以后，从社会领回的，正好是他给予社会的”③，即实行按劳分配的原则。马克思的描写无疑是简约精炼的，这给后人留下了很大的思考空间，但也难免让人误解。有人针对马克思论域中共产主义第一阶段“刚刚从资本主义社会中产生出来”，便误认为共产主义第一阶段就是资本主义和共产主义社会之间的无产阶级专政时期，也即过渡时期。马克思好像也怕我们误解，于是他紧接着论述，共产主义第一阶段的弊病是资本主义社会胎胞里自带的，并且是经过长久阵痛期不能避免的。由此可见，马克思在这里所说的“长久阵痛期”明显指的是过渡时期。

---

① 《马克思恩格斯文集》第3卷，人民出版社2009年版，第445页。

② 参见邵腾：《资本的历史极限与社会主义——回归马克思的理论基础上的整合研究》，上海大学出版社2005年版，第197页。

③ 《马克思恩格斯文集》第3卷，人民出版社2009年版，第434页。

马克思指出，在共产主义第一阶段，即生产资料社会所有、取消商品和货币、消灭了阶级和国家的基础上，到共产主义高级阶段，即强制分工和三大差别消失、劳动成为人类能力的发挥，“随着个人的全面发展，他们的生产力也增长起来，而集体财富的一切源泉都充分涌流”，“按需分配”[①]成为社会的分配原则。可以看出，马克思在此提出共产主义两个阶段的生产力发展程度不同，分配原则不同。然而对于两个阶段其他方面的区别，马克思并没有说明。这一方面是由于马克思恩格斯从来不耽于空想，他们认为如果不结合历史事实和发展过程，描述未来社会的特征“就没有任何理论价值和实际价值”[②]。另一方面，由于马克思此处的论述主要是批判对手，并非要专门论述共产主义发展阶段。正源于此，有学者指出，马克思使用的“第一阶段”和“高级阶段”并不是相互对应的，即使将第一阶段理解为低级阶段，也完全可以把共产主义划分为低级、中级、高级三阶段，或者说共产主义一定会有若干个不同的阶段[③]。正如马克思恩格斯生前所教导的那样，马克思主义理论不是现成的教义，而是研究人与社会发展规律的方法，对共产主义社会阶段的划分也不能例外。我们应该掌握马克思划分阶段的方法，而不是教条地固守其划分阶段的内容。

最后，马克思共产主义阶段论为中国特色社会主义建设提供了科学的理论指导和实践示范。从理论指导方面来看，马克思“彻底地运用了唯物主义辩证法，即发展学说，把共产主义看成是从资本主义中发展出

---

① 《马克思恩格斯文集》第3卷，人民出版社2009年版，第436页。

② 《马克思恩格斯文集》第10卷，人民出版社2009年版，第548页。

③ 于光远在《〈哥达纲领批判〉中译本里的“共产主义社会高级阶段”应译成“共产主义社会的一个更高的阶段”》、刘建军在《论社会形态的两个层级——“五大社会形态”理论的新阐释》中指出共产主义社会应分为若干个阶段、坚毅在《共产主义社会阶段划分探析》中指出共产主义社会应划分为“低级阶段”“中级阶段”和“高级阶段”，并引证列宁曾批判共产主义运动德国“左”派时所说的话：“从共产主义的观点看来，否定政党就意味着从资本主义崩溃的前夜（在德国）跳到共产主义的最高阶段，而不是进到它的低级阶段和中级阶段。”

来的。马克思没有经院式地臆造和‘虚构’种种定义，没有从事毫无意义的字面上的争论（什么是社会主义、什么是共产主义），而是分析了可以称为共产主义在经济上成熟程度的两个阶段的东西”①。根据生产力发展状况、分配方式的变化和人的发展程度等标准可以将共产主义划分为不成熟、比较成熟和更加成熟等不同的阶段。这些方法为社会主义初级阶段理论提供了方法论方面的依据。从实践示范方面来看，马克思共产主义发展阶段理论提醒我们，应该正视我国现阶段坚持公有制为主体、多种所有制经济共同发展和按劳分配为主体、多种分配方式并存的现状，既不妄自尊大地定位所处的社会阶段，认为我们已经稳居马克思所设想的共产主义第一阶段；也不妄自菲薄地估计我们所处的社会阶段，认为我们还属于从资本主义向社会主义的过渡时期。邓小平运用、发展了马克思社会阶段理论，分析研判经典社会主义与中国发展现状，科学地阐明“社会主义本身是共产主义的初级阶段，而我们中国又处在社会主义的初级阶段，就是不发达的阶段”②。党的十八大以来，中国特色社会主义进入新时代，但我国仍处于并将长期处于社会主义初级阶段。

第三节　马克思人学与共产主义思想的内在融通

马克思共产主义思想与人学虽然有着不同的研究主题、研究范式和话语体系，但不可否认，马克思共产主义思想与人学关系密切，并随着人学思想的发展逐渐成熟。唯物史观创立之前，马克思对人的理解是虚幻抽象的，共产主义是空想的；唯物史观创立之后，马克思所理解的人是现实科学的，共产主义也转变为科学的。另外，马克思共产主义思想

---

① 《列宁全集》第 31 卷，人民出版社 1985 年版，第 94 页。

② 《邓小平文选》第 3 卷，人民出版社 1993 年版，第 252 页。

与其人学分享着共同的哲学基础，秉持着共同的理论旨趣。由此可见，马克思共产主义思想与人学被称为是“二而一，一而二的东西”[①]有一定道理。

一、共产主义思想和人学的“血缘”关系

在分析了法国唯物主义与共产主义的关系之后，马克思指出，起源于约翰·洛克，经由克洛德·阿德里安·爱尔维修发展的唯物主义成为共产主义的直接资源。爱尔维修的感性主义人学是物质实体主义人学的近代表现形式。爱尔维修看到了人的感性存在，认为快乐支配人的行动，利益是人行动的推动力，人的差异是由于环境和教育引起的等等。由其感性主义人学可以推导出人对社会的要求，满足人的要求的社会是一种理想的社会制度，即社会主义社会或共产主义社会。空想社会主义者正是直接从感性主义人学出发，阐述自己对于未来社会的构想。

法国空想社会主义者圣西门在社会科学方面颇有建树，他立志把社会科学发展得像自然科学一样精确。在人学方面，圣西门指出人是理性和感性的二重存在物。理性的人需要科学，感性的人需要宗教。圣西门认为，为了使科学和宗教相协调，就必须建立“新基督教”。这个宗教坚持人人皆兄弟的原则，可以迅速地改变穷苦阶级的命运。当宗教的普遍原则与私有制发生冲突，各国人民应该联合起来，反对损害人类利益的国家和政府。由此人学观出发，他提出未来的实业制度应该是一切人都要劳动、三个阶级（即学者阶级、财产私有者阶级和无财产阶级）相互合作、社会劳动成果能够满足所有人的社会组织。

查尔斯·傅立叶直接从感性主义人学出发，指出人是有血有肉的感性存在。他认为，每个人生来就爱好劳动，每个人爱好的总和就成为满足社会需要的力量。因此，根本不需要现行制度的强制力量，人的爱好

① 陆剑杰：《社会主义与人》，河南人民出版社 2011 年版，第 1 页。

的满足就可以满足社会上一切人的需要。他认为人有三大类十二种情欲。旧式分工将劳动者终身束缚在一种职业上，不符合多样性情欲的要求。傅立叶指出，情欲对劳动具有吸引力，但在文明制度及以前的社会，它不能发挥作用。在和谐制度下，情欲引力才有施展空间，将吸引人们按照自身的爱好从事社会劳动。自由的、多样的劳动创造出丰裕的社会财富，满足所有人的欲望与需要。在和谐制度下，旧式分工将不再存在，劳动者真正实现自由劳动，自由地从一种劳动调换至另一种劳动，一个人一天中可以从事多种劳动。因此，和谐制度不需要强制手段，同样可以满足所有人的需要。由此可见，在傅立叶的论域中，人的享受与劳动本来是统一的，而现代社会把二者分开，并使劳动变得痛苦。至于傅立叶不主张废除私有制，从他的情欲论中也可以得到说明。其情欲论的第一类情欲即追求奢侈，在他看来，健康是内部的奢侈，而财富是外部的奢侈。傅立叶将小生产者所有制和资本主义所有制混在一起称作“协作所有制”。

罗伯特·欧文“从杰里米·边沁的体系出发论证英国的共产主义”，而边沁则根据爱尔维修的人学建立自己的利益体系。欧文的学说同爱尔维修一样，存在着深刻的内在矛盾。他认为人是环境的产物，人的一切罪恶和错误不应该归咎于自身，而应该归咎于资本主义制度。要造就完美的人格，须先改变环境，先变革社会制度。但他同时认为，正是人们的愚昧无知造就了有损于人的性格形成的环境，要改变环境，变革社会制度，就必须使人摆脱愚昧无知，那就须造就完美的性格。这个矛盾困扰着欧文，使他没有把环境的改变看做革命的实践，而看做教育的结果。根据其人学思想，欧文致力于构建以财产公有为基础的未来公社制度，进而塑造人的良好性格。

三大空想社会主义者都从破解人的困境出发，天才地预见了人的自由全面发展的共产主义。由于空想社会主义停留于感性主义人学阶段，没有把人的存在看做感性的活动，导致其共产主义思想的空想性和虚幻性。综上可知，共产主义思想与人学存在着天然联系，也可以说，共产主义的提出就是为了人的全面发展。

与英法唯物主义的感性主义人学不同，德国古典哲学坚持思辨主义人学。从人学思想发展史来看，思辨主义人学属于精神实体主义人学支脉。伊曼努尔·康德是德国古典哲学的开创者。他试图沟通经验与理性，把二者统一于人（认识主体）。他指出“思维无内容则空，直观无概念则盲”①。人作为感性存在物，受自然必然性的支配，并不比动物更有价值。人正是由于理性而优于动物，因此，人的本质在于理性。康德由人的理性本质，推出“人是目的”和“意志自律”两条道德律令。这两条律令都体现了人的主体性思想，对后来的社会主义学说产生了重要的影响。

黑格尔作为德国古典哲学的集大成者，人学思想也颇为丰富。他指出，人区别于动物在于人能意识到自己，人是一种拥有意识和自我意识的存在物。正由于拥有意识和自我意识，人才能从必然走向自由。在黑格尔看来，包括人在内的现实世界无非是绝对精神（自我意识）的运动变化，他“把人变成自我意识的人，而不是把自我意识变成人的自我意识，变成现实的人即生活在现实的实物世界中并受这一世界制约的人的自我意识。黑格尔把世界头足倒置起来”②。抛开其唯心主义的思想外观，黑格尔的人学思想散发着浓郁的现实气息。他把“善”这一概念从伦理学领域引入世界观，用来指称实践。在黑格尔看来，实践是主客体的统一，是先扬弃人的主观片面性建立理论观念，再扬弃客体的片面性而建立实践观念。人的实践就是人达到目的，是理论观念和实践观念的统一，是主客体的统一③。黑格尔把人的本质归结为劳动，“把人的自我产生看做一个过程，把对象化看做非对象化，看做外化和这种外化的扬弃；可见，他抓住了劳动的本质，把对象性的人、现实的因而是真正的

① 邓晓芒：《康德〈纯粹理性批判〉句读》上册，人民出版社 2010 年版，第 708 页。

② 《马克思恩格斯全集》第 2 卷，人民出版社 1957 年版，第 245 页。

③ 参见［德］黑格尔：《小逻辑》，贺麟译，商务印书馆 1981 年版，第 411 页。

人理解为人自己的劳动的结果。”①而且，黑格尔发现资本主义社会存在异化，指出“大量的人被判定要过多苦多难的生活，在劳动和贫困中变得麻木愚钝，而使别人能够积累起财富，并且有可能从前者手里夺走财富”②。这些思想都非常珍贵而大有见地，对马克思人学思想影响巨大。在德国的思辨主义人学的基地上产生了德国真正的社会主义。马克思曾指出，相比较英法是从实际出发，德国是从永恒的人的本质出发。因此，德国真正的社会主义自认为克服了法国的片面性，它们代表的是普遍的、一般人的利益，而不代表真实的、无产者的利益。德国真正的社会主义专注于思辨的人学，其所谓真正的社会主义只不过是用形而上学的字眼诅咒资产阶级，主张在思想里把现存的一切不公正看做假象，而不是通过实践做现实的变革。

英法空想社会主义与德国真正的社会主义都与人学有着紧密的联系，以感性主义人学为基础的英法空想社会主义者“思考和行动是为了自己所处的时代”，他们从人的幸福、人的享受出发，致力于构建满足人的感性生活、感性需要的理想社会。以思辨主义人学为基础的德国真正社会主义者“思考和行动却是为了永恒”③。他们从“理性人”出发，以博爱为手段，幻想通过思想革命，达到“普遍的人类之爱”④。二者的共同之处在于其人学思想都有缺陷。无论把人看做感性的存在物还是思辨的存在物，把人的本质看做物质实体还是精神实体，都是把人看做既成的存在者，而非感性的实践活动生成着的存在。由此可见，正是人学基础的“跛足”导致了二者的空想化。但不可否认，共产主义思想与人学之间确实有着一定的“血缘”关系。

---

① 《马克思恩格斯文集》第1卷，人民出版社2009年版，第205页。

② 汝信：《青年黑格尔关于劳动和异化的思想——关于异化问题的探索之一》，《哲学研究》1978年第8期。

③ 《马克思恩格斯全集》第3卷，人民出版社1960年版，第545页。

④ 《马克思恩格斯文集》第1卷，人民出版社2009年版，第590页。

二、历史唯物主义是共产主义思想和人学的哲学基础

马克思把近代唯物主义划分为纯粹的唯物主义和直观的唯物主义。前者是前费尔巴哈的英法唯物主义，有笛卡尔和洛克两个派别。笛卡尔的唯物主义大大促进了自然科学的发展；洛克的唯物主义“直接成为社会主义和共产主义的财产”①。后者是费尔巴哈的直观唯物主义，与起源于洛克的唯物主义有直接关系，且与共产主义有必然的联系。然而，纯粹的唯物主义与直观的唯物主义的自身缺陷使建基于其上的共产主义先天不足，共产主义的敌对者正是抓住唯物主义的自身缺陷，对共产主义进行攻击，从而导致共产主义的彻底“败北”。对此，马克思认识到，要使共产主义思想由空想变为科学，就必须扬弃旧唯物主义，创立科学的唯物主义。马克思正是在找到了唯物主义哲学基础后，才接纳并创立了自己的共产主义。

所谓科学的唯物主义，即历史唯物主义。近年来，学界普遍认同唯物史观是马克思主义哲学的理论实质。然而，由于苏联教科书模式的影响，对历史唯物主义的理解，仍然存在辩证唯物主义应用于历史观之说，即使为纪念马克思诞辰200周年，由百余位专家历时五年编写的《马克思主义大辞典》中依然持此说法。有鉴于此，有人提出马克思的历史唯物主义有广义和狭义之分。这一说法在学界也颇有争议。提出者的本意是让唯物史观从辩证唯物主义的阴影下解放出来，否定将其视作辩证唯物主义在历史观中之延续。然而，这样做无疑是治标之策。如果不能正确地理解马克思的唯物史观，便不能正确理解马克思的共产主义，这与将唯物史观划分为广义、狭义没有关系。反之，如果能够正确地理解马克思的唯物史观，即使不将其作广义、狭义之分，也能明了历史唯物主义与马克思人学、共产主义的内在关联。

马克思认为，纯粹唯物主义与直观唯物主义共享近代知性形而上学

① 《马克思恩格斯全集》第2卷，人民出版社1957年版，第166页。

的理论前提，固守主客体二分、人与自然对立的思维模式，因此，他们要么是“敌视人的唯物主义”，要么视人之本质为对象性关系。直观的唯物主义是旧唯物主义发展的顶峰，但依然把作为主体的人与作为客体的对象严格对立，它不仅不包含历史的维度，而且把人的生成过程排除在所思范围之外。可见，旧唯物主义对主体与对象联系的看法是外在而抽象的，忘记了人与对象世界的“原初关联”①。在此视域之下，不仅自然界成为物质的自然界，人成为理性存在者，历史也成为理性精神的自我运动过程。历史唯物主义正是要重新恢复人与自然的“原初关联”，破除感性对象性直观的视域，开启感性对象性活动的视域。

从感性对象性活动的视域出发，马克思指出：“动物和自己的生命活动是直接同一的。……它就是自己的生命活动。人则使自己的生命活动本身变成自己意志的和自己意识的对象。他具有有意识的生命活动。这不是人与之直接融为一体的那种规定性。有意识的生命活动把人同动物的生命活动直接区别开来。”② 这里的意志和意识不仅是作为逻辑形式的纯粹思想，而且是直接参与到人的感性活动中并与对象发生关联的概念。人作为主体，其类本质是感性的对象性活动。通过主体的对象性活动，人与自然、人与人发生了真正的关联，这正是人与对象世界的“原初关联”。在此视域下，人与自然的关系和过去截然不同，自然一改过去外在于人的处境，成为人的本质力量的显现和确证。自然界便具有了属人性，不再是开天辟地以来始终存在的东西，而成为生成着的东西，历史的维度在其中得以显现。人也不再是抽象的、直观的人，而成为既因对象性存在而受动，也因感性对象性活动而主动的存在。由此，主体参与创造对象世界和对象世界对人的生成，便是同一个历史过程。人的自我诞生与自然界的生成为人的过程，都是人的感性活动的展现过程。历史事物不再以“实体”的样态

---

① 王德峰：《海德格尔与马克思：在历史之思中相遇——论历史唯物主义的存在论境域》，《天津社会科学》1999 年第 6 期。

② 《马克思恩格斯全集》第 3 卷，人民出版社 2002 年版，第 273 页。

显现，而显现为人的现实活动与人的现实关系，海德格尔正是在这个意义上认可马克思的历史唯物主义，并认为现象学和存在主义没有资格和马克思主义相提并论。

马克思的历史唯物主义重新开创了存在论境域，把人类历史看做人的实践活动过程，这种历史唯物主义也称为实践唯物主义。在历史唯物主义的视域下，人的异化便很好理解了，人的异化并非外在于自然界向人的生成与人的自我生成，而是人的生成的必经之路。按海德格尔的话说，异化是“存在的天命”①。既然异化是人的自我生成过程中不可或缺的一环，我们就不仅要看到异化对人关系的否定，也应该看到异化为否定自身提供了条件。异化的积极扬弃是人与自然、人与人原初关联的重新唤醒，是人对自己本质力量的重新占有。综上可见，依马克思开创的历史唯物主义存在论境域，自然界向人的生成、人的自我生成、人的异化的积极扬弃都有着共同的指向，那就是马克思的共产主义。这与马克思人学所开创的理论境域完全一致。

由此可见，在历史唯物主义的视域中，人的存在并非有史以来始终如是的存在着，而是人通过感性活动与对象世界发生关联，在感性活动中结成一定的社会关系，从而呈现出自然界向人的生成过程、人向人的生成过程。这一过程就是人的存在本身（海德格尔语），也是历史的发展过程。人的自我生成过程中诞生了人的自我异化，人的自我异化的扬弃之路仍需在人的自我生成道路中去找寻，而不能脱离开人的生成另觅他径。唯其如此，对异化的扬弃方能确立人的本真生活状态，才能使人与自然、人与人回复原初关联，其原初关联便是人类社会或共产主义。综上可知，马克思人学与共产主义是历史唯物主义存在论境域的敞开，从这个意义上看，马克思人学和共产主义不是外在于历史唯物主义，或者与历史唯物主义相并列的马克思学说的几个部分，而是历史唯物主义

---

① ［德］海德格尔：《海德格尔选集》上卷，孙周兴译，上海三联书店 1996 年版，第 383 页。

之藤上的并蒂之花、双胞之果。

三、人的自由全面发展是共产主义和人学的价值旨归

共产主义与人学是马克思索解“历史之谜”的钥匙，是阐释人类历史与人的发展规律之思想体系，二者共同的价值指向是人的自由全面发展。因此，共产主义与人学都实现了科学性和价值性的统一。科学性意味着共产主义的实现是生产力与生产关系、经济基础与上层建筑的矛盾运动的必然结果。人的自由个性的实现是人摆脱了人对人的依赖、人对物的依赖后发展的必然结局。人类社会与人的现实发展过程本来如此，马克思共产主义思想及其人学思想不过是对这种客观规律的揭示和遵循。可见，两者的科学性不容置疑。价值性主要通过目的来表现，“价值原则是一种目的性的原则。目的性是这一原则的核心。”① 马克思共产主义及其人学思想的价值性，表现为构思未来社会与人的理想状态都遵照人类价值理想和道德追求，是对资本主义社会与资产阶级的价值批判。两者的科学性与价值性是内在统一的，科学性是价值性的前提，价值性是科学性的内在要求。

马克思共产主义与人学思想共同奠基于唯物史观。从客体角度看，唯物史观揭示了人类社会发展的普遍规律，是两者科学性的内在根据。从主体角度看，唯物史观是无产阶级实现自身解放和人类自由全面发展的理论总结，是二者价值性的根本依据。可见，马克思共产主义与人学的科学性和价值性在唯物史观这一理论基础上实现了统一。需要注意的是，当前在马克思共产主义与人学思想的研究中，存在着科学性和价值性相分离的趋势。在共产主义研究方面，强调科学性而忽视人的主观能动性，使共产主义机械化、教条化；或强调道义上的必然性而忽视历史必然性，使共产主义哲学化、人道主义化。在人学研究方面，表现为不

① 李德顺：《价值论——一种主体性研究》，中国人民大学出版社1987年版，第348页。

能正确处理马克思人学和人道主义的关系。下面我们将具体阐述马克思共产主义思想及其人学科学性和价值性相统一，指证两者共同的价值归宿是实现人的自由个性。

首先，马克思共产主义又称“科学社会主义”“科学共产主义”，此处的“科学”是相对前马克思的空想社会主义、空想共产主义而言，并非意指马克思共产主义是不含价值维度的实证科学。没有把马克思共产主义的科学性和价值性相统一，将会导致在实践中抽象化理解，这种倾向在第二国际已经出现。第二国际中的“正统派”固守共产主义科学性一端，否认其“善”的价值取向。第二国际的代表人物卡尔·考茨基指出：“这种理想（即道德理想和道德义愤——引者注）在科学的社会主义中是找不到的，而科学的社会主义是为了认识无产阶级阶级斗争的必然趋势和目标而对社会有机体的发展和运动的规律所作的科学考察。”① 考茨基罔顾马克思对资本主义社会中人之境遇的同情和关怀，无视马克思共产主义的价值维度，表现为社会达尔文主义。与“正统派”把共产主义看做超越价值判断的零度情感不同，修正主义把共产主义思想伦理化，否定其“真”的科学维度。爱德华·伯恩施坦认为，共产主义的力量是建立在“善”（价值观念和道德理想）的基础上，而非建立在“真”（人类社会发展规律）的基础上，道义上的正义“就在今天也还是社会主义运动中的一个极强大的动力，的确如果没有道义上的动力就根本不会出现任何持久的群众运动”②。修正主义致力于从康德的视角来阐释马克思共产主义思想，以伦理道义作为其理论基础，势必将革命停留于“头脑”。这种观点貌似抬高了理想的地位，实则抽取了共产主义的理论基础，它所理解的共产主义还停留在“哲学共产主义”阶段。

割裂共产主义的科学性和价值性，是对马克思恩格斯的有关论述教

① ［加］本·阿格尔：《西方马克思主义概论》，慎之等译，中国人民大学出版社 1991 年版，第 140 页。

② ［匈］乔治·卢卡奇：《历史和阶级意识》，张西平译，重庆出版社 1989 年版，第 242 页。

条化、机械化、片面化理解的结果。马克思恩格斯曾指出，“共产主义现在已经不再意味着凭空设想一种尽可能完善的社会理想，而是意味着深入理解无产阶级所进行的斗争的性质、条件以及由此产生的一般目的。”①唯物史观与剩余价值规律的发现，使共产主义不再是可能发生的偶然现象，而是资本主义社会矛盾发展的必然结果。恩格斯晚年还告诫保尔·拉法格，不能抱有社会理想，应该研究出科学的结论，“如果你有理想，你就不能成为科学家，因为你已经有了先入之见。”②单从以上论述来看，马克思恩格斯确实强调共产主义的科学性，而反对视其为理想和价值。但我们也应该注意，恩格斯晚年强调共产主义的阶级性和价值性，指出那些“站在不偏不倚的高高在上的立场向工人鼓吹一种凌驾于一切阶级对立和阶级斗争之上的社会主义”的人，不是“还需要多多学习的新手，就是工人的最凶恶的敌人，是披着羊皮的豺狼”③。由此可见，我们应该完整准确地理解经典作家的思想内核，不能执着于他们一时一地的言论，便割裂共产主义思想的科学性与价值性之统一。

其次，马克思人学既阐明了人的发展规律，又批判人的异化，是科学性和价值性的统一。人学的科学性较易理解，提到人学的价值性，人们马上会产生一种担心：如果马克思人学具有价值性，那和人道主义有何区别？实际上，人道主义有其合理性和必要性，也有现实的不足，马克思批判地继承了西方的人道主义思想，汲取了人道主义的价值评判功能，弃绝了人道主义的非历史性、非实践性和非科学性。可见，人道主义的价值评判功能，就是马克思人学价值性的内在依据。

前已说明，马克思指出：“整个历史也无非是人类本性的不断改变而已。”④马克思从现实的个人出发，立足于人的感性实践活动，阐释了共产主义与人的发展、社会发展相关的多方面内容。这些内容既深刻地

---

① 《马克思恩格斯选集》第4卷，人民出版社1995年版，第197页。

② 《马克思恩格斯全集》第36卷，人民出版社1975年版，第198页。

③ 《马克思恩格斯文集》第1卷，人民出版社2009年版，第371页。

④ 《马克思恩格斯全集》第4卷，人民出版社1958年版，第174页。

揭示了人的发展的矛盾性和曲折性，也辩证地指出实现人的自由个性的必然性。马克思人学指出，人的发展的最初阶段是“人的依赖阶段”，这时的社会处于前资本主义社会。那时“人的生产能力只是在狭窄的范围内和孤立的地点上发展”，没有社会分工，社会关系较为简单，人的发展貌似比较全面，实际上较为原始。人依赖于共同体，好像一袋马铃薯其中的一个。“以物的依赖性为基础的人的独立性”是人的发展第二阶段，这时人类社会处于资本主义阶段。由于社会分工的出现，人的物质劳动与精神劳动发生分离，并最终发展至体力和智力的畸形化。相对于人的依赖阶段，人显得较为独立，但这只是在发达的交换关系中的表面现象，实质人仍以对物（货币）的依赖为基础。“建立在个人全面发展和他们共同的社会生产能力成为他们的社会财富这一基础上的自由个性”①是人的发展第三阶段。人的自由个性“取决于个人间的联系，而这种个人间的联系则表现在下列三个方面，即经济前提，一切人的自由发展的必要的团结一致以及在现有生产力基础上的个人的共同活动方式”②。这时人类社会处于共产主义阶段。由此可见，马克思人学的科学性，表现为揭示了人的解放和发展的实现条件。

马克思一直坚持对人的异化状态的抗议和谴责，对实现人的自由本质抱有憧憬和信心，这是马克思人学价值性的突出表现。在马克思人学发展的早期，他追求的目标是人从异化劳动下解放出来，成为具有自由个性的人。在马克思人学发展的后期，他在价值方面评价资本主义社会个人的存在与发展状况，批判资本主义社会的反人道性，指出人类社会应该朝着符合人性的方向发展。马克思阐述人学的价值性时，着眼点是“理想的个人”。他超越资本主义社会人的异化现实，指出了共产主义社会人的发展的应然，并阐明如何实现这一状态。由此可见，马克思人学是科学性与价值性的和谐统一。我们肯定其科学性，要避免把人学混同

① 《马克思恩格斯全集》第46卷，人民出版社1979年版，第104页。

② 《马克思恩格斯全集》第3卷，人民出版社1960年版，第516页。

于人道主义；但也不应谈“人道”色变，而将马克思人学看做绝对客观的实证科学。

最后，马克思共产主义与人学思想共同的价值旨归是“每个人的自由全面发展”。人是社会的人，社会是人的社会，人与社会是对立统一的，两者的发展既有斗争又有同一，且趋向于同一。社会的解放和人的解放互为前提，交互进行。在阶级社会，由于生产力发展和人的社会关系所限，社会的发展与人的发展呈现对立状态，自由只是少数人的权利，大多数社会成员都是不自由的。只有到了共产主义社会，人的生产能力极大提高，社会关系极大发展，人与社会的发展将趋向一致，此时“个人的独创的和自由的发展不再是一句空话”①。于是，马克思将个人的自由全面发展，寄托于解放全人类。也就是说，马克思把共产主义落脚到人类解放方面，正是为了解决每个人的自由全面发展这个核心问题。至此，马克思共产主义与人学思想实现了价值归宿的统一，共同指向实现每个人自由全面发展的自由人联合体。

① 《马克思恩格斯全集》第3卷，人民出版社1960年版，第516页。

第二章　共产主义理论的人学意蕴

共产主义理论是什么？对这一问题，学术界没有严格界定，按照惯常的理解，共产主义思想即共产主义理论。根据杰弗里·亚历山大的说法，“所谓理论就是脱离个别事物的一般化，脱离具体事例的抽象。”①这就是说，理论是具有抽象性、系统性的理性知识。思想的含义较为宽泛，是指关于社会存在的某方面的思考。为进一步明确本文的具体研究对象，我们力求把共产主义理论和共产主义思想加以区分，将马克思恩格斯关于共产主义的思考统称为共产主义思想，相当于共产主义原理，而用共产主义理论指称“无产阶级解放的条件的理论概括”②。这样区分的合理性和恰当性，来源于马克思恩格斯关于共产主义的相关论述。如在《共产主义原理》一文中，恩格斯正是从理论、运动和制度三个维度阐述共产主义原理的，这样的阐述应为共产主义理论概念界定的学理依据。本章主要从经典文本中概括马克思共产主义理论，并阐发其人学意蕴。

① ［美］杰弗里·亚历山大：《社会学二十讲》，贾春增等译，华夏出版社 2000 年版，第 2 页。

② 《马克思恩格斯文集》第 1 卷，人民出版社 2009 年版，第 672 页。

第一节　共产主义理论的基本内涵

马克思共产主义理论立意高远、内涵丰富。学者们立足于社会现实和自己的研究专长作的多种阐释，加深了读者对共产主义的理解，同时丰富和发展了马克思共产主义理论。因而，“走进经典原著”“回到马克思”，依据现有的马克思著作、文献，从文本中追根溯源，进而明确共产主义理论的真正内涵便显得尤为重要。在研读经典文献的基础上，通过对马克思相关文本进行梳理，我们可以从以下几方面明确共产主义理论的基本内涵，为本研究奠定理论基础。

一、共产主义是“历史之谜的解答”

欧洲的文艺复兴和启蒙运动开启了一个新时代，它要求摒弃神性恢复人性，反对神权张扬人权。新兴的资产阶级为了维护自身的利益，反对封建专制制度和意识形态，强调人权、自由和平等，这些要求充分彰显了对人的价值、尊严的肯定。资本主义制度建立后，在工业革命和启蒙运动的双轮驱动下，社会经济和政治制度取得了傲人的成绩。具有反讽意味的是，在高扬人权、赞美人性的要求下建立的资本主义社会，虽然生产力迅速增长，人的尊严和价值却呈现逆向发展的态势。共产主义理论正是在批判资本主义社会弊端和揭示资本主义社会发展规律的基础上，提出的关于无产阶级和人类解放的科学理论。

（一）何为历史之谜

在《手稿》中，马克思首次用哲学与政治经济学双重视角来考察资本主义社会。马克思从国民经济学理论的前提出发，却得出与前提相矛盾的结论。如理论上工人应该得到全部产品，实际上工人仅得到为维持生存所必需的一部分产品；理论上劳动可以购买所需的东西，实际上工人却除非出卖自己将不能购买任何东西；理论上工人利益不应该与社会利益相对立，实际上社会利益必然和工人利益相对立。为什么会这样？国民经济学把私有财产这个“应当加以说明的东西假定为一种具有历史形式的事实。”①然而，马克思认为应该从经济事实出发，并说明这一事实出现的原因。他紧接着描述了当时社会生产的图景：“工人生产的财富越多，他的生产的影响和规模越大，他就越贫穷。工人创造的商品越多，他就越变成廉价的商品。物的世界的增值同人的世界的贬值成正比。”②这就是马克思理解的历史之谜。

其时，马克思已遇到对物质利益发表意见的难事，开始着手研究经济问题，但对哲学的情结依然如故，并存有为其理论学说寻求哲学基础的想法。还是在《手稿》中，马克思用哲学概念对历史之谜加以概括，即“人和自然界之间、人和人之间的矛盾”，换言之“存在和本质、对象化和自我确证、自由和必然、个体和类之间的斗争”③，四对“斗争”是两对“矛盾”的展开。在马克思的视域中，在人的感性、对象性活动中，人与自然界之间应该是自然界向人的生成，成为人的无机身体；人与人之间应该是真正的类关系。既然如此，人的存在应该体现人的自由自觉的劳动本质，人的本质的对象化便成为人的本质的确认，现实中的人应该符合人的自由本质，个体的类本质应该在活动中得以呈现。然而在现实资本主义社会中，人与自然、社会之间却呈现出斗争、矛盾的状态，这一切都源于异化。马克思这里虽然使用了哲学史上“异化”的概念，但却赋予它全新的含义。

综上所述，所谓的历史之谜是资本主义社会人尽可知、见怪不怪的客观事实，那就是社会的进步与人的价值的贬抑并存，或者说社会的进步以人的价值的贬损为代价。这一现象在近代市民社会中习以为常，思

---

① 《马克思恩格斯文集》第 1 卷，人民出版社 2009 年版，第 156 页。

② 《马克思恩格斯文集》第 1 卷，人民出版社 2009 年版，第 156 页。

③ 《马克思恩格斯文集》第 1 卷，人民出版社 2009 年版，第 185 页。

想界对此看法不尽相同，所提供的解决方案必然琐碎而缺乏系统性，因而，人类终受这一难解之谜的困扰。

（二）历史之谜的解答

历史之谜已然呈现，关键在于解谜之路。国民经济学和各种各样的社会主义做了不同的尝试，但都没能成功破解历史之谜。《手稿》时期的马克思虽仍有青年黑格尔派的思想痕迹，并且停留于费尔巴哈的人本学——这表现在他仍然使用了黑格尔和费尔巴哈的术语——但他对人的本质，即自由自觉的劳动的理解已经远远超越了他们。

马克思肯定了黑格尔将人的劳动视为人的本质，“他抓住了劳动的本质，把对象性的人、现实的因而是真正的人理解为人自己的劳动的结果”①，遗憾的是黑格尔论域中的劳动并非现实的感性活动，而是抽象的精神劳动，并且没有涉及劳动的消极作用。与黑格尔不同，马克思既看到了劳动的积极方面，即表现为类本质的劳动对象化，更看到了劳动的消极方面，即自由自觉的劳动转变为异化劳动。他指出，劳动的积极方面在于，人是对象性的存在物，劳动是人的存在方式。劳动不仅使外部世界进入人的世界，使人成为外部世界的有机自然；也使人的本质力量对象化到外部世界，使外部世界成为人的无机身体，外部世界的人化与人的自然化成为双向互动的过程，确证和增强着人的本质。然而，劳动“既是人的生命的积极表现，又确实具有维持人的肉体生存的手段性质”②，此乃人的自然性所致，无法超脱。资本主义社会的不公之处在于，人的肯定性劳动被抑制，否定性劳动被发扬，人在劳动中全面否定自身，劳动已被全面异化。由此可见，手持异化劳动的钥匙，马克思找到了历史之谜的破解之道。

异化劳动导致私有财产，进而两者互相作用，互为因果。私有财产

① 《马克思恩格斯文集》第1卷，人民出版社2009年版，第205页。

② 张曙光：《人的存在的历史性及其现代境遇（上）——对马克思关于人的存在思想的重新解读》，《学术研究》2005年第1期。

所造成的人与自然、人与人相背离不能在私有财产内部得到解决，而必须在扬弃异化劳动中得到解决，异化的扬弃同异化走的是同一条道路，异化的积极扬弃即私有财产的扬弃，就是马克思语境中的共产主义。可以看出，共产主义就是历史之谜的破解途径。此时马克思还不明白人类社会存在原始共产主义阶段，他认为历史之谜历来存在，前资本主义社会，人道主义与自然主义从来都处于背离状态，即社会进步总是伴随着人的价值贬抑，只有共产主义可以在发展自然主义的同时高扬人道主义，实现两者和谐统一。在这种情况下，人的存在和人的本质实现了统一，人就以全面的方式占有自己的全面本质。

劳动的异化产生历史之谜，扬弃劳动的异化，历史之谜随之破解。异化劳动产生私有财产，异化劳动扬弃过程内蕴在其发展过程之中，私有财产的消失也包含其中。这是一条共产主义之路，也是历史之谜的揭示之路，共产主义作为历史之谜的解答是自为自觉的，因为它知道自己就是这种解答。

（三）对历史之谜的破解与人类历史相始终

共产主义作为历史之谜的自觉解答，内含价值和历史两个维度。马克思毕生的理论研究都致力于历史之谜的解答，并经历了从人本学到唯物史观视角的转换。即使在唯物史观创立以后，马克思恩格斯把共产主义视为社会基本矛盾运动的必然结果，也同时指出共产主义是人对自己本质的全面占有。

异化作为历史之谜如阿喀琉斯之踵，与资本主义社会人的生存如影随形，与阶级社会历史相伴始终。在阶级社会，只要人进行对象性活动，异化就有可能出现。马克思深刻地洞悉到这一点，他指出，“共产主义是最近将来的必然的形态和有效的原则，但是，这样的共产主义并不是人类发展的目标，并不是人类社会的形态。”①以往人们读到这段文

① 《马克思恩格斯文集》第 1 卷，人民出版社 2009 年版，第 197 页。

字时，注意力往往集中于马克思着意阐释的共产主义并非固定的人类社会形态，而对于共产主义作为历史之谜的解答关注甚少。其实，对于共产主义的实现过程，马克思提醒人们，作为人的自我异化的积极扬弃，共产主义是随着人的对象性活动的开展与历史谜底的逐步展现，自身得以不断开显的过程。它的重要意义不在于在有限的时空彻底解决所有的矛盾，而在于提示我们直面历史之谜，并将其作为努力的方向不断逼近。正是在这个意义上，我们说共产主义作为历史之谜的解答永远不会过时。

可见，马克思从实践操作和哲学价值两个层面阐释了共产主义。一方面，实现共产主义需要无产阶级联合成组织，在无产阶级政党的领导下进行社会主义革命，夺取政权后进行无产阶级专政，逐渐废除私有制。另一方面，共产主义要实现人类解放，使人的存在符合人的本质，人真正成为人并结成自由联合体。如果说前者是破解历史之谜的现实举措，后者才是历史之谜的彻底解答，共产主义的实践意义与价值理想，两者互为参照、缺一不可。

二、共产主义是“实践的唯物主义”

马克思恩格斯在《形态》中指出，“对实践的唯物主义者即共产主义者来说，全部问题都在于使现存世界革命化，实际地反对并改变现存的事物。”①这一论断揭示了共产主义和实践唯物主义相互联系、内在共通的关系，明确指出二者在改变现存世界（革命性）方面的一致性。从一定意义上来说，实践唯物主义赋予共产主义以科学性，共产主义赋予实践唯物主义以革命性。

① 《马克思恩格斯文集》第1卷，人民出版社2009年版，第527页。

（一）唯物主义内蕴共产主义

唯物主义作为历史上的进步潮流，其社会政治观为进步阶级提供了思想资源与行动指引。18 世纪法国的唯物主义作为法国大革命的先声，在思想中构造了一个资本主义社会，如果加以合理的逻辑引申，唯物主义便是推翻资本主义的理论依据，马克思在《神圣家族》中便对此进行了逻辑推论和引申。

18 世纪法国唯物主义分为机械唯物主义和人本唯物主义两个派别，前者起源于笛卡尔，是自然科学的资源，代表人物是拉美特利；后者起源于洛克，是共产主义的资源，代表人物是爱尔维修。马克思指出，“并不需要多大的聪明就可以看出，关于人性本善和人们智力平等，关于经验、习惯、教育的万能，关于外部环境对人的影响，关于工业的重大意义，关于享乐的合理性等等的唯物主义学说，同共产主义和社会主义之间有着必然的联系。”① 作为推翻封建制度的直接思想资源，唯物主义从人在感性经验中学习知识、习得感觉出发，由此推导出周围的经验世界应该合乎人性，使人在其中确证自己是人；从道德的原则是利益出发，逻辑地推论出私人利益和整体利益应该符合；从人只有表现本身的个性才能得到自由，现实社会使得人不自由出发，可以推论应该推翻阻碍人的个性自由发挥的资本主义社会；从环境造就人的性格出发，可以得出人应该改造环境使之符合人的本性的结论。18 世纪法国唯物主义的著作中对人性、利益以及环境的阐发，具有宏大的历史穿透力和极强的现实超越性，依其逻辑思路，它不只是推翻封建制度，而且可推翻一切不合乎人性与正义的社会制度，包括资本主义制度。德国庸俗的哲学家把唯物主义仅看作封建主义的批判武器，这不是彻底的唯物主义，如果抛开附着在唯物主义的表层含义，彻底挖掘其精神实质，追寻其理论根源，必定会发现唯物主义中深蕴的共产主义精神。

马克思不仅考察了法国唯物主义的共产主义倾向，而且追溯了共产

---

① 《马克思恩格斯全集》第 2 卷，人民出版社 1957 年版，第 166 页。

主义理论的唯物主义来源。通过分析空想共产主义者，马克思发现“傅立叶是直接从法国唯物主义者的学说出发的”。巴贝夫主义者起源于不文明的唯物主义，就连“成熟的共产主义也是直接起源于法国唯物主义的”[①]。边沁发展了爱尔维修的道德论，创建了唯物主义利益体系，成为欧文共产主义的理论资源，“有科学根据的法国共产主义者德萨米、盖伊等人，……也把唯物主义学说当做现实的人道主义学说和共产主义的逻辑基础加以发展”[②]。由此可知，唯物主义在资本主义社会矛盾尚未充分展开之前，已经成为共产主义的思想资源。然而，不能因此而夸大18世纪法国唯物主义的共产主义意蕴，唯物主义作为共产主义的思想资源，仅具有成为共产主义的可能性，要使二者现实地沟通起来，还需要对其加以变革。

（二）实践激活唯物主义的共产主义内蕴

唯物主义蕴含着共产主义的生长因素，唯物主义各种原则彻底发展必将导致共产主义。然而，旧唯物主义的共产主义因素不能变为现实，其原因在于：“纯粹的”唯物主义以预设与人的活动无关的物质世界为出发点，这些物质世界是与人无涉的、有史以来就存在的自然界；直观唯物主义虽然以人为出发点，但却将人看作感性对象而非感性活动，费尔巴哈“从来没有看到现实存在着的、活动的人，而是停留于抽象的‘人’”[③]。因此，无论是“纯粹的”唯物主义者，还是直观唯物主义者，一旦深入到历史领域，就走向唯心主义。在马克思主义诞生之前，旧唯物主义专注于构建哲学体系和热衷于范畴演绎，最终目的在于追求终极的真理，进而“解释世界”。它们看不到感性世界（人）是“工业和社会状况的产物，……是世世代代活动的结果”[④]，离开了人的感性活动（实

① 《马克思恩格斯文集》第1卷，人民出版社2009年版，第335页。

② 《马克思恩格斯全集》第2卷，人民出版社1957年版，第167—168页。

③ 《马克思恩格斯文集》第1卷，人民出版社2009年版，第530页。

④ 《马克思恩格斯文集》第1卷，人民出版社2009年版，第528页。

践），感性世界（人）就得不到合理的解释。直观唯物主义作为旧唯物主义发展的最高阶段，也没有把感性世界理解为现实的人活生生的感性活动，对于现实的人的存在和人的本质的不符，它们只能求助于哲学的直观。费尔巴哈自称是共产主义者，并以承认人的类本质作为共产主义者的标志，但终究跳不出形而上学唯物主义的怪圈。然而，共产主义者把推翻现存的世界当作自己的任务，在革命实践中使人的存在和本质相符合。费尔巴哈却认为如果无产阶级的存在和本质不符，就只能忍受这种不可避免的不幸，或借助于爱与友情来化解痛苦。由此可见，费尔巴哈哲学是对资本主义社会中各种不公正的妥协，实践中必定会消解无产阶级的斗争。

马克思放弃了预设存在者的本体论思想，将人、自然界、人类社会看作感性活动（实践）过程。他致力于为共产主义寻求哲学基础，实践唯物主义作为其理论基石，其内蕴的革命性和实践性与共产主义相契合。实践激发了唯物主义的共产主义内蕴，也使自身从解释世界的理论变为改变世界的行动。实践的提出超越了空想社会主义从原则出发设计未来社会的致思路径，而把原则仅仅当作参照，实践出发点永远是当时当地的实际情况。由此可见，实践现实地沟通了唯物主义与共产主义，并对两者进行了提升，它使唯物主义摆脱了理论思辨性，也使共产主义弃绝了空想性，只有“付诸实践的唯物主义才是真正的社会主义和共产主义；正因为有实践的唯物主义，所以才有实践的唯物主义者，而践行唯物主义的社会主义内蕴的人，当然也就是社会主义和共产主义者了”①。

（三）历史规定使实践唯物主义与共产主义趋向人的解放

在学理上，如果说实践唯物主义等同于共产主义的直接证据是《形

① 张奎良：《唯物主义：社会主义的思想来源与实践指引》，人民出版社2009年版，第40页。

态》，那么，实践唯物主义诞生的文本依据就是《提纲》。在《提纲》中，马克思的批判直指费尔巴哈的直观唯物主义，其大部分内容都阐述实践问题，强调主体的能动性与感性活动。与此前的《手稿》相比，马克思重启激进实践，但其中并没有把实践唯物主义等同于共产主义。比较两篇文献我们发现，马克思在《提纲》中表达激进实践，并且宣示要“改变世界”。然而，这一宣示转引自赫斯（Moses Hess）。虽然引用了赫斯的言论，但马克思显然不满意其行动哲学中的共产主义。他要把激进的政治实践纳入现实的社会历史领域，而这涉及历史唯物主义的研究范围。《形态》作为唯物史观公开问世的文本依据，对实践唯物主义作了历史规定。在《形态》中，马克思描述人类物质生产作为“任何历史观的第一件事情”，就是为了说明这一“基本事实的全部意义和全部范围”①。他把共产主义实践“落实于人的生活及其生命价值的实现”②，这是一种理论自觉，即将共产主义行动提升到历史生产的逻辑。因为只有引入历史的维度，实践的主体性和共产主义的激进性才能转化为人的历史生成过程。

历史唯物主义诞生后，马克思把实践唯物主义等同于共产主义，也是为了把共产主义与无政府主义区分开来。这里需要注意：《形态》写作之时，资本主义的发展已呈现超出国家、民族等地方性局限的势头，表现为一种世界性的、无政府状态的态势，那么，共产主义作为超越资本主义的更高社会形态，自然不应局限于国家、民族等地方性的限制。从理论原则上讲，马克思同意这种分析，但在现实上，他承认这些实体存在的合理性，而不认同无政府主义的“无为”与“激进”。马克思共产主义与无政府主义之间的关系，离开了历史自觉的实践唯物主义便不能道明白，只有通过历史规定阐释激进的实践，方能使实践唯物主义的共产主义意蕴得以科学地发挥。于是，马克思把新唯物主义的实践维度

---

① 《马克思恩格斯文集》第1卷，人民出版社2009年版，第531页。

② 邹诗鹏：《“实践唯物主义”与唯物史观的相通性——基于〈关于费尔巴哈的提纲〉与〈德意志意识形态〉的探讨》，《马克思主义与现实》2015年第4期。

与历史维度有机结合，唯物主义所激发的共产主义实践内蕴才能历史地生成，共产主义也才能真正实现人的解放与自由发展。

三、共产主义是“真正的共同体”

“共产主义”来源于拉丁语 communis，含有“共同体”“公有”之意，意指原始社会的财产公有。欧洲的“共产主义”一词从古拉丁语演化而来。一直到中世纪，人们为了摆脱奴隶社会的阶级剥削和压迫，曾幻想恢复原始社会的公有制，并在此意义上使用“共同体”一词。中世纪的宗教团体也建立一些共同体，人们在其中过公有生活。近代的“共产主义”就是由古代的“共同体”和“公有”等演化而来。在这个意义上，共产主义与共同体在一定意义上同等使用。共产主义理论的这一含义是从人的生存状态方面对未来社会的阐释。

马克思的共同体思想抛弃了抽象的集体和个人，力求克服二者的外在对立。根据马克思的观点，人不是脱离社会的抽象的人，社会不是脱离人的“人间上帝”，人是社会的内容，社会是人的有机构成。共同体是人的生存和自由的前提保障，“没有共同体，这（指消灭分工，引者注）是不可能实现的。只有在共同体中，个人才能获得全面发展其才能的手段，也就是说，只有在共同体中才可能有个人自由。”① 马克思学生时代便立志为人类幸福而工作，此后，其一生的理论宗旨和实践价值都是人的解放。正是在寻找人的解放的道路上，马克思接受并改造了共产主义理论，将其作为实现自己毕生理想的途径。从这个意义上讲，共产主义理论就是实现个人自由与共同体自由协同推进的理论。

“共同体”多用来描述人类所珍视的价值随社会从传统向现代的转变而丧失，是西方社会科学中一个重要的概念，它不仅用于指称过去的状态，也用于指代将来实现的状态。马克思扬弃了西方共同体思想，形

① 《马克思恩格斯文集》第 1 卷，人民出版社 2009 年版，第 571 页。

成了自己的独创见解。因此，我们要考察马克思的共同体思想，就不能不了解西方共同体思想的发展脉络。

（一）共同体思想发展演变

共同体是一个在哲学、政治学和社会学诸领域都被普遍讨论的学术话题。哲学上对共同体的研究历史悠久，最早可追溯到古希腊时期。彼时由于雅典城邦内战频发，传统道德被丢失殆尽，因此，希腊哲学的主题由自然哲学向国家权力和国家伦理转变。苏格拉底把伦理学引进哲学，从而“第一个把哲学从天上拉了回来，引入城邦甚至家庭之中，使之考虑生活和道德、善和恶的问题”①。他把发端于自然哲学的和谐理念引进政治领域，主张建立以善为核心的和谐城邦。苏格拉底从个人出发，关注个体道德的提升对于城邦完善的意义。他的弟子柏拉图从城邦出发，关注城邦的和谐对于个人道德的教化。柏拉图力图通过统治者、辅助者和农民及其技工的各司其职，建立一个秩序良好的共同体。亚里士多德指出，“所有城邦都是某种共同体，所有共同体都是为着某种善而建立的。”②城邦作为一个整体必须由所有的公民构成，脱离了城邦的人不称其为人。可见，早期共同体用来指称社会组织形式。其目的是为了维护某种秩序，是人为了摆脱生活的不确定性，保证所有人的安全而构筑的。从这个意义上来看，“共同体总是好东西。”③

如果说早期的共同体作为描述性概念，是从外部指称一个社会组织，康德则把共同体与人的自由相联系。他不仅仅强调共同体的伦理意义，而且强调人的存在方式。康德将共同体划分为“伦理共同体”和“政治共同体”。前者延续古希腊共同体的理论，它超出人的理性而需要人的信仰方能把握；后者基于人的自由存在，主要考量共同体对人提供的政治保障。黑格尔清醒地意识到了现实生活中个体与共同体的分离，对

---

① 叶秀山：《苏格拉底及其哲学思想》，人民出版社 1986 年版，第 73 页。

② 苗力田：《亚里士多德全集》第 9 卷，中国人民大学出版社 1994 年版，第 3 页。

③ [英]齐格蒙特·鲍曼：《共同体》，欧阳景根译，江苏人民出版社 2003 年版，第 2 页。

启蒙运动的个体性原则深感担忧，希图把个人自由原则纳入新的共同体理论之中。因此，他的共同体理论引入了律法和财产保障。

综上所述，从苏格拉底将伦理引进哲学开始，西方的共同体经历了从外部描述一种社会组织到价值上指称人的自由生存状态的转变。然而，由于西方哲学热衷于头脑里的革命，使得关涉人的自由价值的共同体永远停留在应然层面，而不能现实地得以转化。西方共同体思想为后来的马克思共同体思想既奠定了理论基础，也提出了新的使命。

（二）马克思共同体思想的内容

研读马克思的文献，会发现马克思并不热衷于建立自己的哲学体系，这在共同体理论中也得以表现。他致力于研究共同体的演进与身处其中人的发展的关系，对两者未来的发展抱有历史乐观主义态度，自信共同体的演变趋势与人的自由全面发展进程相吻合。根据人类社会发展顺序，马克思指出人们会依次经历“自然共同体”“虚幻共同体”和“真正共同体”。他把共同体理解为人的存在方式，因此，他对共同体不同发展阶段的表述也表明对人的生存状态的历史关切。

自然共同体指“家庭和扩大成为部落的家庭，或通过家庭之间互相通婚［而组成的部落］，或部落的联合”①。它是人类出于生存和安全需要而自发形成的。在生产力发展水平低下和人们劳动方式落后的社会，由于个体对自然的依赖程度较高，其物质生产活动并不能仅依靠单个人力量来完成，所以个体和个体必须联合起来，通过集体的共同劳动获取生活必需品。在这样的社会，共同体既是人类的存在方式，也是伟大的生产力。马克思仔细考察了自然共同体，并将其历史发展分为亚细亚、古典古代和日耳曼三种形式。这三种共同体形式的共同特点是劳动的条件、对象和结果都掌握在劳动者手上，土地、劳动和资本没有发生分离，因此“劳动的目的不是为了创造价值……相反，他们劳动的目的是

① 《马克思恩格斯全集》第46卷（上册），人民出版社1979年版，第472页。

为了维持各个所有者及其家庭以及整个共同体的生存”①。在这种共同体中，个人作为劳动者和生产资料的所有者出现，不可能产生异化劳动。马克思认为这种共同体虽然对人类历史发展产生了重要作用，但是随着生产力发展水平的提高以及先进劳动方式的诞生，自然共同体必然会被新的共同体形式所取代。

虚幻共同体和真正共同体是马克思研究的重要内容，也是马克思共同体思想的核心。在马克思看来，国家这一虚幻的共同体，形式上代表全体人民的普遍利益，实际上代表统治阶级的自身利益，是剥夺、压迫被统治阶级的工具。正是“由于特殊利益和共同利益之间的这种矛盾，共同利益才采取国家这种与实际的单个利益和全体利益相脱离的独立形式，同时采取虚幻的共同体的形式”②。资本主义及其以前的国家形式上代表普遍利益，调节私人和社会利益，实际对个人利益进行压制，是社会抽象、虚幻的共同体，这种共同体是随着生产力的发展、社会分工的细化、阶级产生和对立的出现而出现的。显然，从康德开始，共同体学说已经内在地包含了人的自由，而这种虚幻共同体又阻碍了人的自由发展，这说明康德的共同体学说的局限性。否定这种共同体的条件是生产力的进一步发展，交往发展成世界交往，无产阶级意识到自己的命运和使命，自觉地联合成为组织，在无产阶级政党的领导下实现政治解放，进而实现人类解放，建立自由人的联合体。

真正共同体也即自由人的联合体，它是自然共同体和虚幻共同体的发展目标，是人类实践的最终归宿，也是人的自由和全面发展实现的根本保证。马克思将劳动分为私人劳动和联合劳动，资本主义生产资料私人占有只能产生私人劳动，而生产资料社会占有将产生联合劳动。联合劳动代替私人劳动，使得虚幻共同体得以消解。正如汉娜·阿伦特所说，“作为人类营生活动的劳动，不再被严格地看做属于私人领域里的

① 《马克思恩格斯文集》第8卷，人民出版社2009年版，第123页。

② 《马克思恩格斯文集》第1卷，人民出版社2009年版，第536页。

行为，而堂堂正正地进入了公共、政治领域里的事实，才是他（即马克思，引者注）学说的重要部分”①。人的劳动的解放给人的自由个性发挥提供了条件，共同体中每个人的自由个性都将得到张扬，于是自由人的联合体便得以诞生。马克思虽然指明真正共同体以每个人的自由发展为前提，但是并没有落入旧有共同体理论的窠臼，即悬设一个价值目标使之成为应然的归宿。相反，他重点批判虚假共同体以共同利益对个体利益的压制，并通过创立唯物史观揭示了真正共同体创立的必然性，阐明建立真正共同体的诸多条件、漫长时间和广阔空间。可见，在马克思那里，真正共同体的建立不仅符合人类历史发展的趋势，也符合人的发展本性，是共同体和个体和谐共生的统一。

四、共产主义是“社会的人类”

“历史之谜的解答”着重指出共产主义通过扬弃异化劳动，肯定人的价值。“社会的人类”则侧重于共产主义的人的社会性。马克思说：“旧唯物主义的立脚点是市民社会，新唯物主义的立脚点则是人类社会或社会的人类。”②在梅林看来，《提纲》第十条、第十一条表明马克思“打算用历史唯物主义作为革命的工具来把资产阶级社会改造成为社会化了的人类”③。以此为根据，学界一般指认旧唯物主义的立足点是资本主义社会。新唯物主义的立足点为共产主义社会。这种理解流传很广，许多著作与教科书指出，从阶级立场上看，这表明了马克思主义哲学的革命性变革。然而，近年来一些学者对此观点提出异议。有学者指出，新旧唯物主义的根本分歧在于如何看待人的问题，旧唯物主义的立足点是与

① ［美］汉娜·阿伦特：《马克思与西方政治思想传统》，孙传钊译，江苏人民出版社2007年版，第13页。

② 《马克思恩格斯文集》第1卷，人民出版社2009年版，第502页。

③ ［德］弗·梅林：《德国社会民主党史》第1卷，青载繁译，生活·读书·新知三联书店1963年版，第318页。

社会关系无涉的原子式、利己主义的个人，新唯物主义的立足点是在实践活动中发生社会关系的人[①]；有学者认为，旧唯物主义的立足点是启蒙时代指称的单个人集合起来的社会，新唯物主义的立足点是人的现实社会关系构成的社会[②]。面对同一文本，不同的人由于理论前见不同，理解大相径庭，这印证了诠释学的困境，即读者不可能绝对客观地“回到马克思”。然而，正如习近平同志所强调的“哲学的立足点问题是一个事关哲学的社会作用和历史地位的重大问题”。在《提纲》中，马克思对新旧唯物主义立足点的不同定位“使马克思主义哲学超越传统哲学，成为一门面向整个人类社会、指导整个人类社会实践的科学”[③]。因此，我们应该分析学者们对马克思这一论断诠释差异的原因，并给出符合马克思思想发展逻辑的解释。为此，可以分三个方面加以阐述：首先，明晰马克思“市民社会”与“人类社会”的概念；其次，阐明旧唯物主义特别是费尔巴哈所达到的理论高度，指出马克思在《提纲》中的批判重点；最后，论证马克思撰写的《提纲》和恩格斯修订后的不同，指出版本不同造成理解的差异。通过以上三方面的阐述，以及分析误见产生的原因，进而证实马克思确有把共产主义理解为“社会的人类”的意向。

（一）“市民社会”和“人类社会”的歧见分析

市民社会是马克思借用黑格尔的一个概念，并赋予其新的含义。马克思曾说：“‘市民社会’这一用语是在18世纪产生的，当时财产关系已经摆脱了古典古代的和中世纪的共同体……市民社会这一名称始终标志着直接从生产和交往中发展起来的社会组织，这种社会组织在一切时

---

① 周敦耀：《〈关于费尔巴哈的提纲〉第十条的传统解说评析》，《广西大学学报》（哲学社会科学版）2002年第2期。

② 鲁品越：《马克思主义哲学原生态基本纲领——〈关于费尔巴哈的提纲〉系统化新解》，《河北学刊》2018年第1期。

③ 习近平：《略论〈关于费尔巴哈的提纲〉的时代意义》，《中共福建省委党校学报》2001年第9期。

代都构成国家的基础以及任何其他的观念的上层建筑的基础。"[①]而18世纪英法习惯把物质生活关系的总和称为市民社会，黑格尔按惯例使用这一概念。马克思不仅借鉴黑格尔的思想，把现代社会看作政治国家和市民社会的二分，而且将这种理论范式加以发展，用于分析政治解放后的资本主义社会。他指出，从逻辑上看，政治国家与市民社会的分隔随着私有制的产生便会出现，然而在现实中，二者的分离直到资产阶级政治解放后才完成。二者现实分离之后，社会中的个人便"分饰两角"，同时活动于两个领域。在马克思的语境中，市民社会包括广义和狭义两个向度，广义的市民社会指构成国家及其他观念上层建筑的物质基础，大致相当于经济基础；狭义的市民社会特指资本主义社会。可见，马克思这里所谓的市民社会取其广义。

与之对应的是，马克思论域中的人类社会也有广义与狭义之分。从广义上看，人经由自身的劳动开创了人类的历史，人的存在即社会的存在，人的历史即人类社会的历史[②]。从狭义上看，人类社会特指"当现实的个人把抽象的公民复归于自身，并且作为个人，在自己的经验生活，自己的个体劳动，自己的个体关系中间，成为类存在物的时候，只有当人认识到自身'固有的力量'是社会力量，并把这种力量组织起来因而不再把社会力量以政治力量的形式同自身分离的时候"[③]，人的解放才达到完成状态。即马克思论域中的"人类社会"的建立，就是现实的个人克服了市民社会与政治国家的分裂之时，也是人的存在符合人的本质之时，更是人的解放的完成或共产主义实现之时。

鉴于"市民社会"与"人类社会"的广狭两种含义，如果学者们不结合马克思思想发展史，一味对二者进行孤立地理解和阐释，则必然造成理解歧义。如果我们仅从广义上理解市民社会，便不能理解马克思指

---

① 《马克思恩格斯文集》第1卷，人民出版社2009年版，第582—583页。

② 卜祥记、赵得生：《"市民社会"与"人类社会"的划界及其意义》，《江西社会科学》2017年第1期。

③ 《马克思恩格斯文集》第1卷，人民出版社2009年版，第46页。

出的旧哲学的立脚点是市民社会；如果我们仅从广义上理解人类社会，也容易将“人类社会”指认为人类产生以来的社会历史，这样难免失之偏颇。

（二）马克思对费尔巴哈哲学的批判要点

仅从广义上理解和阐释市民社会和人类社会，正如把历史唯物主义视为辩证唯物主义在历史领域推广一样，无非是传统思维范式作祟。遵循这一思路，费尔巴哈哲学把单纯自然界和抽象的个人作为研究对象，因而，他所谓的类无非是个体的抽象集合而已。实际上，费尔巴哈指称的类存在物即社会存在物，其哲学的根本缺陷在于感性直观，他无法说明人是类存在的缘由。考虑到在《提纲》中，马克思指责费氏不把包括人在内的对象看作感性的人的活动（实践），便可以合乎逻辑地推论，费尔巴哈所谓的社会存在是把许多个人自然地联合起来，他眼中的类（社会）存在既抽象又一般，根本不具有历史的维度。马克思由此看到费尔巴哈所谓的类和市民社会具有内在关联，所以揭示市民社会是旧唯物主义的立足点。

与自然唯物主义不同，费尔巴哈把宗教世界归于世俗基础，并力图消除市民社会中人作为利己主义分子的存在。他追寻的理论宗旨与马克思相同，意图通过对市民社会中个体利己性的批判，消除个体和类之间的矛盾，使人的存在符合人的类本质。然而，他不懂得人类社会是在实践活动中生成的，人的异化也是在实践活动中产生的，人的异化也必须在人的实践活动中才能扬弃。与古典哲学家、空想社会主义者一样，费尔巴哈只能提出思想改造方案，而不能提出挣脱“市民社会”通达“人类社会”的科学坦途。因而，在马克思看来，费尔巴哈作为旧唯物主义发展的最高峰，其哲学的立足点依然是原子式个人的市民社会。旧唯物主义与唯心主义在历史领域殊途同归，其目的都是解释世界。

（三）马克思和恩格斯的表述差异

从马克思恩格斯经典文献中，我们可以发现《提纲》有马克思和恩格斯两个版本。第十条在马克思版本中是“市民社会”和“人类社会或社会的人类”，而在恩格斯版本中是“‘市民’社会”和“人类社会或社会化的人类”。两位经典作家的不同表述往往令读者生疑，这二者到底是怎样一种关系？毋庸置疑，马克思、恩格斯共同创立了马克思主义，两人在理论原则上不存在分歧。恩格斯在给别人的信中，曾谈到自己在马克思主义创立中担任“第二小提琴手”，并且揭示将他们的理论命名为马克思主义的缘由，都是两人思想一致的明证。然而，观点统一并不意味着两人的语言风格、表述方式完全相同。具体到《提纲》的第十条，如果说马克思版本中的“市民社会”和“人类社会”为后来者广狭义理解均留有余地，那恩格斯版本中的表述则只为广义的理解留有通道。因此，我们应该遵循一个原则，凡有马克思明确阐释的问题当以其文本为依据。

回溯《提纲》之前的相关论述，卜祥记指出，马克思在《手稿》中大多是在狭义向度上使用“社会”一词，即共产主义意义上的人类社会。马克思对两种政治性质的共产主义进行批判时，已经暗含了自己共产主义的非政治性，在阐明共产主义作为私有财产的积极扬弃的时候，更直截了当地指出共产主义就是人向社会的人的复归。在《提纲》中，马克思是在广义与狭义两个向度上使用“社会”一词。卜祥记指出，当马克思把“社会”与“市民”或者“人类”结合使用时，他更多地使用狭义；当马克思单独使用“社会”一词时，则倾向于广义。① 由此，我们便可以看出，在《〈政治经济学批判〉序言》中，马克思所说的“人类社会的史前时期”② 是指前共产主义社会，共产主义社会才称得上是“人类社会”的开端，这也是在狭义上使用“人类社会”范畴。

---

① 卜祥记、赵得生：《“市民社会”与“人类社会”的划界及其意义》，《江西社会科学》2017 年第 1 期。

② 《马克思恩格斯文集》第 2 卷，人民出版社 2009 年版，第 592 页。

综上所述，与旧唯物主义立足于资产阶级社会，保守地为其辩护相对立，马克思的新唯物主义立足于通过变革市民社会，建立共产主义社会。因此，这里的“人类社会”应该指的是共产主义社会。

第二节　共产主义理论形成的人学考察

马克思曾说过：“问题并不在于从思想上给过去和未来划下一条不可逾越的鸿沟，而在于实现过去的思想……人类不是在开始一件新的工作，而是在自觉地从事自己的旧工作。”① 由此可见，马克思所走的路和从事的工作并非另起炉灶，而是继续为人类自由而奋斗。“赋予宗教问题和哲学问题以适合于自觉的人的形态”②，这不是马克思第一次宣示自己的人生选择，早在中学毕业时的德语作文中，他便发下了为人类幸福而工作的宏愿。中学时代马克思的《青年在选择职业时的思考》，深刻地影响了其一生的理论研究和革命实践。正如拉法格所言，“他（马克思，引者注）最喜欢说的名言之一是‘为人类工作’。”③ 是的，马克思一旦确立了目标便始终如一，这种意志成就了他毕生的伟业。

一、探寻共产主义理论：为了人的自由解放

《博士论文》是处于青年黑格尔学派的马克思结合德国追求自由的现实境况，从精神的独立和自由方面阐释伊壁鸠鲁哲学的著作。那时的马克思深受布鲁诺·鲍威尔自我意识哲学的影响，认为在伊壁鸠

① 《马克思恩格斯全集》第1卷，人民出版社1956年版，第418页。

② 《马克思恩格斯全集》第1卷，人民出版社1956年版，第418页。

③ 中共中央马克思恩格斯列宁斯大林著作编译局编：《回忆马克思》，人民出版社2005年版，第187页。

鲁那里“自我意识的一切环节都得到充分表现”①，原子的特殊运动即自我意识的个体自由。伊壁鸠鲁和德谟克利特的共同点是原子在虚空中直线运动与原子间相互撞击，不同点在于伊氏提出的原子的第三种运动形式，即原子脱离直线的偏斜运动。在马克思看来，原子的“直线运动表述了原子的物质性，又以脱离直线的偏斜实现了原子的形式规定，而这些对立的规定又被看成是直接对立的运动”②。原子的直线运动喻示人生的必然性，原子的偏斜运动喻示人生的偶然性，直线运动中包含偏斜运动，喻示人生的必然性中包含着偶然性。马克思肯定人的自由意志和自我意识，并且暗指人的自由状态是最重要的形态。他通过原子的互相排斥运动直接进入到人和现实世界，指出原子的排斥是原子和他物发生关系，作为同一的直接存在也是对自己的否定和排斥。正是在对自身的否定中，原子的定在被打破，才产生了自我意识。马克思通过《博士论文》，从哲学层面分析了市民社会中个人之间的冲突。

《莱茵报》时期，马克思依然遵循着青年黑格尔派关注现实的致思理路，不同之处在于他主张理论与实践的结合。在此期间，马克思尝试将哲学与政治相结合，撰写了一系列批判现实的政论文章，核心在于人民理性和国家理性相结合的问题，目的是为人的自由呐喊。他的新闻作品“具有哲学分析的深刻见解的特征，而这一见解主要是建立在以研究影响社会的大事件为新闻材料的基础上”③。其中关于言论自由和国家理性的讨论，深刻反映了现实社会的主题。当时，《莱茵报》的革命民主主义立场招致自由主义的反对和攻击，特别是奥格斯堡《总汇报》，对《莱茵报》上刊登的两篇向群众介绍共产主义真相的文章大加攻击。马克思指出，在德国是反对派在传播共产主义原理，借以宣告私有财产是

① 《马克思恩格斯全集》第1卷，人民出版社1995年版，第17页。

② 《马克思恩格斯全集》第1卷，人民出版社1995年版，第33页。

③ Robi Chakravorti, “Marx the Journalist”, Economic and Political Weekly, Vol.28, No.36 (Sep.4, 1993), p.1856.

一种特权。马克思希望共产主义得到理性的论证，使其“征服我们的心智”“支配我们的信念”，最终成为“我们的良心通过理智与之紧紧相连的思想”。① 惟其如此，共产主义才具有现实性。

马克思在实际的政治中发现仅争取政治自由不能解决人类解放的问题，政治问题背后隐藏着人们的物质利益。基于对物质利益发表意见和对法国社会主义、共产主义思潮发表意见的困难，马克思开始重新思考人的自由和解放的根本出路。马克思认同黑格尔的观点，即德国人是从思想、哲学方面抽象地把握人的自由，耽于幻想而不敢实践；法国人对自由进行了具体实践，却在理解上笼统抽象。于是，他一方面批判黑格尔法哲学，一方面阅读英国和法国各种最新的学说。恰在此时，费尔巴哈的人本唯物主义诞生了，其核心便是人的解放。他高扬人的自然感性，否定绝对精神的论调深深地影响了马克思。马克思以此为依据，对黑格尔的哲学进行严肃地批判并取得了重要成果。后来他说，“法的关系正像国家的形式一样……根源于物质的生活关系，这种物质的生活关系的总和，黑格尔……概括为‘市民社会’，而对市民社会的解剖应该到政治经济学中去寻求。”② 与黑格尔将个体自由、社会的发展和市民社会的经济活动看作由国家派生不同，马克思通过考察英国、法国的实际情况，发现家庭和市民社会“才是原动力”。由此，他得出结论：考察人的自由和人的解放问题，应该从人的实际生活和实际利益出发，应该从研究市民社会出发，而不是像黑格尔那样适得其反。

黑格尔不仅把国家神圣化，把国家变成合乎理念的东西，还把自由寄托于普鲁士王国的统一，这一点在青年黑格尔学派的领袖鲍威尔的身上也体现了出来。鲍威尔把人的自由解放归结为宗教问题，主张通过废除宗教消灭政治压迫。无独有偶，英法先进国家的人们也把政治自由作为根本追求。马克思通过批判鲍威尔的观点破除国家迷信，指出鲍威尔

---

① 《马克思恩格斯全集》第 1 卷，人民出版社 1995 年版，第 295 页。

② 《马克思恩格斯全集》第 31 卷，人民出版社 1998 年版，第 412 页。

“混淆了政治解放和全人类解放”，指出政治解放通过资产阶级政治革命使国家和政治由神圣变得世俗，使市民社会从政治国家中解放出来，这无疑是历史的进步。但它实现的是资产阶级的解放，而非人的解放。马克思这里所指的政治解放和人的解放的区别，就是资产阶级革命和共产主义革命的区别。从一般意义上讲，人的解放是“现实的个人把抽象的公民复归于自身，……人认识到自身‘固有的力量’是社会力量”①，进而自觉地“把这种力量组织起来”，成为与自身统一的“社会力量”。马克思在巴黎积极参加德法工人运动，走上了一条革命理论与工人运动相结合的道路，他指出，人的解放需要掌握哲学的无产阶级联合起来进行无产阶级革命。马克思从法国大革命中看到各阶级轮流担当解放者，而各阶级之所以能承担这个角色，是因为被社会看作普遍代表。他指出，在德国要形成一个“表明人的完全丧失”，并为“人的完全恢复”而斗争的阶级，此阶级“若不从其他一切社会领域解放出来从而解放其他一切社会领域就不能解放自己”②，这一“遭受普遍苦难”的阶级就是无产阶级。马克思用英法的共产主义思想与阶级斗争来考察市民社会，明确了他的人生奋斗目标：要批判资本主义，为人的自由解放而斗争，这就是马克思所理解的共产主义。至此，马克思廓清了自己在大学毕业时还依稀模糊的“为人的解放而斗争”的毕生追求。

二、《巴黎手稿》中的共产主义理论：人的异化的扬弃

1844 年是马克思思想实现突飞猛进的一年。实践上，他不仅找到了人类解放的物质力量和精神力量，而且通过声援西里西亚纺织工人的起义投身于追求共产主义的实践；理论上，马克思“创造性地构建了一个以异化劳动范畴为核心的哲学体系”。这一包含人的本质、异化劳动

① 《马克思恩格斯文集》第 1 卷，人民出版社 2009 年版，第 46 页。

② 《马克思恩格斯文集》第 1 卷，人民出版社 2009 年版，第 17 页。

和人的复归哲学理论体系，“实质是一种以自然为基础，以异化劳动为核心、以人为本位、以共产主义为手段、以人类解放为目的的历史哲学。”①

异化劳动是马克思对“异化”这一范畴“改造升级”的结果。“异化”一词的起源众说纷纭，它作为一个哲学术语，开始应用于英法唯物主义，普遍流行于德国古典哲学。王若水先生认为，“我们现在使用的‘异化’概念是创始于黑格尔，继承于费尔巴哈，完成于马克思。”②既然如此，我们要探究马克思语境中“异化”的含义，就必须了解黑格尔和费尔巴哈哲学中的异化理论。黑格尔的异化是精神异化论，即绝对精神作为纯逻辑概念产生物质的自然界，自然界继而和精神自身相对立。费尔巴哈的异化观认为神的本质是人的本质的异化，即宗教世界的本质是世俗世界本质的异化，天国不公的根源在于人间。在黑格尔的语境中，异化是一个事实概念，它采用唯心主义形式描述客观历史运动的必然性；在费尔巴哈的论域中，异化是一个价值概念，是人的意识的迷误。马克思在扬弃二人哲学思想的基础上，把异化和人的本质（劳动）相结合，创立了“异化劳动”的思想。

马克思把黑格尔抽象的精神劳动转变为现实的劳动，并区分了劳动的对象化和劳动的异化。在马克思看来，劳动的对象化在任何社会和任何情况下都是必须的，人必须通过劳动将自身对象化，即人的本质的自我实现。但在私有制条件下，特别是资本主义雇佣劳动条件下，人的本质的对象化采取了外化的、异化的形式，人的对象化活动变成了异化活动，人的活动的对象化变成了活动的异化。异化劳动在逻辑上存在于一切私有制社会，现实地发生在资本主义社会。马克思在《手稿》中从经验现象即物对人的统治出发，强调异化劳动对社会生活的影响。他从劳动结果与劳动者的异化这个物的异化逻辑推理出人的异化（劳动过程与

① 徐俊达等：《马克思主义范畴史述要》，上海社会科学院出版社 2015 年版，第 53 页。

② 王若水：《异化——这个译名》，《读书》2000 年第 7 期。

劳动者、劳动者与类本质、人与人相异化），以及物的异化是人的异化根源。在马克思看来，通过社会生活中的经验观察可以看出异化的第一个规定，通过劳动结果与劳动者相异化可以逻辑地推论出劳动过程与劳动者相异化。如何得出劳动的所有者——人——的异化？他从分析人与动物的区别入手，指认两者的不同在于人的类生活本质：动物和自身的生命活动直接同一，人不仅有生命活动，而且是有意识的生命活动，“正是由于这一点，人才是类存在物。”① 由于异化劳动，人的有意识的生命活动被“贬低为手段，也就把人的类生活变成维持人的肉体生存的手段”②，于是人与人的类本质相异化，异化的前三个规定性，逻辑上自然地得出人与人相异化。工人的劳动产品不属于工人，那只能属于工人之外的其他人。工人与劳动产品相异化，工人也就与劳动产品的实际占有者（资本家）相异化。工人与劳动的关系，生产出资本家与劳动的关系。劳动产品“在工人那里表现为外化的、异化的活动的东西，在非工人那里都表现为外化的、异化的状态”③。不同的是劳动者与非劳动者在异化劳动中感受不同，资产者在自我异化中享受到幸福，获得外在的力量；工人在自我异化中感受到无力，感觉到被消灭。因此，资产者没有消除自我异化的需要，而需要消灭异化的无产阶级才是消灭异化劳动、扬弃私有财产的生力军。

马克思从经济学与哲学的双重视角分析了异化的概念，指出私有财产的内在矛盾必然导致共产主义的发生，他说：“整个革命运动必然在私有财产的运动中，即在经济的运动中，为自己既找到经验的基础，也找到理论的基础。”④ 在资本主义雇佣劳动中，人的劳动对象被异化，人本身被物化或异化，共产主义产生于同一运动过程，其前途是异化的对象复归自身，“完成了的自然主义”得以实现；人被异化了的社会关系

① 《马克思恩格斯文集》第1卷，人民出版社2009年版，第162页。
② 《马克思恩格斯文集》第1卷，人民出版社2009年版，第163页。
③ 《马克思恩格斯文集》第1卷，人民出版社2009年版，第168页。
④ 《马克思恩格斯文集》第1卷，人民出版社2009年版，第186页。

复归自身，实现“完成了的人道主义”，所有人都因为私有财产的消灭、异化的扬弃而实现自己的类本质，个体在普遍性中能保持自己的特殊性，在特殊性中实现自己的普遍性，即“人在现实中既作为对社会存在的直观和现实享受而存在，又作为人的生命表现的总体而存在”①。简言之，共产主义使人摆脱异化，恢复人的类本质，使人成为人。

马克思的异化劳动理论，是以承认理想化的、抽象的“人的本质”为前提，并以“人的本质”的复归作为共产主义实现的标志，这表明马克思尚未摆脱费尔巴哈人本主义影响。共产主义要成为无产阶级运动的指南，需要建立科学的理论基础、现实的主体力量和切实可行的革命途径，这需要马克思深入研究政治经济学，从对具体物质生产方式的研究中得出科学的结论。

三、《德意志意识形态》中的共产主义理论：作为历史活动的解放

马克思开始系统研究政治经济学后，他的研究不只局限于仅从劳动的否定方面（异化劳动）考察工人的劳动，他还批判包括费尔巴哈等旧唯物主义者脱离主体的感性活动、脱离实践对于人类社会的创生作用，进而从劳动肯定方面即物质生产实践来考察工人的生产，告诉人们“工人才创造一切，甚至就以他们的精神创造来说，也会使得整个批判感到羞愧”②。英法共产主义“不仅体现着他们的思维，并且更主要的是体现着他们的实践活动”③，他们的批判是对现实的批判。这样，马克思、恩格斯的见解就和费尔巴哈渐行渐远，他们的出发点不再像“现代德国哲学”和从前的自己，将人的解放和自由的路径诉诸理性自身运动及其克服，而把人的产生和发展、人的本质和解放都看作感性活动的产物，看

① 《马克思恩格斯文集》第1卷，人民出版社2009年版，第188页。
② 《马克思恩格斯全集》第2卷，人民出版社1957年版，第22页。
③ 《马克思恩格斯全集》第2卷，人民出版社1957年版，第195页。

作人自身实践的结果。马克思恩格斯决意要对包括费尔巴哈在内的整个德国作为意识形态的哲学进行系统的总结和批判，清算他们自己“从前的哲学信仰”①，这一任务是在《形态》中完成的。

青年黑格尔派汲取了黑格尔辩证法的革命性，对宗教和德国封建制度进行了无情的批判。与黑格尔一样，他们把思想和概念看作世界的本原，正是它们规定着人们的现实世界、现实关系、现实生活。他们没有正确地理解德国哲学与德国现实之间的关系，始终站在哲学的基地上进行理论批判。青年黑格尔派认为人们之间现实的关系是观念的产物，现实关系的不合理要追溯到观念关系不合理，那么，现实的斗争就变成观念的斗争。青年黑格尔派也关心人和人的解放问题，但他们所谓的“人”不存在于现实的实践中，而存在于思想领域，所以他们对人的解放的阐述不会对现实世界发生任何实际作用。马克思深刻洞察到青年黑格尔派的世界观是颠倒的世界观，指出青年黑格尔对世界的批判都停留在词句上，都是用范畴反对范畴，用观念驳斥观念，而非对现存世界的批判和驳斥，“这对于实际发展没有任何意义”②。要实现现实的人的解放、实际地改变现存的世界，必须在现实的世界使用现实的手段方才可能。与青年黑格尔派相比，费尔巴哈实现了哲学从逻辑到感性直观的转变，把哲学的主题从抽象的逻辑拉回到人和自然。但由于他没有从人的社会关系，从人的生成历史去观察人，而仅仅把人看作既成的“感性直观”，因此其感性直观也仍然“停留在理论领域”③。费尔巴哈将宗教的本质归结为人的本质，但他所谈的仅仅是“人自身”而非现实的人，并没有揭示宗教产生的世俗基础，没有说明人类不平等的根源，因而，不能指出人的科学发展之路。遗憾的是，费氏出发点是通过反对宗教阐明人的不公正处境，进而达到人之解放，却最终又陷入爱的宗教不能自拔。“真正的社会主义”把德国意识形态与法国社会主义学说相嫁接，将工人阶

① 《马克思恩格斯文集》第2卷，人民出版社2009年版，第593页。
② 《马克思恩格斯文集》第1卷，人民出版社2009年版，第545页。
③ 《马克思恩格斯文集》第1卷，人民出版社2009年版，第530页。

级争取解放的"共产主义和社会主义归根到底都消融在人道主义中了"[1]。

"德国哲学从天国降到人间；和它完全相反，这里我们是从人间升到天国。"[2]既然如此，马克思恩格斯便不再注目于理念天堂，而是体察现实世界，不再考虑各种抽象的人，而是观察、研究现实的人。现实的人是历史的创造者，要创造历史。而要创造历史，首先，人为满足生存需要而进行生产活动，这是"人类生存的第一个前提，也就是一切历史的第一个前提"[3]；其次，必须为满足引起的新的需要而进行活动，这是社会发展的推动力；再次，必须进行生产他人生命的生产活动，这是繁衍人种必需的活动，也是生产劳动力的活动。这三种活动表现为生产力的生产、社会关系的生产、人的生产，并与人类社会发展的历史相始终。马克思恩格斯分析了生产力的发展引起社会分工，分工的发展使得人类社会历史依次经历了不同所有制形式，他们据此指出，社会上存在的财产不平等、剥削现象和阶级斗争不是从来如此，而是分工引起私有财产后，经历了漫长的历史时期才出现的。通过揭示人类社会发展规律，马克思恩格斯提出了人的解放的具体现实历史路径：既然人的全部社会问题来自现实的分工导致所有制的变化，人的解放就不能通过理论的演绎、观念的革命而实现，必须通过推翻现存的社会关系才能实现。共产主义就是"推翻一切旧的生产关系和交往关系的基础，并且第一次自觉地把一切自发形成的前提看做是前人的创造，消除这些前提的自发性，使这些前提受联合起来的个人的支配"[4]。要达到这个目的，就需要消除非自愿形成的分工，因为非自愿形成的分工使人一生固守一个职业，泯灭了人的其他"艺术天分"。

创作《形态》之前，马克思已经阐述了人的解放的主体是无产阶级，并将人的生成看作感性活动（实践）过程。《形态》是唯物史观创立的

① 《马克思恩格斯全集》第3卷，人民出版社1960年版，第540页。

② 《马克思恩格斯文集》第1卷，人民出版社2009年版，第525页。

③ 《马克思恩格斯文集》第1卷，人民出版社2009年版，第531页。

④ 《马克思恩格斯文集》第1卷，人民出版社2009年版，第574页。

标志性文本，马克思从中指出，人的历史是人的感性活动与分工导致的所有制不断演化的过程，共产主义作为普遍意义上的人的解放活动，既是主体（以无产阶级为首）能动的感性革命活动，也是物质生活条件历史的生成过程。他批判道：如果现实社会缺少“一定的生产力”，并且没有形成反抗旧社会的“革命群众”，那么作为人的解放的共产主义，仍然是一种“变革的观念”，它“对于实际发展没有任何意义”①。

四、《共产党宣言》中的共产主义理论：“每个人的自由发展”何以可能

《形态》是历史唯物主义、马克思人学和科学共产主义形成的标志。三者共同诞生于同一篇著作，说明马克思人学与共产主义有共同的哲学基础和理论归宿。《形态》无疑是具有重大历史意义的经典著作，但由于当时书报检查机关的阻挠，加之出版商对书中所批判人物的同情，《形态》的原稿只能“留给老鼠的牙齿去批判了”②。因此，刚刚创立的唯物史观并不为很多人所知晓。恰在此时，法国小资产阶级的社会主义者蒲鲁东发表了充斥着唯心史观和社会改良主义观点的《经济矛盾的体系，或贫困的哲学》。为了批判蒲鲁东，马克思撰写了《哲学的贫困》。在这篇著作中，马克思通过批判蒲鲁东的唯心史观阐发了唯物史观的基本原理，并明确界定了生产力和生产关系的定义，阐发了劳动价值论；通过批判蒲鲁东的小资产阶级改良主义论证了阶级斗争的重要作用。马克思恩格斯并不满足于仅仅进行学术研究，而是要亲身参与到工人运动的行列中。当时的欧洲，在英国工业革命和法国大革命的影响下，资本主义飞速发展，工人阶级运动此起彼伏。马克思和恩格斯与英国宪章派、布鲁塞尔民主派、法国社会民主派等激进组织广泛联系，与“正义

① 《马克思恩格斯文集》第 1 卷，人民出版社 2009 年版，第 545 页。

② 《马克思恩格斯全集》第 31 卷，人民出版社 1998 年版，第 414 页。

者同盟”保持通信联系，借此广泛宣传自己的理论观点。正义者同盟接受了马克思共产主义理论后，改名为共产主义者同盟，于第二次代表大会前向马克思恩格斯发出邀请，二人便应邀参加会议，向与会成员阐释了共产主义理论，并受委托起草一份公开宣布的纲领，这便是《共产党宣言》。

《宣言》汲取了恩格斯先前撰写的《共产主义信条草案》《共产主义原理》的全部精华，阐述了资产阶级社会对于社会生产力、生产关系以及现代社会生活的巨大革命作用，并根据历史唯物主义，发现人类社会发展的规律，指明无产阶级是资本主义为自己准备的掘墓人，通过驳斥各种社会主义流派和资产阶级对共产主义的责难和污蔑，阐述共产党和无产者之间的关系，阐明共产主义革命的特征和共产主义社会的本质，以及无产阶级革命胜利后应该采取的政策措施。《宣言》中提出的“两个必然”“两个决裂”具有重大历史意义，这些论断指明了共产主义胜利的必然性，为无产阶级革命指明了方向、坚定了无产阶级革命的信念，同时，《宣言》也对资产阶级的历史作用进行了客观公正的评价，对资产阶级的内在矛盾进行了深入而透彻的批判。针对资本主义社会中少数资产者不劳而获，绝大多数无产者劳而不获的不平等状况，马克思恩格斯指出，无产阶级斗争要在共产党的领导下，改变现存社会结构，推翻不合理的社会制度，达及每个人自由而全面的发展。《宣言》通过对作为历史创造者的人的发展的伟大贡献进行一系列批判性和建设性论证，展望了每个人的解放与一切人的解放的光明前景。若干年后，恩格斯为《新纪元》题词时，仍认为表述未来社会主义新纪元的思想，“除了《共产党宣言》中的下面这句话（……），我再也找不出合适的了：‘代替那存在着阶级和阶级对立的资产阶级旧社会的，将是这样一个联合体，在那里，每个人的自由发展是一切人的自由发展的条件。’”①

《宣言》不仅论证了社会基本矛盾运动推动社会形态更替的客观规

① 《马克思恩格斯文集》第10卷，人民出版社2009年版，第666页。

律，是阐发唯物史观的鸿篇巨制；也是彰显马克思恩格斯关于人的自由全面发展思想的终极关怀的传世檄文，是真理和价值、科学精神和人文精神完美结合的光辉典范。尽管学术界在谈到《宣言》时，人们更多关注的是阶级斗争、“两个必然”“两个决裂”等问题，但却始终遮蔽不了《宣言》中铺洒下的视野更宽广、魅力更持久的人文之光。应该说，马克思恩格斯对资本主义社会的无情批判，对无产阶级运动的热情讴歌，都是为了人的解放和自由全面发展这一终极目的。正如彼·尼·费多谢耶夫所说：“马克思和恩格斯特别强调贯穿于共产主义条件下的人的一切关系中的崇高人道主义原则。真正的个人自由、个人利益和社会利益的协调一致将会确立起来。共产主义社会将是一个平等的劳动者的兄弟般的联合体，在那里‘每个人的自由发展是一切人自由发展的条件’”。① 客观而言，马克思恩格斯对资产阶级在历史上发挥的革命作用的论述，也是针对资本主义的发展使得人的活动范围得到极大扩展，人的生存处境大大改观，之前束缚人的“一切封建的、宗法的和田园诗般的关系”② 被破坏而言的。从人的解放来看，资产阶级解放了人的封建依附关系，就为人的进一步自由发展创造了条件。与唯物史观创立之前相比较，马克思对资本主义的批判不再停留于道德控诉，而是针对其所有制关系不能容纳快速发展的生产力，使得资本主义的灭亡由偶然转向必然。资产阶级所有制使得生产力发展创造的财富为资产者所独享，无产者仅有出卖自己劳动的自由，人的生存和发展状况得不到改善和提升，空谈人的自由全面发展无疑是痴人说梦。马克思的伟大之处在于，他不带有任何偏见，看到了无产阶级革命与之前的革命运动不同，之前一切革命运动都是少数人利用人民群众达到自己目的的运动，“无产阶级的运动是绝大多数人的，为绝大多数人谋利益的独立的运动”③；明确了与前资本主

① ［苏］彼·费多谢耶夫等：《卡尔·马克思》，生活·读书·新知三联书店 1980 年版，第 185 页。

② 《马克思恩格斯选集》第 1 卷，人民出版社 2012 年版，第 402—403 页。

③ 《马克思恩格斯选集》第 1 卷，人民出版社 2012 年版，第 411 页。

义社会相比，资本主义社会的生产能力极大提高，然而，无产阶级所受的剥削却更加严重，几乎无法满足基本的生活所需，这样的生活境遇必然逼迫无产阶级不断觉醒，使无产阶级意识到唯有通过革命运动方能解放自身，满足本阶级美好生活的向往。共产党（员）是无产阶级中的最先进觉悟者，他们熟知共产主义理论，并以无产阶级和广大人民的利益为己任，因此，能对工人运动起到坚决而持久的领导和推动作用。在《宣言》文末，马克思恩格斯还指出共产主义的核心命题，即以每个人的自由发展为条件，实现一切人的自由发展，共产主义将促进每个人的全面发展，每个人的全面发展就是一切人的全面发展。

在马克思的视域中，无产阶级运动符合科学的严肃精神，并且极具人文关怀，就连对马克思持贬抑态度的美国学者宾克莱也认为，“凡能阅读马克思著作的人几乎无人不为他对十九世纪不幸的工人命运所表示的深切同情所感动。他看到当时存在于资产阶级社会的一切非正义现象，感到义愤填膺，以致他不仅为一个有自由与正义的较好的日子而呐喊，并且提出了一项实现他为人类所抱的理想的纲领。”① 这一“理想的纲领”即共产主义理论。

五、《资本论》及其手稿中的共产主义理论：人的自由个性的生成

如果说《宣言》是无产阶级革命的“宣言书”，是共产主义理论的“出生证”，那么，《资本论》则是对形而上学的古典政治经济学的系统批判，是认识人类社会进程的科学理论。从表面上看，二者的主要内容和论述主题相去甚远。但如果考虑到马克思本人曾把《共产党宣言》（和

① ［美］L.J. 宾克莱：《理想的冲突——西方社会中变化着的价值观念》，马元德等译，商务印书馆 1983 年版，第 95—96 页。

《哲学的贫困》）作为阅读《资本论》的"入门读物"，[①] 便可以明了二者在马克思思想中的密切关系。有学者指出，作为革命家的马克思，念兹在兹的事情就是革命，所以贯穿《宣言》与《资本论》的核心主题便是"革命"。如果说前者提出了共产主义革命的"政治主张"，后者便对这一主张进行了深入细致的经济学分析和论证。[②] 从更根本和长远的意义上，我们可以说，《宣言》提出了共产主义革命是通达人的解放和自由的阳光大道，《资本论》就是在学理上揭示资本主义社会的运行逻辑，开启人类历史新纪元与人的发展的新境界的光辉思想，两者在共产主义与人的自由的主题上密切相关。海德格尔曾感言，"从存在的历史的意义看来，确定不移的是，一种对有世界历史意义的东西的基本经验在共产主义中自行道出来了。"[③]

马克思在《资本论》中对德国古典哲学和英国古典政治经济学双方都进行了批判。尽管德国古典哲学和英国古典政治经济学的研究主题、阐述内容根本不同，但在马克思视域中，德国古典哲学是在哲学的领域把握世界，英国古典政治经济学是在经济的领域把握世界，二者均为解释世界，目的都是为资本主义社会做合法性辩护，在形而上学的立场上认定资本主义是人类社会发展的终点。《资本论》是深入"资本主义生产方式以及和它相适应的生产关系和交换关系"，从唯物史观的视角揭示了人类社会发展规律，探明了资产阶级社会的未来归宿。他深刻地明了人类历史的发展规律"既不能跳过也不能用法令取消自然的发展阶段。但是它能缩短和减轻分娩的痛苦"[④]。马克思从资本主义社会的财富表现形式——商品——出发，阐明古典政治经济学家看到的物与物的交

---

① 白刚：《资本、革命与自由——从〈共产党宣言〉到〈资本论〉》，《学术研究》2016年第5期。

② 白刚：《资本、革命与自由——从〈共产党宣言〉到〈资本论〉》，《学术研究》2016年第5期。

③ [德] 马丁·海德格尔：《海德格尔选集》上卷，孙周兴选编，上海三联书店1996年版，第384页。

④ 《马克思恩格斯全集》第44卷，人民出版社2001年版，第10页。

换，这种物的交换受价值规律支配，表面上好像是等价交换，实质隐藏着不等价的社会关系。马克思由商品的二重性推及劳动的二重性，把劳动分为“表现为价值的劳动同表现为产品使用价值的劳动”①，进而把物与物之间的交换转化为人与人之间生产商品的劳动的交换。通过对劳动时间和价值的划分，马克思发现工人的劳动时间生产劳动力价值，剩余时间生产超出可变资本的新价值，即剩余价值，这“好像晴天霹雳震动了一切文明国家”②。剩余价值揭穿了古典政治经济学家所谓的资本创造价值的谎言，指明了工人是整个社会财富的创造者，资本家是财富价值的占有者，得出了不是资本家养活了工人，而是工人养活了资本家的结论。剩余价值理论像“明亮的阳光照进了经济学的各个领域”③，从此以后，共产主义者不再像资产阶级经济学家那样在黑暗中摸索。剩余价值的发现不仅揭示了资本家发财致富的秘密，而且为工人阶级指明革命的出路。正是在这个意义上，《资本论》常常被称作“工人阶级的圣经”。

有学者指出，《资本论》中蕴含着相互交错的两重逻辑：一是以商品、货币和资本等“物”的形式显现的资本运动，这种物的表层逻辑显示了资产阶级社会的自我否定性；二是这一表层逻辑内蕴的共产主义逻辑，把共产主义看作资本主义社会的内生因素④。这两重逻辑正是困扰早期马克思的“两大难事”，也是对“两大难事”的正确回答。马克思的《资本论》是政治经济学著作，更是辩证法著作，其中深蕴自觉的理性和事物自身理性相统一的辩证法原则，在辩证法的意义上，马克思没有把资本主义与共产主义绝对对立起来，而是在对资本主义社会的批判中生发共产主义。有人正确地评价，“如果说阿基米德是在外空寻找支点来移动世界，那么马克思就是在资本主义范围内发现了他批判和改变资本主义的阿基米德点。在他的辩证的方法看来，共产主义是在资本主义范围

① 《马克思恩格斯全集》第 44 卷，人民出版社 2001 年版，第 98 页。

② 马克思：《资本论》第 2 卷，人民出版社 2004 年版，第 19 页。

③ 《马克思恩格斯文集》第 9 卷，人民出版社 2009 年版，第 212 页。

④ 刘梅：《〈资本论〉中的隐性逻辑：共产主义》，《中国社会科学报》2018 年 5 月 31 日。

之内发展的。”[①] 在《资本论》及其手稿中，马克思指出人的自由个性的实现和个人能力的全面发展作为“历史的产物……以建立在交换价值基础上的生产为前提”[②]，因为这种生产不仅生产了人和人的异化关系，也生产出人的自由个性。由此可见，人的发展不能像人类社会发展那样跨越一个阶段，自由个性的实现离不开旧式分工的发展和消失，离不开财富尺度由劳动时间到自由时间的变迁。

综上所述，马克思从中学时期便立志投身于人的解放事业，正是在对人类解放事业的研究和探索中，他扬弃德国古典哲学，批判地发展了英国古典政治经济学，在此基础上实现共产主义从空想到科学的超越。在创建共产主义理论中，马克思涉猎多个研究领域，积极投身无产阶级革命运动。他的共产主义理论深嵌于哲学、政治经济学等理论研究之中，其中蕴含着丰富的人学思想，并以人的自由全面发展为理论和实践活动的最终归宿，体现真正的人道精神。

第三节　共产主义理论的人学分析

马克思共产主义理论科学地揭示了人类历史的发展规律，科学表述了无产阶级为之奋斗的社会理想，无愧于人类思想史上的一颗明珠。与社会主义思潮的最初形态——乌托邦主义——不同，马克思恩格斯不热衷于描绘未来理想社会的具体景观、设计空中楼阁式的思想蓝图，不是“教条式地预料未来，而只是希望在批判旧世界中发现新世界”[③]。因此，他们从事实而不是原则出发，对资本主义社会详细考察并分析其发展趋势，对共产主义社会仅提供大概的轮廓和方向。但无论是在对资本主义

① 欧阳康主编：《当代英美哲学地图》，人民出版社 2005 年版，第 636 页。

② 《马克思恩格斯全集》第 30 卷，人民出版社 1995 年版，第 112 页。

③ 《马克思恩格斯全集》第 1 卷，人民出版社 1956 年版，第 416 页。

社会的清晰批判还是对未来社会的宏阔展望中，我们都可以看出共产主义理论和人的自由有着密切的关系。马克思恩格斯不仅致力于批判“人类史前史”人的动物式生存，而且指出向“人类社会”过渡的各种条件，把共产主义与人的自由的联系现实化。

一、人的本质：共产主义的逻辑起点

马克思共产主义理论关注人、为了人。从根本上说，马克思所从事的是关于人的事业，所研究的是解放人的理论。马克思从中学起便立志要为人类的幸福而工作，他为这个“少年志”努力奋斗了一辈子，坚持把“高调唱成了高尚”。在他追求为人类幸福而工作的道路上，他经历了从“否定”共产主义到“肯定”共产主义的转变，最终将人类幸福与共产主义相结合，指出共产主义是抵达人的自由全面发展的必由之路。马克思对共产主义态度的转变和他的哲学观转变直接相关，而马克思哲学观的转变与他对人的本质问题的理解密切相关。人的本质问题不仅是马克思人学理论的核心，也是共产主义理论的逻辑起点。同时，在所有关于人的问题中，人的本质问题占据着核心位置，它也是古今中外的众多哲学家都曾探究过但未能说清楚、道明白的问题。

任何理论的生成都不是无根之木、无源之水。马克思的人的本质理论的生成土壤和丰富资源，得益于德国古典哲学特别是黑格尔和费尔巴哈的人学思想。马克思是在辩证分析两位哲学家人学思想的基础上，从人与动物、人与人相区别的角度，把人的本质分为类本质和现实本质。人的类本质即人的自由自觉的活动，是人的一级本质；人的现实本质即人的社会特性，也被称为次生本质①。两者相互规定、互为观照，“因为人的本质是人的真正的社会联系，所以人在积极实现自己本质的过程中

---

① 杨学功：《广义历史唯物主义视野中人的本质问题及其哲学意义》，《学习与探索》2014年第10期。

创造、生产人的社会联系、社会本质”①。从这个意义上讲，马克思并没有彻底否定西方人学传统，而是摒弃了其仅关注“实体”而不注重功能、关系等更本质因素的倾向，强调认识人的本质要结合普遍的类本质和特殊的社会本质，全面地把握人。当然，马克思早期也曾从多个方面来思考人的本质，如马克思曾说过“人的本质规定和活动是多种多样的”②。但是依照马克思思考问题的逻辑思路和理论发展路径而言，马克思主要是从抽象性与具体性、普遍性与特殊性相结合的视角对人的本质进行阐述的。

人的类本质和现实本质既区别又联系，二者共同表现在人的感性实践活动中。人的类本质是人作为类区别于动物作为种的一般的、抽象的共性，它作为具体个人的“沉睡的潜力”，必须要通过人的现实本质才能得以呈现。人的现实本质在人的现实社会关系中得以显现，而现实的社会关系唯有在人类的实践活动中才能生成。人的类本质作为人类生命活动的根本特征，其产生和发展与人类存在相始终，并伴随人类实践活动而发展。人的现实本质受自身社会关系所决定的现实活动制约，永远不能同人的类本质发展同步，永远不能呈现类本质的完美状态，正如历史永远不可能达到尽善尽美的理想状态一样。故而，人的类本质与人的现实本质之间存在着张力、矛盾，表现在具体时代就是人类与个人需要不能同时得到满足、人的现实与人的理想之间存在距离，这种时间的非同步性和空间的广延性不断促进二者之间的矛盾运动，促进人的能力的提高以及社会形态的变迁。基于此，马克思指出“整个历史也无非是人类本性的不断改变而已”③。

人的现实本质与类本质之间的矛盾虽然始终存在，但两者的矛盾在不同社会发展阶段的表现不尽相同。在某个社会发展阶段，人的类本质与人的现实本质是同向发展，两者的矛盾主要表现为：在现实的社会关

① 《马克思恩格斯全集》第 42 卷，人民出版社 1979 年版，第 24 页。

② 《马克思恩格斯全集》第 3 卷，人民出版社 2002 年版，第 303 页。

③ 《马克思恩格斯文集》第 1 卷，人民出版社 2009 年版，第 632 页。

系条件下，人的社会活动过程和结果不能满足人的类本质的需求。也就是说，人的类本质和人的现实本质同向但不同步。而某些社会阶段，两者的发展可能相背离，此时人的现实本质成为类本质发展的障碍，个人活动过程和结果与类本质要求相背离。于是，人的类本质与人的现实本质产生了分裂。

依照人的类本质与现实本质之间的矛盾运动规律，对人类社会发展史进行考察发现：在原始社会，由于生产力发展水平低下，人的社会关系较为简单，个人必须依赖集体才能得以存活，于是人的类本质与现实本质同向发展并近乎重合，集体中每个人虽然生活匮乏，但也享受着原始的幸福。随着生产力的发展以及人的社会实践能力的提高，社会产品出现了剩余，人类社会产生了私有制和社会分工，人的现实本质与人的类本质之间开始分裂，人类社会开始进入阶级社会。阶级出现的直接影响是社会关系复杂化，不同阶级之间的需求和利益相差巨大甚至对立，个人利益与社会发展之间矛盾突显。资本主义社会是人的个性需求和社会发展矛盾最剧烈的阶级社会。资本主义社会发展基本矛盾的劣根性使社会日益分化为资产阶级与无产阶级，两大阶级之间存在着压迫与反压迫、剥削与反剥削的关系，两大阶级的现实本质都与人的类本质相矛盾，表现为现实人的异化或类本质的异化。类本质异化使人的发展受挫，使社会在人的创痛中前行，虽然此阶段人们生活困窘但却不能避免：一方面，相比前资本主义社会，资本主义社会的生产力飞速发展，人的解放需求更为迫切；另一方面，因为人的现实社会活动与人的类本质相背离，成为人类历史发展的否定阶段。资本主义——人的类本质异化的最高阶段——为消除异化准备了物质条件（高度发展的生产力）、精神条件（马克思主义哲学）和主体力量（无产阶级），人类只有克服了人的类本质异化阶段，才能实现人的类本质与人的现实本质同向发展，进入人类社会历史的否定之否定阶段。

人的本质理论并未否认人的类本质要求。马克思在此基础上分析了资本主义社会人的类本质和现实本质极端分裂，异化劳动导致人与人相异化等问题，同时指出要消除异化，使得人的具体社会实践活动与人的类需要同向发展，就要建立以消除异化为目的的共产主义社会。马克思将资本主义社会的阶级关系简化为利益对立的、被同时异化的两大阶级，指出只要资本主义社会存在，两大阶级之间的矛盾就不能消灭，而要改变现实的社会存在，必须通过革命手段消除其中的某一阶级。资产阶级在异化中感到被满足和被巩固，它不仅不会要求革命，而且会反对革命的行动。无产阶级被排斥在社会之外，并且是社会成员的大多数，经济上的被压迫和被剥削以及政治上的无权、无地位，决定了无产阶级必须具有革命意识，这种革命意识必须诉诸行动，通过行动消灭现实的生活条件，在革命实践中荡涤依附于自身陈旧的、肮脏的东西，才能解开自身的枷锁，改变自身的生活条件进而解放自己，并最终解放全人类。在这个意义上，马克思指出“被剥削被压迫的阶级（无产阶级），如果不同时使整个社会一劳永逸地摆脱一切剥削、压迫以及阶级差别和阶级斗争，就不能使自己从进行剥削和统治的那个阶级（资产阶级）的奴役下解放出来”①。

需要注意的是，学界有人认为人的类本质表明马克思受费尔巴哈抽象人性论的影响，其所阐述的仍然是抽象的人性，是不成熟时期的看法②。这种观点看到马克思沿用了费尔巴哈的“类本质”这一词语，但没有看到两者思想内容的根本不同：费尔巴哈把人的类本质理解为许多人自然地联系起来的普遍性，这是费氏思想的机械性；马克思则从人的一般本性与每个时代人的特殊本性两个维度来理解人的类本质，即从哲学与历史两个角度阐述人的类本质，这是马克思理论的辩证性。看不到两位思想家认识问题的差异性，就必然缺失了哲学维度，我们就无法理解在共产主义社会人何以成为人；也必然缺失了历史维度，科学共产主义将沦为“乌托邦”。

---

① 《马克思恩格斯文集》第2卷，人民出版社2009年版，第14页。

② 北京大学哲学系编：《人道主义和异化问题研究》，北京大学出版社1985年版，第278—279页。

二、人的解放：共产主义的核心要义

马克思一生的理论兴趣颇为宽泛，涉及诸多研究领域，但如果仔细研究就会发现，他的理论研究和实践活动始终围绕人类解放这个理论主旨。马克思对共产主义态度发生转变，并将其作为他一生奋斗的目标，就是因为共产主义是人的解放和复归的学说。

第一，共产主义是人向自身的复归。

学界有人把马克思共产主义理论分为哲学和科学两个发展阶段，也有人将其分为广义（哲学意义）的共产主义和狭义（政治经济学意义）的共产主义。①但无论哪种划分，都认同应以人的解放理解共产主义，"因为对社会主义的人来说，整个所谓世界历史不外是人通过人的劳动而诞生的过程"。②可见，马克思手持异化劳动这把钥匙，从批判国民经济学的路向出发，打开了"历史之谜"的大门。

马克思指出，"共产主义……是通过人并且为了人而对人的本质的真正占有；因此，它是人向自身、向社会的即合乎人性的人的复归，这种复归是完全的，自觉的和在以往发展的全部财富的范围内生成的"③。马克思论域中的共产主义通过扬弃人本身的异化，而非通过物的扬弃来获得。共产主义的目的是为了人的解放，不是为了"占有"物质财富。共产主义是要人重新占有被私有制和异化劳动夺走的人的本质。这里人的本质的重新占有即人的本质的复归，马克思紧接着强调这种复归是向人自身、向社会的及合乎人性的人的复归。人的本质是人的社会性。马克思正是于此超越了费尔巴哈，萌生了历史唯物主义思想。但在私有制条件下，人丧失了社会性，变成了利己的、狭隘的人，人的社会性得以

---

① 见王金福、庄友刚：《从"哲学共产主义"到科学共产主义——马克思、恩格斯的哲学革命与共产主义学说的转变》，《哲学研究》2006年第11期；傅长吉、丛大川：《对卡尔·马克思"共产主义"另想的解读》，《广东社会科学》2007年第1期。

② 《马克思恩格斯全集》第3卷，人民出版社2002年版，第310页。

③ 《马克思恩格斯全集》第3卷，人民出版社2002年版，第297页。

异化。因此，马克思提出共产主义就是人从私有制和异化劳动下解放出来，重新恢复人与自然界、人与社会的丰富联系。这种复归离不开“以往发展的全部财富”，在这里，马克思又超越了各种空想共产主义。马克思共产主义思想批判地继承了人类思想文化的优秀遗产，坚持辩证唯物主义的态度，肯定私有制和异化劳动为共产主义创造了丰富的物质生产力、发达的科学技术与自由发展的人，为人向自身的复归奠定了坚实的基础。

第二，共产主义是人的自由本性的实现。

共产主义是针对资本主义社会的弊端而提出的，其初始状态存在着预设理想目标的乌托邦性质。马克思在承认私有财产积极作用的基础上，提出了废除私有制的武器和道路，不再单纯从伦理上谴责资本主义社会之恶。然而，《形态》诞生以前，马克思仍然存有把共产主义作为预设的理想目标之意，也未将共产主义和特定历史条件下主体的物质实践活动联系起来。只有在唯物史观的指导下，马克思才摆脱了从抽象逻辑来推演共产主义理论的思想束缚，把改变现存世界和实践唯物主义、共产主义沟通起来。

马克思曾经指出：“共产主义对我们来说不是应当确立的状况，不是现实应当与之相适应的理想。我们所称为共产主义的是那种消灭现存状况的现实的运动。这个运动的条件是由现有前提产生的。”①因而，共产主义不只是一种理论，更是改变资本主义世界现存状况的运动，二者紧密联系，不可分割。唯有在科学共产主义理论的指导下，共产主义运动才有了正确的方向，共产主义社会才有实现的现实性，人的解放的前提条件才得以明晰。马克思指出，首先是生产力的巨大发展，使人不再为争夺必需品而斗争；其次，人的活动跃出了一国的范围而具有了世界历史性，人的交往能力获得提升。在资本主义社会，生产力的发展和世界性交往都已变成现实，无产阶级和资产阶级的矛盾不断激化，这为共

① 《马克思恩格斯文集》第1卷，人民出版社2009年版，第539页。

产主义和人的解放准备了现实的条件。马克思恩格斯指出，人的解放除了物质条件之外，还需要革命主体采取现实的行动，“在于使现存世界革命化，实际地反对并改变现存的事物”①。他们再次强调人的解放必须依靠人自身，这与空想社会主义在人之外寻找改变现存社会的力量截然不同，也是对共产主义污名化的有力驳斥。

资产阶级的私有财产是异化劳动所致，异化劳动则是由于强制分工所致，马克思运用唯物辩证法，客观地看待分工的历史作用。分工的细化有利于科技的进步、生产力的发展，但分工也妨碍了人的自由个性的实现，无益于人的全面发展。马克思恩格斯区分了强制分工和自愿分工：在资本主义社会，“人本身的活动对人来说就成为一种异己的、同他对立的力量，这种力量压迫着人，而不是人驾驭着这种力量”②。个人想获得生活资料，就不能不服从分工的支配。共产主义社会的分工出于人的自愿，在这种分工的条件下，人的自由发展成为可能，人的个性得以发挥。马克思甚至用美文学（引起后世诸多争议的文字）描述了消灭强制分工后人的自由生活——“在共产主义社会里，任何人都没有特殊的活动范围，而是都可以在任何部门内发展，社会调节着整个生产，因而使我有可能随自己的兴趣今天干这事，明天干那事，上午打猎，下午捕鱼，傍晚从事畜牧，晚饭后从事批判，这样就不会使我老是一个猎人、渔夫、牧人或批判者”③。共产主义社会由于物质财富极大丰富，并且人人拥有生产资料，生产不再为满足自己基本生活需要，而是为了满足人的自身发展。此时，每个人用极少的劳动时间便能满足全社会的需要，自由时间大大增加。在此基础上，每个人可以根据自己的兴趣选择自己的劳动，劳动成为生活的第一需要，人就实现了自己的自由本性。

第三，共产主义是个人自由发展的社会。

“共产主义”来源于拉丁文“Communis”，德文是“Kommunismus”，

---

① 《马克思恩格斯文集》第 1 卷，人民出版社 2009 年版，第 527 页。

② 《马克思恩格斯文集》第 1 卷，人民出版社 2009 年版，第 537 页。

③ 《马克思恩格斯文集》第 1 卷，人民出版社 2009 年版，第 537 页。

包含“共同体”“公社”的意思。马克思曾将理想的国家制度看作“政治共同体”，而“人的本质是人的真正的共同体”，政治革命是因为人们脱离了政治共同体，其结果是实现人向政治的回归，即政治解放，这在“最庞大的形式中却隐藏着狭隘的精神”；社会革命是因为人们脱离了“生活本身，是物质生活和精神生活、人的道德、人的活动、人的享受、人的本质”①。它具有整体性，结果是回归容纳了个人的共同体。其实很早以前，马克思已经提出了理想的国家是“自由人的联合体”，国家中的“个人以整体的生活为乐事，整体则以个人的信念为乐事”②。这是马克思在国家制度框架内，对人与社会和谐共存的理想状态的设计。

人的全面发展需要消灭分工，而消灭分工需要个人驾驭物的力量，然而，个人才能的全面发展离开共同体是不可能实现的。随着理论研究的深化和实践活动的深入，马克思抛弃了政治性的共产主义，批判政治国家是冒充的共同体（虚假的共同体、虚幻的共同体），认识到这种共同体是统治阶级反对被统治阶级的联合。在冒充的共同体中，个人是作为阶级成员而参加，统治阶级以代表全人类利益的名义施行统治，实质代表统治者的利益；被统治阶级的境况却大不相同，共同体的发展以牺牲他们的利益为代价。真正共同体是各个人自愿的联合。彼时，个人不再作为阶级成员，而作为自由的人参加共同体，这样“个人才能获得全面发展其才能的手段……才可能有个人自由”③。在真正的共同体中，个人和共同体并非相互排斥、互为掣肘，而是相互依赖、互为条件，个人唯有依赖共同体方可发展自身才能，完善自己的个性；共同体唯有依赖自由个体方可构成，共同体内每个人得到发展，共同体才能更好地发展完善。

在虚假的共同体（即政治国家）中，少数人（统治阶级）割裂共同体与个人的关系，以牺牲个人发展为代价促进共同体的发展，这是用

① 《马克思恩格斯全集》第3卷，人民出版社2002年版，第394页。

② 《马克思恩格斯全集》第1卷，人民出版社1995年版，第217页。

③ 《马克思恩格斯文集》第1卷，人民出版社2009年版，第571页。

共同体这一虚幻条件，遮掩了统治阶级压迫和剥削的本质。马克思指出，“代替那存在着阶级和阶级对立的资产阶级旧社会的，将是这样一个联合体，在那里，每个人的自由发展是一切人的自由发展的条件”①。真正共同体存在发展的条件是个人的自由发展，共同体抛弃了虚幻和抽象性，真正代表每个人的利益，满足每个人的需要，每个人的需要和利益的满足，结果就是个人所构成的共同体的需要和利益的满足。总括而论，马克思论域中的“每个人”和“一切人”，并非停留在哲学家口中的抽象概念，而是在某一社会阶段、处于一定社会关系、为自己的生存和发展而活动的现实的人。

马克思指出社会发展与人的自由实现需要经历艰辛漫长的历史过程，同时，他观察到资产阶级对无产阶级的剥削和压迫，指出无产阶级要自我解放。在无产阶级政党的领导下，无产阶级与农民阶级结成联盟，用暴力夺取政权，转入无产阶级专政的过渡阶段。在过渡阶段，在无产阶级的领导下，实现清除旧社会因素、发展新社会因素的任务。它是共产主义社会消灭私有制，消灭强制分工，阶级和国家消亡的必经阶段，是实现每个人自由发展的现实途径。

三、自由个性：共产主义的理论归宿

自由个性作为一个重要的学术范畴，在马克思文本中直接阐释的并不多，马克思在论述人与历史发展须经历三个阶段时，对这一范畴进行了阐发。“人的依赖关系，是最初的社会形式”，这时人类历史处于最初的发展阶段，在此发展阶段，“人的生产能力只是在狭小的范围内和孤立的地点上发展着”，人的发展也处于初始阶段，两者的最初发展时段相重叠；“以物的依赖性为基础的人的独立性”是人类历史发展的第二时段，在这一阶段，人形成了“全面的关系、多方面的需要以及全面的

① 《马克思恩格斯文集》第2卷，人民出版社2009年版，第53页。

能力的体系"，这是人的发展的第二大形式，人类历史发展与人的发展在这一阶段依然重叠；"自由个性"是人类历史发展与人的发展的第三个阶段，在这个阶段"个人全面发展和他们共同的、社会的生产能力成为从属于他们的社会财富"①。马克思用"自由个性"这一意涵丰富的术语，来指称人类历史发展与人的发展的"第三阶段"。此时，每个人"个性得到自由发展"，每个独立自由的个人组成联合体，也就是共产主义社会。从《手稿》开始，马克思把人的自由解放与共产主义相联系，试图通过批判政治经济学揭示共产主义的现实路径，这一思想最终在《资本论》及其手稿中得以完成。在《资本论》中，马克思通过剖析资本主义社会经济运行和人的异化状态，构建起符合社会发展规律和合乎人性价值理想的社会形式，揭示了通达"人类社会"的必然性和可能性。

从本质上看来，人与社会并非相互割裂，更非彼此对抗，两者互为条件、相得益彰，这可以由马克思对人与社会发展形态划分佐证。在马克思的语境中，社会是一个广义的范畴，其中自然界是人生活的现实要素，"社会是人同自然界的完成了的本质的统一"②。在马克思思想中，自然、人、社会是和谐统一的，"'社会'内在地包含共产主义的维度并明确地指向未来的共产主义社会。"③马克思不像德国古典哲学，在观念世界里把资本主义现实世界永恒化；也不像英国古典政治经济学，把历史终结于资产阶级的生产方式。他明确指出，社会不是与个人对立的抽象存在物，它生产作为人的人，也由人进行生产，人类社会的发展与人的发展并非是偶然的，看似表面起作用的偶然性内在地包含着必然性。历史唯物主义认为，自由个性是历史生成物，是永无止境、不断提高的过程，既离不开人的依赖与物的依赖阶段，也不会终结世界历史和人的发展。马克思以前的共产主义者目睹了资产阶级

---

① 《马克思恩格斯文集》第 8 卷，人民出版社 2009 年版，第 52 页。

② 《马克思恩格斯文集》第 1 卷，人民出版社 2009 年版，第 187 页。

③ 王虎学：《"共产主义"的现实性与超越性》，《光明日报》2016 年 1 月 27 日。

社会不公正的社会状况，从伦理道义上对其进行指责，预设了理想的社会和理想的人，然而，这种由物的占有导致的人的占有状况如何出现？怎样运转？他们并不清楚，所以“不能对付这个生产方式”，结果只能“把它当做坏东西抛弃掉”[①]。马克思是在扬弃、超越人的依赖与物的依赖的基础上，来谈论自由个性的，为此，他追溯了人类社会的“史前阶段”。

马克思为了探究人类社会发展的普遍规律，曾依据不同标准对人类社会发展形态进行了多种划分，且“每次论说的时代背景、语境、历史指向和列举的社会形态名目及更迭顺序都不相同”，唯一共同点“就是列举那些形态和更迭顺序都只是作为‘大体上’讲的历史例证”[②]。马克思的社会形态说影响最大的，当属《序言》中提到的“五形态说”和《政治经济学批判（1857—1858 年手稿）》中揭示的“三形态说”。有学者指出“五形态说”有先天的逻辑缺陷，即首次划分的五个子项不属于相同层次，如若两次划分（即依人的发展把人类社会划分为前资本主义社会、资本主义社会和共产主义社会，在此基础上，再把前资本主义社会划分为原始社会、奴隶社会和封建社会），抽象性则大打折扣。[③] 逻辑缺陷并不影响人们的理解，而恰恰使人明晰此种划分法与“三形态”的内在统一，互相补充。鉴于马克思的理论归宿是人的解放，从世界历史与人的发展的视角提出的“三形态说”更具普适性和根本性。

人的依赖关系阶段又叫“自然共同体”，即人类社会处于前资本主义社会。生产力发展的低下和人的能力的限制，使得个体无法挣脱自然条件的束缚，对于人尚不能认识的自然，人只有崇拜和敬畏，个体对

---

① 《马克思恩格斯选集》第 3 卷，人民出版社 2012 年版，第 402 页。

② 庞卓恒：《马克思社会形态理论的四次论说及历史哲学意义》，《中国社会科学》2011 年第 1 期。

③ 刘同舫：《马克思人类解放视域中的社会形态理论》，《福建论坛》（人文社会科学版）2012 年第 5 期。

自然灾害无能为力，为了能够得以生存，只能无条件地依赖家庭和氏族等血缘共同体。所以，“越往前追溯历史，个人，从而也是进行生产的个人，就越表现为不独立，从属于一个较大的整体”①。在自然共同体中，分工尚未出现，人的活动具有完整性，个人没有被动地固定在特定的活动领域，他必须作为劳动者参与生产过程的全部活动。由于参与多样性的活动，人的本质力量得以发挥，人的发展也呈现出全面发展的态势。在这样的社会中，“一个人既是杰出的哲学家，同时又是杰出的诗人、演说家、历史学家、牧师、执政者和军事家。”②但由于缺乏社会分工，人的活动局限于单一的共同体内，人的社会关系极其单调，他的活动和能力的全面性较为原始，这与其原始的关系相匹配。因而，马克思指出，“留恋那种原始的丰富，是可笑的，相信必须停留在那种完全的空虚化之中，也是可笑的。”③随着生产力的进步，私有财产的诞生，人类进入阶级社会，人在自然面前相对独立，这为人的独立和发展提供了条件。就人与人的关系来看，个人作为等级制的成员与共同体发生关系，其身份在共同体中被固化，他必须从属于共同体才能生存，唯有借助共同体的力量才能发展自身。“个人只有通过或完全依照共同利益来活动，或个人只有把他的本质力量、人格、个性和理想等，全部转让给集体（公社、君主国家、封建王国），他才能从中发展起自己的某些技能、社会联系和‘个性’。”④这时的人只有从属于群体才能发展自己，而且并非是自由发展，他的一切事务由共同体决定。根据历史唯物主义理论，社会存在决定社会意识，个人从属于共同体使得个人缺乏自我意识，他只有作为群体的一员才能意识到自身，即只存有群体意识。马克思把此阶段称为“非人化的世界”，在这一阶段，整个群体要生存和发

---

① 《马克思恩格斯文集》第 8 卷，人民出版社 2009 年版，第 6 页。

② 《马克思恩格斯文集》第 1 卷，人民出版社 2009 年版，第 630 页。

③ 《马克思恩格斯文集》第 8 卷，人民出版社 2009 年版，第 56—57 页。

④ 韩庆祥、亢安毅:《马克思开辟的道路——人的全面发展研究》，人民出版社 2005 年版，第 199 页。

展，只能牺牲个体的发展和自由，人处于“政治动物世界”①，谈论个人的自由发展是奢侈的。

物的依赖阶段又称“虚假共同体”。随着社会生产力的发展，人的生产能力的提高，出现了社会分工，分工、社会化大生产推动自然经济开始解体，商品经济得到发展。商品经济的发展进一步扩大社会分工，生产进一步社会化，人的需求更趋丰富，人改造自然的能力越发强大。于是，人与自然的关系发生了变化，人由依赖自然、崇拜自然，变为借助于科学技术开始掠夺自然、征服自然。人的主体性极大膨胀，剥削阶级推崇以自我为中心，迫使人们为追求利益最大化，不顾一切地从自然界攫取，突破了人与自然协调的界限，最终影响了人的发展和自由。人与人之间经由商品、货币和资本为中介发生了“全面的”关系，人与人之间的关系以物的关系得以显现。相比人的依赖阶段，大机器工业开始出现，社会分工进一步细化，个人不必再从事生产的全部活动或者某一生产活动的全部过程，而被限定在狭小的活动范围或一两道工序，“由于劳动被分成几部分，人自己也随着被分成几部分。为了训练某种单一的活动，其他一切肉体的和精神的能力都成了牺牲品。”②片面提升人的某一技能以牺牲人的全面能力的发展为代价，其结果是导致少数人发展的垄断，这种生产效率的大幅提升是以牺牲工人阶级的全面发展为代价。在资本主义社会，“发达的交换制度中……人的依赖纽带、血统差别、教养差别等等事实上都被打破了，被粉碎了（一切人身纽带至少都表现为人的关系）”③，人不再受雇于固定的人，不再在固定的范围活动，人身依赖关系得以打破，人相对自由，但这种自由是非常有限的，限定于自由地选择资本家，自由地出卖自己的劳动力，自由地从属于资本。在资本逻辑的统治下，人没有独立性和自由，资本却具有独立性和自由，人的独立性和自由被商品和货币取代。正如马克思的判断，在物

① 《马克思恩格斯全集》第47卷，人民出版社2004年版，第57页。

② 《马克思恩格斯全集》第20卷，人民出版社1971年版，第316页。

③ 《马克思恩格斯文集》第8卷，人民出版社2009年版，第58页。

的依赖阶段，人貌似有相对的自由，但这种独立和自由是一种幻觉，工人的劳动被异化，使他的肉体受折磨、精神受摧残，说到底，人只有从事动物性活动时，才觉得自己是自由的。拥有资本的资本家好像具有自由和力量，但资本家的自由和力量其实是资本的力量和自由，资本家通过占有剩余价值而占有资本，进而感觉到自身的价值，这其实是一种错觉，是对人的能力和自由的贬损和嘲弄。由此可见，在虚假的共同体中，人形式上是自由的，但“事实上……更不自由，因为他们更加屈从于物的力量”①。人类社会的发展是一个自然历史过程，资本主义社会开创了世界历史，但不能终结世界历史，社会基本矛盾在资产阶级社会有自己独特的表现形式，矛盾的运动发展推动着人类社会不断前进，并在此过程中促进人的发展。

自由个性又称“真正的共同体”，即共产主义社会，它是对人的依赖阶段的形式的崇高、物的依赖阶段内容的深刻的继承发展，是对前两个阶段的双重超越。自由个性阶段，物质财富极大丰富，人的精神境界极大提升，外在力量对人的发展的限制为个人自身所驾驭，人认识了客观必然性，掌握了客观对象的尺度，在自己的活动中超越了生活现状。人不再臣服于自然，但也不践踏自然，实现了人与自然的和解。人与人之间结束了敌对状态，提倡和谐共处，实现了人与人的和解。社会将尽最大可能满足人们的物质和精神需求，人作为社会的主人努力推动社会发展，实现了人与社会的和谐相处。共产主义社会的人是这样的人：每个人作为自由的个人联合起来，“它是各个人的这样一种联合（自然是以当时发达的生产力为前提的），这种联合把个人的自由发展和运动的条件置于他们的控制之下。”②人类社会发展到自由个性阶段，私有财产和强制分工得以废除，“也就是个人在现代生产力和世界交往所建立的基础上的联合。”③国家变得不再必要而自行消亡，人们自己联合起来管

① 《马克思恩格斯文集》第1卷，人民出版社2009年版，第572页。

② 《马克思恩格斯文集》第1卷，人民出版社2009年版，第573页。

③ 《马克思恩格斯全集》第3卷，人民出版社1960年版，第516页。

理物质、领导生产，人类社会实现从必然王国到自由王国的飞跃。由此可见，社会与人的发展不能脱节，社会的自由就是人的自由发展，也需要人的全面发展。“生产劳动同智育和体育相结合，它不仅是提高社会生产的一种方法，而且是造就全面发展的人的惟一方法”①。生产满足需要，也创造需要，科学技术促使人“有享受的能力”，成为“具有高度文明的人”②。除此，人的自由时间日渐充裕，人们不再是资本主义的生产工具，不再整日忙碌于劳动时间，不再因缺乏自由时间导致其自由和发展不充分，工人不再是除了睡眠饮食等纯生理所需的时间之外，其余时间都用来生产商品，根本“没有自己处置的自由时间”，甚至“不如一头载重的牲畜”③。

在一定意义上，人的自由和发展的程度与自由时间的多寡成正比，如马克思所言“时间是人类发展的空间”④。自由时间使人变成新的主体，他参加的劳动和自由活动统称为活动。这样一来，自由时间和劳动时间在资本主义社会的对立状况被扬弃了，劳动时间的节约就是自由时间的增加，财富的尺度由自由时间代替了劳动时间，自由时间“一部分用于消费产品，一部分用于从事自由活动”⑤。自由时间给“所有的人腾出了时间和创造了手段，个人会在艺术、科学等等方面得到发展”⑥。马克思从缩短人的劳动时间、增加自由时间的角度，展望了人拥有自由时间的理想生活图景。

总而言之，自由个性是共产主义的理论归宿，并非意指它是人的发展的终点和人类社会历史发展的终结。在共产主义社会，人与社会的发展既符合辩证逻辑，又符合历史逻辑。按照实践逻辑，作为否定之否定

① 《马克思恩格斯全集》第 44 卷，人民出版社 2001 年版，第 557 页。
② 《马克思恩格斯全集》第 30 卷，人民出版社 1995 年版，第 389 页。
③ 《马克思恩格斯全集》第 21 卷，人民出版社 2003 年版，第 204 页。
④ 《马克思恩格斯文集》第 3 卷，人民出版社 2009 年版，第 70 页。
⑤ 《马克思恩格斯全集》第 35 卷，人民出版社 2013 年版，第 230 页。
⑥ 《马克思恩格斯全集》第 31 卷，人民出版社 1998 年版，第 101 页。

的人的自由个性阶段，超越了人役阶段和物役阶段，它在结束人与社会发展关系旧阶段的同时，开启了新的发展阶段。在这个意义上，马克思指出“人类社会的史前时期”以物的依赖阶段宣告结束，“人类社会”以自由个性拉开序幕。

第三章　共产主义制度的人学意涵

马克思哲学是批判的、革命的、不断发展的，它认为共产主义制度不是人类社会发展的终点，恰恰相反，共产主义社会是人类社会史前史的结束，是真正人类社会的开端。作为科学社会主义的创立者，马克思没有对共产主义制度做详细的描画，而是基于人的自由解放把生产资料个人所有、按需分配和强制分工的消灭作为共产主义制度的原则性构想。在马克思的视域中，共产主义制度并非一成不变，它具有历史生成性和实践超越性，根据生产力的发展程度划分为不同阶段。共产主义的不同阶段具有不同的特征，人的自由全面发展是其共同的价值追求。

第一节　马克思对共产主义制度的理论构想

制度是人的关系的产物，人类社会发展的历史无不打上制度变革的烙印。制度变迁构成制度的历史形态，制度形态是社会发展形态的根本标志。马克思不仅以科学技术和生产工具变更划分历史形态，还以产业发展和文明程度为视角论述历史变迁，但最为根本的是，这些社会形态类型在本质上表现为制度形态的变革。马克思关于社会制度形态划分的标准是唯物史观，即从社会历史的宏观视野和尺度揭示了人类社会发展的规律，勾画了人类未来的制度模型。戴维·麦克莱伦（David Mclellan）指出，马克思对未来社会制度的描述是极为粗略的，因为"他说得更多的是资本主义，而不是共产主义"①。即便如此，我们依旧发现，马克思在对资产阶级旧制度解构的同时，针对旧制度的弊端，科学地构建共产主义制度。可见马克思并没有止步于对资本主义制度的解构，他所"建构"的共产主义制度，"正来自于这个资本主义的逻辑——它将从属于地区共同体的人们分离开来，又使这些被分离的人们相互结成'社会性'的关系。"② 当然，马克思并不认为未来社会制度是一劳永逸的，更不是封闭僵化的，恰恰相反，他认为在不同的历史阶段，共产主义制度将以不同的模式生成和运行。

一、对"革命转变时期"的制度规划

从严格意义上来看，马克思关于共产主义的理论形态的划分包含革命转变时期（过渡时期）、共产主义第一阶段和共产主义高级阶段这样三个层级，它们按照先后次序构成了共产主义的复合结构。与此相适应，共产主义在制度模型上也具有三个层级，马克思分别对这三个层级的不同制度设计都进行过展望和描绘，这些层级按照逻辑次序构成了共产主义的制度形态。在马克思看来，共产主义不可能一蹴而就，它的制度模式也不可能一成不变。随着生产力的发展，共产主义在制度上将不断从自发走向自觉、从低级走向高级。

共产主义价值目标直指人的自由个性，这是一个系统工程，需要诸多前提和条件，不可能一蹴而就，正如废除私有制，需要经历相当长的时期。恩格斯曾指出，"正像不能一下子就把现有的生产力扩大到为实

① ［英］戴维·麦克莱伦：《马克思传》第4版，王珍译，中国人民大学出版社2016年版，第461页。

② ［日］柄谷行人：《跨越性批判——康德与马克思》，赵京华译，中央编译出版社2011年版，第187页。

行财产公有所必要的程度一样。因此，很可能就要来临的无产阶级革命，只能逐步改造现今社会，只有创造了所必需的大量生产资料之后，才能废除私有制。”[①]由此可见，在废除私有制问题上，恩格斯认为应该有一个过渡时期，这是恩格斯关于“过渡时期”的较早论述。资本主义向社会主义的过渡以及两者并存阶段，一直是马克思恩格斯较为重视的理论和现实。之后，马克思经过严肃的思考，尝试性地提出：“在资本主义社会和共产主义社会之间，有一个从前者变为后者的革命转变时期。同这个时期相适应的也有一个政治上的过渡时期，这个时期的国家只能是无产阶级的革命专政。”[②]《哥达纲领批判》公开发表后，恩格斯指出，“新的社会制度是可能实现的”，但它的实现必然要经历一个“过渡时期”。[③]1880 年，恩格斯在《社会主义从空想到科学的发展》一文中就这种过渡时期的政治形式进行了更加详细的阐释。他指出：“无产阶级将取得国家政权，并且首先把生产资料变为国家财产。但是这样一来，它就消灭了作为无产阶级的自身，消灭了一切阶级差别和阶级对立，也消灭了作为国家的国家。”[④]此后，在用法上，“过渡时期”不断代替了“革命转变时期”和“政治上的过渡时期”而成为马克思主义及其研究者们经常使用的词汇。这个过渡时期之后的共产主义有两个阶段，共产主义的第一阶段，“它不是在它自身基础上已经发展了的，恰好相反，是刚刚从资本主义社会中产生出来的，因此它在各方面，在经济、道德和精神方面都还带着它脱胎出来的那个旧社会的痕迹”[⑤]。到了共产主义高级阶段，社会实现全面发展，社会财富充分涌流，人获得了自由个性，人类进入了自由王国。列宁把“过渡时期”之后的第一个阶段称为社会主义社会。社会主义社会“就是这个刚刚从资本主义脱胎出

① 《马克思恩格斯文集》第 1 卷，人民出版社 2009 年版，第 685 页。
② 《马克思恩格斯选集》第 3 卷，人民出版社 2012 年版，第 373 页。
③ 《马克思恩格斯文集》第 1 卷，人民出版社 2009 年版，第 709 页。
④ 《马克思恩格斯文集》第 3 卷，人民出版社 2009 年版，第 561 页。
⑤ 《马克思恩格斯选集》第 3 卷，人民出版社 2012 年版，第 363 页。

来的在各方面还带着旧社会痕迹的共产主义社会，马克思称之为共产主义社会的‘第一’阶段或低级阶段”①。马克思关于共产主义历史阶段及其制度特征的看法，不是凭空想象的，而是“从历史事实和发展过程中得出的确切结论”②。这个事实就是对资本主义社会的深度解剖。

马克思对共产主义的构想极其慎重，并且富有原则性和普遍性。他指出共产主义三阶段同属一种社会形态，因而具有共性和联系，但它们发展程度不同，因此具有个性和区别。共产主义过渡时期是大力发展生产力，为共产主义和人的自由发展奠定物质基础的时期。此间，资本主义因素与共产主义因素并存，彼此相互斗争、此消彼长，具体地说，是资本主义因素不断消减，共产主义因素不断增长；过渡时期存在阶级和阶级斗争，并且渐次过渡到无阶级社会；阶级的存在决定过渡时期实行无产阶级专政，国家的性质和职能由阶级压迫的工具向管理服务社会转变。可见，马克思关于过渡时期的设想非常科学，列宁对此评价道：“马克思的这些解释的伟大意义，就在于他在这里也彻底地运用了唯物主义辩证法，即发展学说，把共产主义看成是从资本主义中发展出来的。”③

关于“革命转变时期”的理论设想和制度规划，马克思虽然谈论得不多，但在学界引起的理论争执却不少。尼尔森认为，“马克思，这位一贯的社会现实主义者，至少在其成熟著作中提醒我们注意关于过渡的问题。”④他指出，在马克思的理论体系中，必然包含很多正统的核心概念。其中，“关于资本主义向社会主义过渡的观念”和“关于未来共产主义社会的观念”等在马克思主义经典作家的理论中具有突出的作用⑤。奈格里也认为，在马克思那里，并不是过渡阶段以共产主义的

① 《列宁专题文集·论社会主义》，人民出版社 2009 年版，第 32 页。

② 《马克思恩格斯文集》第 10 卷，人民出版社 2009 年版，第 548 页。

③ 《列宁全集》第 31 卷，人民出版社 1985 年版，第 94 页。

④ ［加］凯·尼尔森：《马克思主义与道德观念：道德、意识形态与历史唯物主义》，李义天译，人民出版社 2014 年版，第 80 页。

⑤ ［加］凯·尼尔森：《马克思主义与道德观念：道德、意识形态与历史唯物主义》，李义天译，人民出版社 2014 年版，第 332 页。

形式为表现，恰恰相反，共产主义采取了过渡形式。“共产主义采取过渡形式时，它的功能发挥得最为充分。除了过渡，没有其他对共产主义阐释的可能性。否则，它就只是一个可说明的概念。”① 国内曾有学者误认为，“在进入共产主义社会高级阶段以前，都属于从资本主义到共产主义的过渡时期，都是无产阶级专政时期。”② 甚至有学者否认在资本主义和社会主义之间存在“革命转变时期”。如此种种观点，不一而足。实际上，在马克思的视野中，共产主义代替资本主义绝不是“和平长入”，而是实行无产阶级领导下的革命过渡，并在此过程中实行无产阶级的革命专政。

马克思特别强调过渡阶段在制度安排上的极端重要性。资本主义作为旧式的剥削制度，虽然存在种种矛盾，但它不会自行灭亡。正如有学者指出：“资本主义没有彼岸。”③ 这意味着，无产阶级不能坐等资本主义制度自行转变为共产主义制度，必须发挥自己的主观能动作用，采取相应的措施与其进行艰苦卓绝的斗争，方能实现这种转变。因而，马克思关于“革命转变时期”的经典论述，一方面强调从资本主义到共产主义只能实行革命转变，别无其他选择，因为和平改良不能直接有效地使新的制度因素自然长入共产主义社会。另一方面强调革命胜利后要坚持革命专政，使无产阶级成为领导者，因为“劳动阶级是主体，分离的主体，是他们催生了发展、危机、过渡，乃至共产主义”④。“革命转变”和“革命专政”这两个方面统一于“革命”。它表明，过渡阶段是政治上过渡的开端，而不是革命的终结，仍要实行无产阶级专政。否则，过渡时期

---

① ［意］奈格里：《〈大纲〉：超越马克思的马克思》，张梧等译，北京师范大学出版社2011年版，第203页。

② 中央党校编写小组：《〈哥达纲领批判〉提要和注释》，人民出版社1973年版，第33页。

③ ［美］J.K. 吉布森—格雷汉姆：《资本主义的终结》，陈冬生译，社会科学文献出版社2002年版，第325页。

④ ［意］奈格里：《〈大纲〉：超越马克思的马克思》，张梧等译，北京师范大学出版社2011年版，第196页。

很有可能会像巴黎公社那样以失败而告终。

至此已经明了，在“革命转变时期”的制度安排不是告别革命，而是以无产阶级专政的形式，建立军事等政权，确保过渡的顺利推进。同马克思和恩格斯一样，列宁也强调过渡时期制度安排的重要性。他指出：“如果不愿陷入空想主义，那就不能认为，在推翻资本主义之后，人们立即就能学会不要任何权利准则而为社会劳动，况且资本主义的废除不能立即为这种变更创造经济前提。”[①]此外，过渡时期既然存在资产阶级和剥削，其阶级意识必然会深刻影响许多劳动者。在这种情况下，“对于一个仍在斗争的工人国家来说，在革命随后的岁月里，依然需要获得一种社会主义性质的社会转型。”[②]

二、共产主义第一阶段的制度设计

“革命转变时期”结束后实行怎样的社会制度？在《哥达纲领批判》中，马克思针对《哥达纲领草案》中拉萨尔主义的陈词滥调以及“不合逻辑和丢人现眼”[③]的观点，把批判的武器对准了拉萨尔信条，在此基础上阐述了共产主义第一阶段的制度设想。拉萨尔主义在《哥达纲领草案》中提出：“劳动是一切财富和一切文化的源泉，而因为有益的劳动只有在社会中和通过社会才是可能的，所以劳动所得应当不折不扣和按照平等的权利属于社会一切成员。”[④]拉萨尔派认为“社会”决定“劳动”，终至陷入唯心主义的泥坑。同时，《哥达纲领草案》提出了“分配决定论”和“铁的工资规律”，把工人当成“企业主”，主张把全部劳动所得给予

① 《列宁全集》第31卷，人民出版社1985年版，第90—91页。

② ［加］凯·尼尔森：《马克思主义与道德观念：道德、意识形态与历史唯物主义》，李义天译，人民出版社2014年版，第101页。

③ 《马克思恩格斯文集》第10卷，人民出版社2009年版，第405页。

④ 中共中央马克思恩格斯列宁斯大林著作编译局资料室编：《研究〈哥达纲领批判〉参考史料》，三联书店1978年版，第1—2页。

工人。《哥达纲领批判》就是马克思对诸如此类论点批判的结果。在这篇著作中，马克思彻底清算了拉萨尔主义，对未来社会制度作了回应和设计。

马克思认为，拉萨尔主义忽视了在创造财富的要素中，劳动的客观条件的重要性和制约性，没有认识到只有在劳动客观条件具备的情况下，这样的劳动才是现实的劳动，也才能创造财富。恩格斯说："自然界为劳动提供材料，劳动把材料转变为财富。"①基于此，马克思以反问的口吻指出"劳动所得"不可能不折不扣属于社会全体成员。马克思首先指出拉萨尔的"劳动所得"是模糊概念，即使把它理解为劳动产品，也并非将其"不折不扣"地分配给所有人，而是在分配前扣除："第一，用来补偿消费掉的生产资料的部分；第二，用来扩大生产的追加部分；第三，用来应付不幸事故、自然灾害等的后备基金或保险基金。"②在社会主义阶段，由于生产力发展状况的局限，社会财富处于"中度匮乏"状态，这决定了按劳分配制度的必然性。马克思认为，在共产主义第一阶段，个人为社会贡献的劳动量决定消费品的分配。"每一个生产者，在作了各项扣除以后，从社会领回的，正好是他给予社会的。他给予社会的，就是他个人的劳动量。"③这种分配以劳动为尺度，确保了劳动者的平等权利，相对于资本剥削的社会制度而言，具有极大的历史进步性。

马克思认为，在共产主义第一阶段之所以实行按劳分配，原因在于，这个阶段"还带着它脱胎出来的那个旧社会的痕迹"④，分配作为一种权利，其形式的平等难掩内容上的不平等，然而"权利决不能超出社会的经济结构以及由经济结构制约的社会的文化发展"⑤。共产主义初

① 《马克思恩格斯选集》第 3 卷，人民出版社 2012 年版，第 988 页。

② 《马克思恩格斯选集》第 3 卷，人民出版社 2012 年版，第 361—362 页。

③ 《马克思恩格斯选集》第 3 卷，人民出版社 2012 年版，第 363 页。

④ 《马克思恩格斯选集》第 3 卷，人民出版社 2012 年版，第 363 页。

⑤ 《马克思恩格斯选集》第 3 卷，人民出版社 2012 年版，第 364 页。

级阶段是刚刚从过渡阶段发展过来，失败的资本主义的因素难免还会产生影响，然而，它发生的根本变化在于，它经过了无产阶级专政的发展阶段——共产主义第一阶段，按劳分配还具有强制性质，因而国家还需要发挥作用，但这时国家的政治职能逐渐消失，社会管理和服务职能逐渐增加，社会的生产资料已非私人所有或阶级所有，而是归全体社会成员所有。从资本主义迈向社会主义，乃是迈向一种越来越人道的、更充分满足人类愿望并且日益公平和正义的社会制度。按劳分配作为分配原则，也必然多劳者多获得，但这与资本主义社会工人多劳动多获得根本不同，它消灭了剥削现象，劳动成了分配的唯一尺度，因而较资本主义社会更为进步。

有学者强调，“早期的共产主义社会作为一个事实必定脱胎于资本主义。但是，尽管它们不可避免，马克思仍然认为它们‘有缺陷’。”[①]马克思确实认为，共产主义第一阶段的分配制度存在局限，主要表现在两个方面。一是认可“劳动者的不同等的个人天赋，从而不同等的工作能力，是天然特权”[②]。这样的分配方式不排除个人天资禀赋的差异，从而使得体力和智力等天然特权不同的人获得不同的消费资料。二是不排除家庭人口的差别，由此很难确保结果公正。“但是这些弊病，在经过长久阵痛刚刚从资本主义社会产生出来的共产主义社会第一阶段，是不可避免的。”[③]只有在生产力的发展和社会进步的基础上不断超越社会主义阶段，才能不断消除不公正的历史遗迹，实现实质性的公正。

我们知道，马克思视界中的共产主义制度与唯物史观内在贯通，共产主义制度的生成依赖于整个社会的物质生产关系。从资本主义迈向社会主义，乃是迈向一种越来越人道的、更充分满足人类愿望并且更加公正的社会制度。当我们基于唯物史观审度共产主义制度的时候，我们发

① ［加］凯·尼尔森：《马克思主义与道德观念：道德、意识形态与历史唯物主义》，李义天译，人民出版社 2014 年版，第 81 页。

② 《马克思恩格斯选集》第 3 卷，人民出版社 2012 年版，第 364 页。

③ 《马克思恩格斯选集》第 3 卷，人民出版社 2012 年版，第 364 页。

现，它不是静止不变的，而是不断前进和上升的。这就是说，共产主义不同阶段的制度存在差异，其中，“共产主义第一阶段或低级阶段同共产主义高级阶段之间的差别，在政治上说，将来也许很大，但现在在资本主义下着重来谈它就很可笑了，至于把这个差别提到首要地位的也许只有少数无政府主义者”①。虽然社会主义是真正意义上的人类历史的第一个阶段，是人类从永恒的奴役中解放出来的实践路径，但“历史的终点站是一个没有阶级的社会，这个社会能够证明长期历史斗争的正确性”②。在这个社会里，人类的制度形态将走向完满，人类获得了真正的自由和发展。

三、共产主义高级阶段的制度构想

马克思在文本中，主要对共产主义第一阶段和高级阶段的分配制度进行了严格区分。这种区分通常被认为是“按劳分配”和“按需分配”之间的差别，前者被称为贡献原则，后者被称为需要原则，这两个原则是马克思用来区分共产主义阶段的重要标准。正因为如此，美国学者乔恩·埃尔斯特（Jon Elster）声明，马克思的共产主义制度构想是由第一阶段的“按劳分配”和高级阶段的“按需分配”组成的关于分配制度的“等级理论”，它表明“贡献原则提供了一种需要原则在历史还不适用时的一个次优标准”③，并且认为马克思之所以对贡献原则进行批评，源于他诉诸“按需分配”的制度构想。

的确，在马克思的构想中，共产主义高级阶段“迫使个人奴隶般地服从分工的情形已经消失……脑力劳动和体力劳动的对立也随之消

---

① 《列宁全集》第25卷，人民出版社1958年版，第457页。

② ［美］罗伯特·L.海尔布隆纳：《马克思主义：赞成与反对》，马林梅译，东方出版社2016年版，第50页。

③ ［美］乔恩·埃尔斯特：《理解马克思》，何怀远等译，中国人民大学出版社2016年版，第222页。

失……劳动……本身成了生活的第一需要……集体财富的一切源泉都充分涌流”①均已实现，旧社会的缺陷彻底消失，“社会才能在自己的旗帜上写上：各尽所能，按需分配！”②在这个阶段，共产主义第一阶段的制度已然成为历史，人类摆脱了经济和社会关系的束缚，实现物质和精神双丰裕，从而实现了社会制度的实质公正。在马克思那里，这种制度构想是可遇可求的。这种制度的实现满足以下条件：一是社会分化消灭，劳动差别消失。“只要分工还不是出于自愿，而是自然形成的，那么人本身的活动对人来说就成为一种异己的、同他对立的力量，这种力量压迫着人，而不是人驾驭着这种力量。”③也就是说，只要存在社会差别和对立，这种制度就是有缺陷的。二是劳动属于自愿且是生活的第一需要，成为生活的目的，而不是生活手段。这样的制度要求自主劳动，使劳动成为人的生活方式。三是物质极大发展，不仅可以满足人的生存需要，而且可以满足人的享受需要和发展需要。“随着个人的全面发展，他们的生产力也增长起来，而集体财富的一切源泉都充分涌流。”④那时，生产资料社会公有，所有人都自觉自愿地参加劳动，社会的总产品因而为联合体的每个人共同占有。“生产工具必定归属于每一个个人，而财产则归属于全体个人。”⑤“物质财富极大丰富”足以保证实行“各尽所能，按需分配”的原则，在这种状态下，个人的私利符合“全人类的利益”。即使在共产主义高级阶段，人仍然存在天赋、性别和需求等差别，但这“差别不会引起在占有和消费方面的任何不平等，任何特权”⑥。

马克思关于共产主义高级阶段的制度构想是人类优秀文明成果的结

---

① 《马克思恩格斯文集》第 3 卷，人民出版社 2009 年版，第 435—436 页。
② 《马克思恩格斯文集》第 3 卷，人民出版社 2009 年版，第 436 页。
③ 《马克思恩格斯选集》第 1 卷，人民出版社 2012 年版，第 165 页。
④ 《马克思恩格斯文集》第 3 卷，人民出版社 2009 年版，第 436 页。
⑤ 《马克思恩格斯选集》第 1 卷，人民出版社 2012 年版，第 210 页。
⑥ 《马克思恩格斯全集》第 3 卷，人民出版社 1960 年版，第 638 页。

晶，是对人类所有不平等、不公正制度进行批判性考察后进行的理性设计。马克思的这种制度构想不只是对历史作出了合理解释，更在于为人类创造美好的未来提供了启迪。正因为如此，马克思在共产主义的理论构想和制度设计方面都称得上是思想的巨人。无论人们是否赞同，马克思关于人类向好的信念表达了全人类对共同生活方式的寻求。共产主义的制度在一定意义上具有超越性，它是指引人类前进的明灯。毕竟，马克思没有对"未来食堂开出食谱"，也没有对未来制度做微观的具体勾画。

然而，在马克思逝世之后，英美学术界对共产主义的制度构想进行了批判性反思，形成了颇具代表性的观点。有人认为共产主义制度不可能实现和实践，有人认为共产主义超越了按需分配的制度模型，按需分配不可能是共产主义制度所践行的正义原则，也有人认为共产主义和按需分配的制度构想是内在一致的。其中，罗尔斯对共产主义的制度模型进行了十分重要的评价。在他看来，"各尽所能，按需分配""不是一条正义的原则，它也不是一条正当的原则。只是一个描述性的概念或原理，可以准确地描述共产主义高级阶段的社会变革以及社会的运行机制。"① 因为罗尔斯坚持正义的环境决定论，认为在未来社会，由于物质极大丰裕，按需分配的正义环境已经被超越了。"共产主义社会是这样一个社会，在其中，我们关于正当和正义的日常意识、关于道德义务的日常意识都消失了。"② 在他看来，"共产主义社会中的成员不是那种能够被正义的原则和美德所打动的人；也就是说，他们不是那种具有依据正义的原则和观念来采取行动之倾向的人。在那样的社会中的人们可能会知道何为正义，而且，他们可能会回想起他们的先人曾经被正义的原则和美德所感动；但是，对于正义的令人厌烦的考虑以及关于正义之具

① ［美］约翰·罗尔斯：《政治哲学史讲义》，杨通进等译，中国社会科学出版社 2011 年版，第 384 页。

② ［美］约翰·罗尔斯：《政治哲学史讲义》，杨通进等译，中国社会科学出版社 2011 年版，第 383 页。

体要求的争论却不是他们日常生活的一个组成部分。这些人对于我们来说是奇怪的；要描述他们是很困难的。"① 也就是说，在共产主义高级阶段，社会与人的发展进步使得构建分配原则的条件不再具备，并且人们的生产资料占有和消费资料的充分满足，使得他们不再关注分配原则，因而这样的制度设计不再必要。

与罗尔斯的观点相似，佩弗也认为，马克思论域中的"'共产主义的高级阶段'——是一个建立在生产资料的社会所有制基础上的没有国家、没有强权的社会。这种社会的前提是物质的丰富性（相对于适度匮乏）和崭新的'完全社会化的'或'完全人化的'人们的自发和自愿的合作……这是一个不再需要诸如分配正义或人权等此类法律概念的社会，因为这些概念只在正义环境中才被需要（并且才能被理解）"②。他把共产主义社会视为一个人人互惠的社会，这个社会不仅国家消亡、分工消失，更为重要的是，社会的运行也不需要以制度来规约。这种社会超越了制度安排，而仅仅需要制度正义的理念："即使在一个由马克思称之为'社会的'、'公有的'、'类'或'共产主义的'个人所组成的物质'极大丰富'的社会中，可能也需要一个正义的观念和理论。"③ 有学者却提出，即使在共产主义的高级阶段，按需分配满足所有人的合理需要，生产资料公有滋养了奉献集体的价值观，但这并不能根绝竞争和冲突，所以包括按需分配等制度设计就不可或缺。"因为假如马克思斥责剥削是一种不正义的形式，马克思就会试图得出，共产主义社会是一个正义的社会，那它的优越性就在于它的正义性。而这样的结论将遮蔽马克思对资本主义批判的激进品格和他的共产主义眼界。"④

① ［美］约翰·罗尔斯：《政治哲学史讲义》，杨通进等译，中国社会科学出版社2011年版，第385页。

② ［美］R.G.佩弗：《马克思主义、道德与社会正义》，吕梁山等译，高等教育出版社2010年版，第11页。

③ ［美］R.G.佩弗：《马克思主义、道德与社会正义》，吕梁山等译，高等教育出版社2010年版，第351页。

④ ［美］艾伦·布坎南：《马克思与正义》，林进平译，人民出版社2013年版，第76页。

实际上，马克思的共产主义制度设计符合正义原则，他在《哥达纲领批判》中抨击了强制性质的分配形式，指出这种强制性质的分配决定了国家的存在。他设想的共产主义高级阶段为一个真正正义和完满的制度的建立提供了指南。在马克思的大量著作中，他认为共产主义的魅力在于：共产主义能够减少障碍从而实现合理的社会选择，它凭借对大多数人的真正利益的诉求，并且凭借建构这样一个社会，即当社会前景发展得越来越和谐时，这个社会的基本选择最终由所有人的利益来决定。简言之，马克思向不计其数的听众倡议的原则，应当用来指导现今的社会政治选择，同样也应当用来指导政治道德。在共产主义高级阶段，基于物质财富极大丰富、个人的全面充分发展、社会实现了无强制的合作、社会冲突将最小化，这种制度运行模式与其说不需要制度保障，不如说它实现了社会的实质性制度正义。

所以，马克思的共产主义制度模型是批判当下、追求未来的，它代表了历史进步趋向。这意味着与共产主义相适应的所有制度都不会一劳永逸，而会随着共产主义制度运行的不同发展阶段的变化而变化。正如有学者指出的那样，“马克思主义并不是一种悲观主义的世界观。马克思主义最终的篇章——共产主义——也足以令人欢欣鼓舞。……有太多人倒在通往社会主义的路上，壮志未酬，被人遗忘。”①但这不是说共产主义制度是虚无缥缈的幻想。无论是生产资料公有制，还是消费资料按需分配，都是为了保障人的物质和精神需求，发展人的自由个性的有效举措，这种符合人性发展要求的制度公正才是真实的制度公正。当共产主义制度实现的时候，人类的善最终将战胜恶。但是在通往共产主义的征途中，也许会发生不公正的事情。将来物质的极大丰裕会成为人类自由的支撑，而物质的丰裕正是批判制度不公而结出的正义果实。

---

① ［英］特里·伊格尔顿：《马克思为什么是对的》，李扬等译，新星出版社2011年版，第65页。

第二节　共产主义制度的人学价值

任何历史阶段的制度都是人的制度，人是制度的主体。从某种程度上说，人创造了制度，制度也创造了人。在马克思那里，他所构想的共产主义制度是基于人的解放和人的自由而生成的制度，人的发展和人的自我提升是表征共产主义制度的标尺，也是共产主义制度的内在价值。如果从人的发展来考察人类制度的变迁，它依次经历了前资本主义制度形态、资本主义制度形态和共产主义制度形态。其中，资本主义及其以前的制度形态建立在人的片面发展、人的异化的基础之上，是极少数人能够获得利益的制度。共产主义制度是为了人而对人的自由解放服务的制度形态。为了人、依靠人、提升人，是共产主义制度的人学价值。

一、共产主义制度扬弃了人的异化和私有制

在17至18世纪，旧唯物主义者和社会契约论者都曾提出过“异化”这个概念，用来指称转让和让渡财产，但并未用之于哲学。黑格尔把“异化”引入哲学，用以阐释现实世界的运转。黑格尔曾提出了自然哲学的基本命题：“自然界是自我异化的精神”，他把自然看作理念的派生物，认为自然是不符合于理念的本性的异己力量。黑格尔主要以“异化”来说明主客体关系，即主体独立于客体，客体是主体活动的结果。费尔巴哈沿用这一思路，认为异化的主体是具有类本质的人，他认为，宗教是世俗的异化，上帝是作为主体的人的本质的异化，即主体创造了上帝，上帝离开主体而成为主体的“异己物”。

马克思吸收了黑格尔和费尔巴哈的异化观的合理之处，用“异化”这一哲学术语来讨论“劳动”这一经济学问题，提出了“异化劳动”理论。马克思指出，在资本主义生产条件下，劳动者的劳动产品主要不属

于劳动者，而属于资本家。劳动作为人本质力量的确认，其结果应该归劳动者所有。在资本主义现实生产中，劳动者并不享有劳动成果，劳动成果反过来控制劳动者，两者表现为对立和异化。劳动结果是劳动过程的凝结，劳动结果的异化是劳动过程异化的最终表现。劳动过程不是人的本质的自我实现，而是对劳动者的摧残和压迫。劳动者在劳动中感受不到快乐，反而感到痛苦和悲伤。在劳动过程中，劳动者和资本家都丧失了自己的类本质，本质力量得不到确认，人的类本质被异化了。人的类本质异化的逻辑延伸就是人与人的异化。马克思认为，人的自我异化是劳动异化的表现，是产生私有财产的原因，"私有财产是外化劳动即工人对自然界和对自身的外在关系的产物、结果和必然后果。"① 私有财产一经产生，便与异化劳动相互作用、互为因果。

共产主义的出场正得益于马克思对异化劳动的批判性分析，要消灭私有制，就必须扬弃人的自我异化，而共产主义正是对"人的自我异化的积极扬弃"。由于私有财产由异化劳动所致，进而两者互为因果，因而，共产主义作为人的异化的积极扬弃，应当以扬弃私有财产为核心内容。共产主义作为对私有财产的积极扬弃，它只否定和抛弃私有财产中的异化关系，而不是彻底否定私有制所创造的全部物质财富。共产主义既扬弃私有财产，更扬弃人的异化，它将在消除人与人、人与社会的对立中消灭私有财产，使人的本质获得复归，人类获得解放，人的能力得到充分的发展和发挥。在马克思看来，共产主义是人们自觉历史的现实过程，是客观的实践活动。当然，共产主义不是纯粹的追求物的占有，而是寻求人的彻底解放。只有人获得了解放，才会有人对对象世界的真正占有，才能使人真正占有人的本质，使人成为"总体的人"。

"共产主义是作为否定的否定的肯定，因此，它是人的解放和复原的一个现实的、对下一段历史发展来说是必然的环节。共产主义是最近将来的必然的形式和有效的原则。但是，共产主义本身并不是人的发展

① 《马克思恩格斯全集》第 3 卷，人民出版社 2002 年版，第 277 页。

的目标，并不是人的社会的形式。"[1]在资本主义制度下，生产力会不断发展，会使人类从卖身的契约的束缚中解放出来，这种契约是人类被迫接受的，是人类为物质进步和资本逻辑付出的代价。"在马克思描绘的资本主义的最后阶段，阶级矛盾会激化，直到外化，用一个有名的短语来说就是'支离破碎'。不太宣扬但在这一灾难性的变革中隐含的是'人类从必然王国进入自由王国的飞跃'，……人类最终摆脱的不仅仅是少数压迫者的社会统治的束缚，而且还摆脱了典型人类行为活动中的非人性化。因此，马克思主义的历史研究最终指向的是人类的双重胜利——一个是克服了阶级统治的胜利，另一个是克服了异化畸变的胜利。"[2]在马克思那里，共产主义实现了人的劳动平等和分配正义，使人获得了自我发展。这个社会将比阶级社会更加多元化，它鼓励人们发展各自的天赋，使每个人都享有自我实现的机会和共同塑造社会的权利。当然，未来社会不是没有差异和差别的社会，它仍然存在角色差别，但共产主义制度恰恰允许每个人在保持独立性而又有个体差异的基础上使整个社会实现繁荣。

二、共产主义按需分配保障个人自由时间

马克思在《形态》中指出，历史的前提是现实的个人存在，这样的人要生存，"首先就需要吃喝住穿以及其他一些东西。因此第一个历史活动就是生产满足这些需要的资料，即生产物质生活本身。"[3]"在任何情况下，个人总是'从自己出发的'……他们的需要即他们的本性。"[4]人们的活动总以人的需要出发，人的需要是人类从事物质生产的原动

① 《马克思恩格斯全集》第3卷，人民出版社2002年版，第311页。

② ［美］罗伯特·L.海尔布隆纳：《马克思主义：赞成与反对》，马林梅译，东方出版社2016年版，第50页。

③ 《马克思恩格斯选集》第1卷，人民出版社1995年版，第79页。

④ 《马克思恩格斯全集》第3卷，人民出版社1960年版，第514页。

力。人的感性物质活动构成人的历史活动，感性物质活动对人来说起初和动物性活动并无区别，即先满足基本的生存需要，这个事实不可否认，“从几千年前直到今天”①。人的需要决定人的活动，人的活动激发人的新的需要。若无需要便无人的历史活动，当然也就没有人自身。既然人的需要如此重要，那么，应该如何满足人的需要呢？这就涉及政治经济学的一个重要概念：分配。公平的分配是人们获得产品的方式，也是人们满足需要的主要途径。按照历史唯物主义的观点，在不同的历史阶段需要和满足需要的方式并不相同。在原始共同体中，个人依附于原始公社，人们在原始关系中共同支配所有物。在奴隶社会，奴隶主是社会权力的代表，是最高统治者，奴隶仅仅是会说话的工具，毫无人身自由，他们的需要不会得到满足。在封建社会，地主把自己的土地租让给农民，他们以地租的形式榨取农民的劳动成果，农民有一定的人身自由，但基本无法满足自己的需要。在资本主义社会，资本逻辑主导社会关系，资本似乎成为万能的神，从表面上看，工人和资本家在市场上进行等价交换，这一切是公平的。然而，工人的劳动时间被分为必要劳动时间和剩余劳动时间，工人在必要劳动时间生产资本家的预付资本，在剩余劳动时间生产剩余价值，这部分剩余价值被资本家无偿吞没，工人受到强制，并且遭遇不公正对待。因此，这种制度的分配方式仅仅满足了少数人的需要，使绝大多数人的需要不能满足，他们不得不依附于资本家从事劳动。可以说，人的欲望的对象“是他的需要的对象；是表现和确证他的本质力量所不可缺少的、重要的对象”②。但在资本主义社会，人的需要的满足并不表现为人的本质力量的确证。

马克思认为，共产主义社会以按需分配为主要表征，这样的社会由于生产力高度发达，社会财富极大丰裕，从而满足了人的多方面需要，使人尽可能缩短劳动时间，延长自由时间。“时间实际上是人的积极存

① 《马克思恩格斯选集》第1卷，人民出版社2012年版，第158页。

② 《马克思恩格斯全集》第3卷，人民出版社2002年版，第324页。

在，它不仅是人的生命的尺度，而且是人的发展的空间。”①换言之，时间也是人的基本存在形式，“是人的积极存在”，人以实践活动中的自由时间作为存在方式。马克思认为，劳动时间和自由时间统称活动时间，必要劳动时间和剩余劳动时间统称劳动时间。必要劳动时间解决人的生存难题，表现是“为生存而生产”；剩余劳动时间为资本家生产剩余价值，人依然把自身局限于物质生产中，表现是“为生产而生产”。在马克思的视界里，劳动时间是“过去支配现在”，自由时间对人才有积极意义，人只有在自由时间才能真正超出“物质生产者”的限制，成为“自由的人”。人怎样才能获得自由时间？马克思在《资本论》第3卷中强调：联合起来的生产者，要合理地调节和自觉地控制人与自然之间的物质变换，“靠消耗最小的力量，在最无愧于和最适合于他们的人类本性的条件下来进行变换”。马克思强调指出，必然王国向自由王国过渡的“根本条件”是“工作日的缩短”。②马克思揭示的这个规律意味着人的劳动的解放才能使劳动者获得更多的积极的自由时间。这个条件的满足需要人类社会向共产主义过渡，以劳动生产率的极大提高促使人们节省更多的时间用于自由创造。正是在这个意义上，马克思说：“过去的一切革命始终没有触动活动的性质，始终不过是按另外的方式分配这种活动，不过是在另一些人中间重新分配劳动，而共产主义革命则反对活动的旧有性质，消灭劳动”③。共产主义制度将使人类获得更多的自由时间，从而“增加使个人得到充分发展的时间”。

在共产主义制度运行下，“财富的尺度决不再是劳动时间，而是可以自由支配的时间”④。这个真正的自由王国也就是作为目的的人本身的能力的发展，是劳动作为人的自由自觉活动的实现。由此，劳动确证了人的本质，实现了人的价值，在一定的意义上，劳动即活动和游戏，它

① 《马克思恩格斯全集》第47卷，人民出版社1979年版，第532页。
② 《马克思恩格斯全集》第25卷，人民出版社1974年版，第927页。
③ 《马克思恩格斯全集》第3卷，人民出版社1960年版，第78页。
④ 《马克思恩格斯全集》第31卷，人民出版社1998年版，第104页。

“给每一个人提供全面发展和表现自己的全部能力即体能和智能的机会，这样，生产劳动就不再是奴役人的手段，而成了解放人的手段，因此，生产劳动就从一种负担变成一种快乐”①。共产主义社会，“不是按照平等或基于劳动（功绩或资格的某种形式）来分配，而是按照需要来分配”②，共产主义将更为有效和多元，它以幸福代替痛苦，以福利代替剥削。虽然马克思绝对没有把共产主义制度想象成一个严格平等的社会，其中所有个体得到平等的报酬并且被培养成有着同一生活方式的人，③但是，在人的发展方面，共产主义按需分配的制度构想确实能够促进人的自我实现。正如有学者指出的那样：“共产主义将会同时包含（马克思所认为的）直觉上本质是‘人’的东西，尊重人的价值或尊严，并且使人的福利与自我发展最大化。”④而且，根据马克思的构想，“共产主义的生产方式将释放出潜藏于资本主义社会的巨大生产力。同时，它将使个体转变成合作的、公共的存在，人类将在工作中达到内在的满足，人类合作的需要也将缩小人对物的需要。”⑤也许，正因为如此，马克思恩格斯才罕见地勾画出人在未来社会的理想生活：“在共产主义社会里，任何人都没有特殊的活动范围，而是都可以在任何部门内发展，社会调节着整个生产，因而使我有可能随自己的兴趣今天干这事，明天干那事，上午打猎，下午捕鱼，傍晚从事畜牧，晚饭后从事批判，这样就不会使我老是一个猎人、渔夫、牧人或批判者。”⑥我们可以预见，随着生

① 《马克思恩格斯文集》第9卷，人民出版社2009年版，第311页。

② ［加］凯·尼尔森：《平等与自由：捍卫激进平等主义》，傅强译，中国人民大学出版社2015年版，第66页。

③ ［加］凯·尼尔森：《平等与自由：捍卫激进平等主义》，傅强译，中国人民大学出版社2015年版，第64页。

④ ［英］史蒂文·卢克斯：《马克思主义与道德》，袁聚录译，高等教育出版社2009年版，第105—106页。

⑤ ［美］艾伦·布坎南：《马克思与正义》，林进平译，人民出版社2013年版，第74—75页。

⑥ 《马克思恩格斯文集》第1卷，人民出版社2009年版，第537页。

产力和科学技术的极大发展，每个人发挥自己的劳动（活动）本性，只需要付出极少的劳动便可以创造出丰富的物质财富，满足全体社会成员的合理需求。随着劳动时间的缩短和自由时间的延长，人们有更多的时间用于艺术和创造，提高自己的能力和素质，发展自己的个性，人在自由时间的创造性活动，在促进人的发展的同时又推动了生产效率的提高。

三、共产主义共同体实现个人自由平等

共同体是人类生存的最典型的活动形式，人类自诞生起就群居生活，结成了共同体，构成了人的发展的轨迹。德国现代社会学的缔造者斐迪南·滕尼斯区分了社会与共同体，认为人生来就与共同体紧密相连，共同体中的人们“休戚与共、同甘共苦”①。与人在社会中的公共生活相比，人在共同体中的生活具有私密性、排他性。社会可以有好坏之分，但“坏的共同体”这种说法本身就是错误的。英国著名思想家齐格蒙特·鲍曼认为，“共同体总是好东西”，如果世界存在共同体，那也只是一种由“相互的、共同的关心编织起来的共同体”②。从共同体的制度形态来看，人类历史发展前途是真正的共同体，即共产主义。它建立在人类联合的基础上，价值旨归是“个人全面发展和他们共同的、社会的生产能力成为从属于他们的社会财富这一基础上的自由个性”③，它是个人自由平等的联合体。

马克思在洞察人类共同体历史时主张从人类自身现实出发，指出“各个人的出发点总是他们自己，不过当然是处于既有的历史条件和关系范围之内的自己”④。马克思以人的发展的内在逻辑来考察共同体演变

① ［德］斐迪南·滕尼斯：《共同体与社会》，林荣远译，商务印书馆1999年版，第53页。
② ［英］齐格蒙特·鲍曼：《共同体》，欧阳景根译，江苏人民出版社2003年版，第177页。
③ 《马克思恩格斯文集》第8卷，人民出版社2009年版，第52页。
④ 《马克思恩格斯文集》第1卷，人民出版社2009年版，第571页。

过程，在此基础上指出："我们越往前追溯历史，个人，从而也是进行生产的个人，就越表现为不独立，从属于一个较大的整体……只有到18世纪，在'市民社会'中，社会联系的各种形式，对个人说来，才表现为只是达到他私人目的的手段，才表现为外在的必然性。"①按照理论逻辑来讲，马克思强调"人始终是主体"②。人的主体性不仅表现为共同体以人为前提条件，以人为价值主体，还表现在共同体是人的存在方式。马克思不仅把人作为一种个体存在，更作为一种共同体存在，指明其吃喝住穿等行为总是以共同体为基础并且取决于共同体的发展程度，因此，他说人的本质是人的真正的共同体③。只不过，在人类历史发展的具体实践中，特别是在阶级社会里，人与共同体的关系发生异化，并造成人的发展的断裂，使个体的主体性被淹没在了抽象共同体的发展之中。

在自然形成的共同体中，个人离开共同体不能生存，表现为极大的不独立性。由于生产工具落后，生产力发展水平很低，人的发展处于原始状态，呈现出原始丰富性和全面性，但这种丰富性和全面性是一种低水平的和不充分的状态。在这种共同体中，"无论个人还是社会，都不能想象会有自由而充分的发展，因为这样的发展是同原始关系相矛盾的。"④马克思认为，原始社会之所以发展迟缓，一个重要原因就是共同体之间的相互封闭导致个人交往的有限性。"生产本身又是以个人彼此之间的交往为前提的"，个人的生产能力"只有在这些个人的交往和相互联系中才能成为真正的力量。"当然，在前资本主义社会，"人，不管是处在怎样狭隘的民族的、宗教的、政治的规定上，总是表现为生产的目的"⑤。在以资本为统治主体的共同体中，生产的

① 《马克思恩格斯文集》第8卷，人民出版社2009年版，第6页。
② 《马克思恩格斯文集》第1卷，人民出版社2009年版，第195—196页。
③ 《马克思恩格斯全集》第3卷，人民出版社2002年版，第39页。
④ 《马克思恩格斯文集》第8卷，人民出版社2009年版，第136页。
⑤ 《马克思恩格斯文集》第8卷，人民出版社2009年版，第137页。

目的和手段倒置，本为生产手段的物质财富变成目的，本为生产目的的人却被当作手段。

马克思恩格斯指出，“在过去一切历史阶段上受生产力制约同时又制约生产力的交往形式，就是市民社会”。在资本主义时代，资本逻辑使人的主体性丧失，共同体变成“虚假的共同体”，马克思敏锐地指出：“正是由于特殊利益和共同利益之间的这种矛盾，共同利益才采取国家这种与实际的单个利益和全体利益相脱离的独立形式，同时采取虚幻的共同体的形式”[①]。“虚假的共同体”代替具体的所有人的利益，人的本性发生了异化，人的发展受到资本的控制，“在这个社会中，人作为私人进行活动，把他人看做工具，把自己也降为工具，并成为异己力量的玩物”[②]。马克思承认“自由的有意识的活动恰恰就是人的类特性”[③]，但在虚假的共同体中，人的自由自觉的劳动变为异化劳动，人降格为资本的奴隶，资本成了世界的主宰。因此，马克思在《形态》中说：“在过去的种种冒充的共同体中，如在国家等等中，个人自由只是对那些在统治阶级范围内发展的个人来说是存在的，他们之所以有个人自由，只是因为他们是这一阶级的个人。从前各个人联合而成的虚假的共同体，总是相对于各个人而独立的；由于这种共同体是一个阶级反对另一个阶级的联合，因此对于被统治的阶级来说，它不仅是完全虚幻的共同体，而且是新的桎梏。”[④]他批判了共同体的抽象性与虚幻性，在具体分析资本主义社会的基础上，构建了共产主义共同体。马克思说：只有消灭了虚假的共同体进入真实的共同体，人们才不仅能够使劳动时间缩短到最低限度，“社会化的人，联合起来的生产者，将合理地调节他们和自然之间的物质变换，把它置于他们的共同控制之下，而不让它作为一种盲目的力量来统治自己；靠消耗最小的力量，在最无愧于和最适合于他们的

① 《马克思恩格斯文集》第 1 卷，人民出版社 2009 年版，第 536 页。
② 《马克思恩格斯文集》第 1 卷，人民出版社 2009 年版，第 30 页。
③ 《马克思恩格斯文集》第 1 卷，人民出版社 2009 年版，第 162 页。
④ 《马克思恩格斯文集》第 1 卷，人民出版社 2009 年版，第 571 页。

人类本性的条件下来进行这种物质变换”①。这样，在社会成员共享劳动成果的基础上，每个人都可以花费最小的劳动时间，享有充分的自由时间发展自己。

资本主义社会作为“虚假的共同体”，其最大的弊端是存在巨大的不公平和不平等，对人的自由造成巨大的强制，而“否认自由的结果就是不正义”②。马克思将其与奴隶社会类比，“在雇佣劳动制度的基础上要求平等的或仅仅是公平的报酬，就犹如在奴隶制的基础上要求自由一样”③。资本主义以虚假的自由、平等、公正掩盖了真实的自由、平等、公正，它是违背人的发展逻辑的制度。正如尼尔森所说：“资本主义制度是一种剥削的、彻头彻尾不正义的社会制度，它以毫无必要的方式掠夺大多数人，使他们遭受不人道的待遇。”④而要改变消灭剥削制度，实现社会正义，采取人道的方式实现所有人自由，必须扬弃所有的私有制，废除一切剥削，采取共产主义制度。这样的“共产主义是私有财产即人的自我异化的积极的扬弃，因而是通过人并且为了人而对人的本质的真正占有；因此，它是人向自身、向社会的（即人的）人的复归”⑤。在马克思看来，这种共产主义就是“历史之谜的解答”，是实现人性回归的根本解决方式，是真正的人类社会。共产主义实现内容和形式的统一，因而是真实的共同体，它以“各尽所能、各取所需”的原则标识了人的能力和人的权利的互惠关系，表达了一种真实的自由和正义追求。所以，“马克思主义中值得称赞的一大元素是，它宣称历史研究的唯一‘意义’是彰显了道德，或者，说得更确切一点是，体现了人类的自由倾向。”⑥

---

① 《马克思恩格斯文集》第7卷，人民出版社2009年版，第928—929页。

② 李惠斌、李义天：《马克思与正义理论》，中国人民大学出版社2010年版，第323页。

③ 《马克思恩格斯选集》第2卷，人民出版社1995年版，第76页。

④ [加]凯·尼尔森：《马克思主义与道德观念：道德、意识形态与历史唯物主义》，李义天译，人民出版社2014年版，第326页。

⑤ 《马克思恩格斯全集》第42卷，人民出版社1979年版，第120页。

⑥ [美]罗伯特·L.海尔布隆纳：《马克思主义：赞成与反对》，马林梅译，东方出版社2016年版，第56页。

四、共产主义制度彰显人的精神富足

人既是个体存在物，也是社会存在物，但人根本上是精神性的存在。“人是能思想的存在物。”①人的自我确证在于通过感性活动满足自己物质需要的同时，还要满足自己的精神需要，熔铸自己的精神世界，提升自己的境界。“说人是肉体的、有自然力的、有生命的、现实的、感性的、对象性的存在物，这就等于说，人有现实的、感性的对象作为自己本质的即自己生命表现的对象；或者说，人只有凭借现实的、感性的对象才能表现自己的生命。”②但人是能够超越自己肉体的存在物，人通过追求精神的自由、陶冶情操、艺术享受而获得精神的愉悦。

人具有精神属性和精神境界，表明人与动物的差别。因为人具有知、情、意、信等特殊的心理结构，具有与客观外部世界不同的“主观世界”。动物没有主观世界，也没有精神活动。人的独特的精神属性和精神境界表明，人是理性的存在，人的精神活动是创造性的，也是很丰富的。黑格尔站在唯心主义立场上指出，“人类是‘精神的东西’”，“‘精神’在本质上就是人类”③。马克思强调，人具有精神境界表示人是自由的存在物，这种自由表现在改造世界之前对于对象世界在头脑中的把握和设计，对于客观规律的认识和利用，对于与实际不符的主观世界的矫正和重构。人的精神境界是人的自由意识的表达，但最终受制于客观社会生活，精神始终是第二性的，是人的物质生活的反映。同时，人的精神境界是内在规定和外显状态的统一。

人的精神意识不能脱离客观的人的社会存在，从根本上说，人的精神随着物质丰裕而富足，随社会发展而进步。未来共产主义社会，物质财富极其丰富，人的精神世界普遍丰富，利他主义和人的自我发展的观

① 《马克思恩格斯全集》第 1 卷，人民出版社 1956 年版，第 409 页。

② 《马克思恩格斯文集》第 1 卷，人民出版社 2009 年版，第 209—210 页。

③ [德]黑格尔：《历史哲学》，王造时译，上海书店出版社 2001 年版，第 246—247 页。

念使人的精神境界和道德水准获得了空前的提升。康德曾说，在最严格的意义上，亦即在先验主义的意义上，人的自由即获得独立。在马克思的论域中，共产主义作为“自由人的联合体”，就是独立自由的个人的联合，联合体中的每个人能自由自在地生活，这时人便处于自由的生活状态，真正具有选择的能力，可以随自己的兴趣选择自己的活动。这并非预示每个人都成为全能的人，也并非意味着没有分工，但每个人可以不受外力的限制，可以发展自己的多项能力和多种兴趣。对个人而言，人不满足于自己的现实世界和生活状况，规划自己的发展理想，通过主体能动的努力，实现自己的社会理想。个人不满足于自身的发展状况，因而永远处于追求自我完成和自身完善的过程之中，个人不满足于自身所处的社会阶层，因而永远处于超越现有达到更高社会阶层的状态之中，这既是人的本质力量的确证，也是追求精神富足的明证。马克思设想的共产主义是基于对每个人生活需要的关心所作的理性宣告和预言，对超越一切对抗性因素从而实现人的精神自由的追求。随着共产主义的实现，利己主义将注定成为多余的，因为人们的精神境界的提高意味着人们追求利他主义，实现人人互惠。因而，共产主义社会是一个建立在生产资料的社会所有制基础上的没有阶级、没有强权的社会共同体形式，其前提是物质的无限丰裕和完全“社会化”的人之间的自觉自愿的合作，人们之间已经在社会和经济问题上达成最大共识，因而是一个超越利己主义的利他的社会。

在马克思看来，由于人摆脱了物质匮乏的束缚，从必然王国走向自由王国，人的物质和精神世界都已经富足。马克思指出：“自由王国只是在由必需和外在目的规定要做的劳动终止的地方才开始；因而按照事物的本性来说，它存在于真正物质生产领域的彼岸……在这个必然王国的彼岸，作为目的本身的人类能力的发展，真正的自由王国，就开始了。”[①]“但是，这个自由王国只有建立在必然王国的基础上，才

① 《马克思恩格斯全集》第25卷，人民出版社1974年版，第926—927页。

能繁荣起来。”[①] 也就是说，在共产主义社会，人能够超越现实必然性的限制，获得思想、意识、信念和行动的自由，达到自由自主的精神状态。在自由王国，每个人都获得了全面而自由发展的机会，从而使人类获得彻底解放。所以，马克思把共产主义想象成自由王国，尽管马克思没有直接论述未来人的精神境界，但在马克思的共产主义观中，人的精神境界将达到利他、自由、自主。曾有外国学者杰拉斯认为，在共产主义制度下，人的精神境界的提高和自我实现的方式将难以确定，他举例论证：如果你要一把小提琴而我要一辆自行车，大家都会觉得这没有什么问题。但是，如果我想要一大片让我随意溜达的土地，比如说澳大利亚，或者通常以我认为合适的方式来利用这片土地，不因他人的在场而被打扰，那显然就成问题了。无论物质多么丰富，也无法满足这么高的自我发展需要。[②] 实际上，马克思认为，共产主义之所以能够实现人的自由、解放，并且能够满足人的需要，一个重要的原因是共产主义的人的精神境界普遍提升。马克思之所以声明这个社会不同于以往一切社会，很大程度上得益于他以历史唯物主义的视角预指了未来社会人与人之间的关系将从直接的经济关系转向社会关系。在这种互相依赖的社会关系中，“每一个人对其他人的提高越多，他们中的每一个人的发展就会越充分。”[③] 在这样的社会至少不会产生激烈的利益冲突，人们之间处于平等和谐的社会关系中。在未来共产主义社会，生产资料社会所有与社会化大生产相一致，各个主体之间不存在掠夺式占有和残酷的竞争，生产的相对过剩不复存在，阶级对立和民族对立已经消失，觉悟了的人们利用科技创新成果补偿人与自然界物质交换之间的“裂缝”，在认识到人和自然界之间矛盾的基础上达成“和解”。三大差别消失，社会关系不再以阶级、

① 《马克思恩格斯全集》第 25 卷，人民出版社 1974 年版，第 927 页。

② 李惠斌、李义天：《马克思与正义理论》，中国人民大学出版社 2010 年版，第 194 页。

③ ［美］卡罗尔·C. 古尔德：《马克思的社会本体论》，王虎学译，北京师范大学出版社 2018 年版，第 165 页。

民族和职业等作为基础，而是由自由全面发展的个人构成，个人和个人之间地位平等，个人和共同体之间消灭了对立和异化，个人是共同体发展的内容和归宿，共同体是个人发展的形式和条件，每个人作为社会的主人都平等地对待别人，以促进别人的发展为己任，人与人之间的矛盾消失，达到了人类“和解”。每个人都参与物质生产，因而全体成员投入极少的时间从事物质生产，便能满足全社会的需要；全体社会成员有更多的时间享受精神活动，人的精神得以富足，整个社会的科学、艺术和创造力蓬勃发展。

第三节　共产主义制度是真正的人的历史的开端

历史的跃迁、制度的变革与人的发展相互关联、内在统一。“全部历史是为了使‘人’成为感性意识的对象和使‘人作为人’的需要成为需要而作准备的历史（发展的历史）。”① 历史的进步推动制度的变革从而实现人的整体提升，这是制度与人的发展的辩证关系。人的自身发展也是逐渐自由、全面发展的过程，随历史的不断前进而充分展现。就人类向好的大前景来看，无论是真正的人的本性的复归，还是历史最终向自由王国靠近，他们都以共产主义为最终追求和最终理想。因为，只有在共产主义制度下，人类自身才能和解，人的发展的理论预设和逻辑预设才能达到统一。所以共产主义制度是真正人的历史的开端，是全人类解放的最终呈现。这样的制度已经超越了人性的局限，从而达到个人和社会的合而为一。

① 《马克思恩格斯文集》第1卷，人民出版社2009年版，第194页。

一、共产主义与人的发展进程内在融通

历史进步直接表现为人的进步和人的发展，而人的发展也能进一步促进历史进步。正因为如此，人的发展进程和历史进步趋向本质上相同。正是在此基础上，马克思将这一过程区分为三阶段，也称为人的发展的三大形态。在人类历史发展的早期，人从属于共同体，生存和发展依赖于氏族和部落，这是一种“人的依赖关系”。个人只能作为某种具有社会规定性的个人而与共同体发生关系，这些关系是个人之间的统治和从属关系。在这种社会联合形式中，个人被局限于特殊的社会职能上，个人的普遍性只属于共同体，而且是原始的、局部的普遍性。“人的依赖关系”对个人而言通常是自然发生的，由于生产力发展水平和人的能力的局限，个人不能独立于群体而存活。进入奴隶社会和封建社会后，“人的依赖关系”又相继表现为奴隶对奴隶主、农奴对领主的人身依附关系。这表明在“人的依赖关系”阶段，个人还没有获得对他人的独立性，从而不可能获得人的自由发展。随着生产力的发展，人们在生产中结成的生产关系日益复杂，工场手工业转变为机器大生产，商品交换在社会关系中占主导地位，个人逐渐摆脱了人身依附关系，在商品交换中作为市场主体彰显自由和平等，人的发展进入“以物的依赖性为基础的人的独立性”阶段。人的生产目的不是为了使用价值，而是为了交换价值，为了追求货币和财富。这样一来，人们的交往活动无不依赖于货币及其关系。可见，在这个阶段，人摆脱了对别人或共同体的人身依赖，获得了相对的独立性，这是人的解放的重大进步，为人的进一步发展提供了可能。但是人虽然摆脱了人身依赖，却陷入对物(商品、货币、资本）的依赖，社会发展的手段和目的倒置，资本成为发展的目的，人成为发展的手段，人的自由发展仍受限制。

未来的共产主义社会将建立真实的联合体，这种新的社会制度为了人的共同的利益，按照人的共同的计划，使人们共同占有他们的生产能力，人们形成了“自由人联合体”。唯有如此，“个人才能获得全面发展

其才能的手段……各个人在自己的联合中并通过这种联合获得自己的自由"[①]。在这种社会形式下，个体是作为个人参加这个共同体，掌握了自身发展的条件。"真正的共同体"使人复归于人，意味着"每个人的自由发展是一切人的自由发展的条件"[②]，个体是社会中的人，而不是堕落了的人和丧失了自我的人。它"是人和自然界之间、人和人之间的矛盾的真正解决"[③]。生产资料公有制与物质财富的充分供给，消灭了人与人为获得生产资料和消费资料引起的竞争和冲突，人的精神世界的富足、思想境界的提高使得每个人以集体的事业为乐事，人与人之间平等和谐，社会与人真正统一。

共产主义社会是人的发展的理想状态，是个人"独创的和自由的发展""全部才能的自由发展""不受阻碍的发展"。在共产主义社会，"地域性的个人为世界历史性的、经验上普遍的个人所代替"[④]，人的自由和能力是衡量社会进步的重要尺度。社会的进步不是以牺牲个人的自由为代价，而是以个体的自由和个性为条件。但是，只有让人自由地发展，才能造就具有丰富个性和多方面才能的人，否则就会扭曲人的个性，抑制人的某些方面的才能。只有到了共产主义，人作为一个完整的人"占有自己的全面本质"，人类才开始进入"真正的人的历史"时期。恩格斯认为在共产主义社会中，生存斗争才能停止，人和动物的联系才在一定意义上消失了，人的生存条件才真正得到实现，"只是从这时起，人们才完全自觉地自己创造自己的历史"[⑤]。我们说共产主义实现人的自由而全面的发展，并不排斥有些个体在某方面的独特才能，不排斥个体性差异和多样化。易言之，共产主义社会中人的自由和全面，并不是不顾个体差异，塑造千篇一律、缺乏个性的"完美的人"。"历史同认识一样，

---

① 《马克思恩格斯文集》第 1 卷，人民出版社 2009 年版，第 571 页。

② 《马克思恩格斯文集》第 2 卷，人民出版社 2009 年版，第 53 页。

③ 《马克思恩格斯文集》第 1 卷，人民出版社 2009 年版，第 185 页。

④ 《马克思恩格斯文集》第 1 卷，人民出版社 2009 年版，第 538 页。

⑤ 《马克思恩格斯全集》第 25 卷，人民出版社 2001 年版，第 412 页。

永远不会在人类的一种完美的理想状态中最终结束。"①在共产主义社会里，一方面由于物质财富的极大丰裕，全体社会成员都有充分的自由时间发展自己的才能和个性；另一方面由于实现了社会关系的根本改造，消灭了私有制和一切不平等的社会关系，所有的人都获得了发展的条件和机会。事实上，即使所有的人都得到了全面的发展，人与人之间的角色差异还是会存在，每个人仍然还会有自己的个性、特长和风格。

即使在共产主义社会，人的发展也不可能停止。因为与共产主义相适应的制度都会服从于变化，共产主义也不是历史的终结，它不能被简单地从人性的视角推导出来。人性是由各种矛盾的、潜在的先天倾向构成的，这些倾向的实现不是必然的，而只是可能的、依赖于特定历史条件并面向其进一步发展的各种可能性的。正如有学者指出，在共产主义社会，"如果社会中个人和社会需要以及满足他们的手段都是众所周知的和透明的，那么这种社会是不可能的。这意味着，关于资源分配的潜在的分歧绝对不可能被取消。"②共产主义不可能抹杀人的选择的需要，人的选择的需要预示着共产主义依旧存在着稀缺，人的发展依旧不会停止。同时，人的意识是不断生长的、创造的、面向现实创新的。它并不简单地等同于某种先前的结构，而一定会超越历史中的一定时刻而进步。

二、共产主义制度以高度发达的生产方式为条件

任何社会制度都必须具备一定的物质技术条件，即建立在一定的物质基础和生产力发展的基础上。共产主义社会是人类最高社会形态，它必须具备远远高于以往任何社会的生产力和生产关系，才能建立起共产主义社会的经济基础和上层建筑。"唯有借助于这些生产力，才有可能

① 《马克思恩格斯选集》第4卷，人民出版社1995年版，第216—217页。

② 李惠斌、李义天：《马克思与正义理论》，中国人民大学出版社2010年版，第365页。

实现这样一种社会状态。”[①]共产主义社会生产方式的高度发展，是伴随着科技的高度发展而实现的。马克思恩格斯极其重视生产方式的发展对共产主义社会的意义，因为生产方式对社会总产品的生产极为重要，而只有具备满足全体社会成员的社会产品，共产主义社会才能建立相应的制度。在马克思恩格斯的文本中，他们多处都提到生产方式的发展条件对共产主义的重要性。《共产主义信条草案》中，恩格斯提到共产主义作为“财产公有”制度，其建立的首要条件便是农业、工业和商业等发展所产生的巨大的生产力和大量的生活资料，还有因为化学、机器和科技等手段的使用，使得进一步发展生产力和丰富生活资料成为可能。《宣言》中，马克思恩格斯之所以充分肯定资本主义的发展成就，也是就其生产力发展成就为共产主义准备物质基础方面而言的。《哥达纲领批判》中，马克思谈到共产主义分配原则，依然强调生产力增长是必要条件。列宁更是强调社会生产力对于建立社会主义和共产主义的极端重要性，他在《在全俄中央执行委员会会议上关于苏维埃政权的当前任务的报告》中明确提出：“没有邮电和机器的社会主义，不过是一句空话而已。”[②]他在《伟大的创举》中重申：“共产主义就是利用先进技术的、自愿自觉的、联合起来的工人所创造的较资本主义更高的劳动生产率。”[③]列宁还用一个直观的方法指称、勾勒共产主义：“共产主义就是苏维埃政权加全国电气化。”[④]虽然这个说法并没有完全揭示出共产主义的本质，但已经深刻认识到共产主义的实现离不开科学技术，更离不开先进的生产方式。

先进的生产方式是共产主义社会的必要条件，也是共产主义社会的重要表征。正如马克思恩格斯所强调的那样，共产主义相应制度必须建立在生产力高度发展的基础上，必须为生产力的进一步发展提供保障。展望未来，恩格斯乐观地说：“摆脱了私有制压迫的大工业的发展规模

---

① 《马克思恩格斯选集》第 3 卷，人民出版社 1995 年版，第 456 页。

② 《列宁全集》第 34 卷，人民出版社 1985 年版，第 252 页。

③ 《列宁专题文集 · 论社会主义》人民出版社 2009 年版，第 151 页。

④ 《列宁专题文集 · 论社会主义》人民出版社 2009 年版，第 181 页。

将十分宏伟，相形之下，目前的大工业状况将显得非常渺小，正像工场手工业和我们今天的大工业相比一样。工业的这种发展将给社会提供足够的产品以满足所有人的需要。农业在目前由于私有制的压迫和土地的小块化而难以利用现有改良成果和科学成就，而在将来也同样会进入崭新的繁荣时期，并将给社会提供足够的产品。"①在资本主义社会，生产资料私人所有阻碍限制了社会化大生产的发展。共产主义在资产阶级私有制发展的基础上，采取生产资料公有制，解开了生产力发展的禁锢，为其进一步发展提供了相应的生产关系。因此，"废除私有制甚至是工业发展必然引起的改造整个社会制度的最简明扼要的概括。"共产主义社会的公有制即马克思所谓的"个人所有制"，是联合起来的自由个人共同占有生产资料，这种制度的组织形式，需要共产主义的发展实践进一步探索。与此相应，共产主义改变了资本主义社会生产的无政府状态，根据社会需要和生产能力，有计划地组织社会生产，正如恩格斯所说："这种新的社会制度首先必须剥夺相互竞争的个人对工业和一切生产部门的经营权，而代之以所有这些生产部门由整个社会来经营，就是说，为了共同的利益、按照共同的计划、在社会全体成员的参加下来经营。"②

共产主义是以生产力的极大发展为前提和目的。一方面，共产主义无论是废除旧制度，还是建立新制度，都是为了解决资产阶级社会的基本矛盾，充分发展社会生产力；另一方面，实现共产主义"绝对必需的实际前提"，首先就是"生产力的巨大增长和高度发展"，若非如此，"那就只会有贫穷、极端贫困的普遍化；而在极端贫困的情况下，必须重新开始争取必需品的斗争，全部陈腐污浊的东西又要死灰复燃"③。社会主义国家首要任务是集中力量发展生产力，提高劳动生产效率。这一点列宁有更深的体会，他曾明确指出，"无产阶级取得国家政权以后，它

① 《马克思恩格斯文集》第1卷，人民出版社2009年版，第688页。

② 《马克思恩格斯文集》第1卷，人民出版社2009年版，第683页。

③ 《马克思恩格斯文集》第1卷，人民出版社2009年版，第538页。

的最主要最根本的需要就是增加产品数量，大大提高社会生产力。”[①]苏联诞生于发展的资本主义国家，虽然建立了社会主义制度，然而，和当时发达的资本主义国家相比，各个方面都很落后，这一点列宁认识得很清楚，他提出要“创造比资本主义更高的劳动生产率”，因为“劳动生产率，归根到底是保证新社会制度胜利的最重要最主要的东西。资本主义造成了在农奴制度下所没有过的劳动生产率。资本主义可以被彻底战胜，而且一定会被彻底战胜，因为社会主义能造成新的高得多的劳动生产率”[②]。劳动生产率的提高受客观条件的限制，不可能一蹴而就，这一点列宁认识得比较到位，“但这个事业已经开始，这是最主要的。”诚然，根据马克思主义经典作家对资本主义制度的批判，他希望共产主义社会的劳动不应发生异化。在共产主义条件下，劳动是“生命的基本需要”，这一理想是与马克思关于生产活动（劳动）是人类最基本最独特品质的观念完全吻合。但是，共产主义的核心难点，当然在于如何使劳动既不异化又有极高的生产成效。高度生产力似乎依赖于发达的劳动分工，而正是这个分工比其他任何事情更容易导致异化的劳动。

在共产主义运动的发展历史上，不乏离开生产力的极大发展建设共产主义的先例，最终都难免失败的结局。中国共产党人依据社会发展规律来思考中国社会主义建设和改革，矫正了离开生产力的发展水平盲目推进生产关系变革的错误思想，明确提出社会主义的本质是解放和发展社会生产力。邓小平指出，“在社会主义国家，一个真正的马克思主义政党在执政以后，一定要致力于发展生产力，并在这个基础上逐步提高人民的生活水平。”[③]回顾中国社会主义建设的探索历程，他指出：“多少年来我们吃了一个大亏，社会主义改造基本完成了，还是‘以阶级斗争为纲’，忽视发展生产力。‘文化大革命’更走到了极端。”[④]他认为，社

① 《列宁全集》第 42 卷，人民出版社 1987 年版，第 369 页。

② 《列宁全集》第 29 卷，人民出版社 1956 年版，第 388 页。

③ 《邓小平文选》第 3 卷，人民出版社 1993 年版，第 28 页。

④ 《邓小平文选》第 3 卷，人民出版社 1993 年版，第 141 页。

会主义之所以比资本主义优越，不仅表现在生产关系，更表现在生产力发展速度更快，发展水平更高，更能够满足人的物质和文化需要。邓小平还强调生产关系对生产力的反作用，提出改革就是发展生产力的思想，他说："社会主义基本制度确立以后，还要从根本上改变束缚生产力发展的经济体制，建立起充满生机和活力的社会主义经济体制，促进生产力的发展，这是改革，所以改革也是解放生产力。过去，只讲在社会主义条件下发展生产力，没有讲还要通过改革解放生产力，不完全。应该把解放生产力和发展生产力两个讲全了。"① 有了这样的新认识，使我们对社会主义的理解日益深化，从而使我们对共产主义的认识更加理性。

三、共产主义制度以自觉自愿的分工为基本特征

分工是一种社会存在形式，也是一种社会活动的组织方式，分工将社会中的人们组织起来从事一定的社会生产活动。在人类发展史上，分工与人类社会的存在和发展，特别是与人的发展紧密相关。在《形态》中，马克思的研究从工人与自己劳动的异化转为社会发展阶段的分工。由于社会分工的产生，人类社会产生了一系列矛盾，如生产和消费、劳动和享受等，从而产生私有制。"分工和私有制是相等的表达方式，对同一件事情，一个是就活动而言，另一个是就活动的产品而言。"② 分工是产生私有制的前提条件，私有制是分工发展的必然结果。社会分工进而推动了国家的产生，马克思恩格斯提出，"随着分工的发展也产生了单个人的利益或单个家庭的利益与所有互相交往的个人的共同利益之间的矛盾……正是由于特殊利益和共同利益之间的这种矛盾，共同利益才采取国家这种与实际的单个利益和全体利益相脱离的独立形式，同时采

① 《邓小平文选》第 3 卷，人民出版社 1993 年版，第 370 页。

② 《马克思恩格斯文集》第 1 卷，人民出版社 2009 年版，第 536 页。

取虚幻的共同体的形式”①。分工导致属于相同工种的人具有共同利益，各种工种形成不同的利益集团，相同利益的人群形成阶级和阶层。统治阶级一般从事精神活动并处于享受地位，他们以普遍利益为名维护自己的利益，并建立国家作为维护普遍利益的“虚幻形式”，实质上打着国家的旗号维护自己的阶级统治。这种特殊利益与普遍利益的对立，劳动者和享受分立，都源于社会分工导致的私有制。这种分工的特点是人固定于一种职业，人只能随社会的需要片面发展，“那么人本身的活动对人来说就成为一种异己的、同他对立的力量，这种力量压迫着人，而不是人驾驭着这种力量。”②可见，异化劳动导致私有制产生，社会分工产生异化劳动，产生人的异化。既然如此，要消灭私有制，扬弃人的自我异化，必须消灭社会分工，而消灭社会分工须有两个条件：首先，分工使阶级利益对立，阶级矛盾激化，无产阶级意识到自身遭受压迫，发起推翻资产阶级统治的无产阶级革命；其次，无产阶级在全世界产生且相互联系。马克思恩格斯再次提醒人们，如果没有生产力的巨大增长，不可能产生这两个条件。因而，只有在生产力极大发展，全世界的无产阶级联合起来，进行无产阶级革命的条件下，旧式社会分工才能消灭，人的异化和私有制才可能被扬弃。

马克思的关注点主要是社会的强制分工，他声明：“分工起初只是性行为方面的分工，后来是由于天赋（例如体力）、需要、偶然性等等才自发地或‘自然地’形成的分工。分工只是从物质劳动和精神劳动分离的时候起才真正成为分工。”③马克思恩格斯论证了分工对于世界历史形成的意义。他们认为，世界历史不是一开始就有的，它形成于生产力发展引起的社会分工细化和人们社会交往扩大的过程中，正是在这种普遍性的交往活动中，人类才能在现代化的轨道上谋求共同发展。“各个相互影响的活动范围在这个发展进程中越是扩大，各民族的原始封闭状

① 《马克思恩格斯文集》第 1 卷，人民出版社 2009 年版，第 536 页。

② 《马克思恩格斯文集》第 1 卷，人民出版社 2009 年版，第 537 页。

③ 《马克思恩格斯文集》第 1 卷，人民出版社 2009 年版，第 534 页。

态由于日益完善的生产方式、交往以及因交往而自然形成的不同民族之间的分工消灭得越是彻底，历史也就越是成为世界历史。”①在此基础上，马克思恩格斯指出共产主义要实行生产资料公有制，就要建立更加合理的“明智分工”②。分工作为人的联合形式，在马克思恩格斯的视域中，“共产主义和所有过去的运动不同的地方在于：它推翻一切旧的生产关系和交往关系的基础，并且第一次自觉地把一切自发形成的前提看做是前人的创造，消除这些前提的自发性，使这些前提受联合起来的个人的支配。因此，建立共产主义实质上具有经济的性质，这就是为这种联合创造各种物质条件，把现存的条件变成联合的条件。”③“私有制和分工的消灭同时也就是个人在现代生产力和世界交往所建立的基础上的联合。”④在马克思看来，共产主义的现实性有特定的前提，这些前提是以往一切历史时代的产物。共产主义只能在这些前提的基础上，克服生产力和生产关系的限制，变革强制分工，最终消灭私有制。

共产主义制度的建立必须以消灭私有制和分工为前提，然而分工消灭的前提是生产力的巨大发展和社会交往的普遍性，唯有如此，社会才能突破资产阶级的私有制和强制分工的枷锁。共产主义不消灭自觉自愿的分工，而是以此为社会组织方式。由于摆脱了旧式分工，人在从事很短的物质生产劳动之余，有大量的自由时间选择自由劳动，这样的劳动不再是枯燥无味的谋生活动，而是富于艺术性、创造性的人的自我实现活动，是人确证人的自我本质的活动，正是在这个意义上，马克思恩格斯说，劳动成为人“生活的第一需要”。当然，马克思强调，共产主义社会将是一种社会协调的民主形式。假定不需要任何民主的社会协调理论，也是没有帮助的，因为十分清楚的是，高效率的、非强制的、非法权的社会协调是可以通过民主程序来达到的。相反，有大量的文献证

① 《马克思恩格斯文集》第 1 卷，人民出版社 2009 年版，第 540—541 页。

② 《马克思恩格斯文集》第 3 卷，人民出版社 2009 年版，第 258 页。

③ 《马克思恩格斯文集》第 1 卷，人民出版社 2009 年版，第 574 页。

④ 《马克思恩格斯全集》第 3 卷，人民出版社 1960 年版，第 516 页。

明，无效率和治理的许多困难甚至包含在民主决策最有限的形式中，甚至对所有物品和服务的民主供给的基本解释也不是现实可行的。再者，如果像马克思在《形态》和《哥达纲领批判》中所说的，共产主义将会克服劳动分工，那将使工作更多更繁重，而不是更少更轻松。马克思本人也承认这样的事实：资本主义的生产超过以往的生产模式的巨大成就很大一部分是由于分工的发展。困难在于，马克思假定共产主义社会的个人在选择和安排自己特定活动的时候享有巨大的灵活性和自由，并通过民主的非强制性的计划方法，甚至在没有市场的有限作用作为协调手段的情况下，能极大地提高大量个人活动的高效协作。

这就告诉我们，分工作为人类活动的组织形式，它不是从来就有的，而是随着生产力发展到一定阶段而出现，随着工场手工业发展到大工业而普遍成熟。这样的分工具有两面性，一方面促进了科学技术的进步，进而促进生产力的发展；另一方面，它把人的一生限定于固定职业，束缚人的自由和全面发展，使作为人的本质的劳动发生了异化，从根本上讲也不利于社会的发展。随着生产力急遽发展，社会中每个人都占有生产资料，这就使得生产资料对人的奴役不再可能，这个时候，每个人都有计划地利用生产资料发展自己，人就从分工限定的痛苦劳动中解放出来。人自己选择的劳动（活动）也是一种分工，但这种分工是自觉自愿的，与旧式分工的基础和结果都不同，它在个人兴趣特长的基础上产生，服务于人的自由全面发展。

四、共产主义制度的历史生成性和实践超越性

共产主义是人类最进步、最美好的社会制度，是人类最崇高的社会理想。理论上，马克思恩格斯根据唯物史观普遍地阐释人类历史发展规律，根据剩余价值规律具体地阐释资本主义社会的发展趋向；实践上，他们亲自参加无产阶级运动，总结运动的经验教训，展望未来理想社会，科学地预见了共产主义的基本特征，展示了共产主义社会的美好

前景。然而，“很少说起这个必然到来的未来社会到底会是什么样子”①。共产主义是马克思恩格斯着眼于历史唯物主义对人类社会高级形态的一种勾勒，尽管对它的具体模样并没有定论，但它具有以下基本特征：生产力发展速度和水平高于以往社会，物质和精神财富极其丰裕；变革束缚社会化大生产的生产关系，重建每个社会成员平等占有生产资料的公有制；劳动不再是谋生的手段，而是人们生活的第一需要，实行各尽所能、按需分配的原则；消灭了三大差别，旧的自发分工被新的自觉自愿的分工所取代；人与自然、人与人之间实现和解，人的思想觉悟和道德水平普遍提升，个人获得自由而全面发展；国家消亡。需要指出的是，马克思恩格斯对共产主义的预测建立在对人类历史规律深刻把握的基础之上，人类社会的发展是无止境的，社会进步也是必然的过程，共产主义必定是一个不断发展和进步的社会，它具有历史生成性和实践超越性。

社会历史发展规律和人类向好的大趋势决定了共产主义的历史生成性。马克思恩格斯对共产主义社会的理性认识是以历史唯物主义为基础的，离开历史唯物主义，就无法从理论上廓清共产主义制度的理论逻辑与历史逻辑，就会滑向形而上学和虚无主义的泥淖。历史唯物主义揭示了历史发展的客观规律，为人们认识人及社会的发展提供了科学的方法。依据历史唯物主义，生产力的不断发展决定着生产关系不断变革。“历史不外是各个世代的依次交替。每一代都利用以前各代遗留下来的材料、资金和生产力；由于这个缘故，每一代一方面在完全改变了的环境下继续从事所继承的活动，另一方面又通过完全改变了的活动来变更旧的环境。”②社会基本矛盾的存在和解决，决定了人类历史不断发展进步，这一发展过程不以人的意志为转移，它既遵循“两个绝不会”的要求，也符合人的发展规律。所以，人类社会发展到社会主义社会，进而

① ［英］特里·伊格尔顿：《马克思为什么是对的》，李杨等译，新星出版社 2011 年版，第 90 页。

② 《马克思恩格斯选集》第 1 卷，人民出版社 2012 年版，第 168 页。

发展到共产主义社会，这是不可遏止的历史潮流，是人类社会历史发展的必然趋势。

需要指出的是，在马克思设想的共产主义中，“每一成员不仅有可能参加社会财富的生产，而且有可能参加社会财富的分配和管理，并通过有计划地组织全部生产，使社会生产力及其成果不断增长，足以保证每个人的一切合理的需要在越来越大的程度上得到满足”①。共产主义社会里没有剥削、压迫、奴役，没有腐败、私欲、堕落，没有饥饿、苦难、歧视，没有奢靡、盗窃、弱肉强食，其中人人平等、人人尊贵、人人为社会、人人具有奉献精神、人与自然和谐共生。共产主义无疑是美好的社会形态，但它本身却不是一个没有任何矛盾的社会，也不会是一成不变的静止状态。共产主义作为合规律性与合目的性的统一，永远指向人的本质的实现，因而实现共产主义具有实践超越性。恩格斯说：“为了使社会主义变为科学，就必须首先把它置于现实的基础之上。”②换句话说，共产主义的科学性建立在当今人类社会发展的实际情况基础之上。这也是马克思恩格斯论证和探索未来社会的根本方法。社会是人的活动及在活动中结成的关系，因而社会发展的规律即人的活动与人的社会关系运动规律，其规律的呈现就是人的现实的活动及其社会关系的发展过程。可以说，在共产主义历史生成性中必然包含着实践超越性。共产主义必能实现，但它的实现是一个漫长且曲折的历史过程。邓小平深知这一结论的重要性，他说：“我们搞社会主义才几十年，还处在初级阶段。巩固和发展社会主义制度，还需要一个很长的历史阶段，需要我们几代人、十几代人，甚至几十代人坚持不懈地努力奋斗，决不能掉以轻心。”③搞清楚当前社会发展阶段，我们便更能明白应该为实现共产主义努力奋斗，“共产主义决不是‘土豆烧牛肉’那么简单，不可能唾

① 《马克思恩格斯全集》第 25 卷，人民出版社 2001 年版，第 137 页。

② 《马克思恩格斯全集》第 25 卷，人民出版社 2001 年版，第 385 页。

③ 《邓小平文选》第 3 卷，人民出版社 1993 年版，第 379—380 页。

手可得、一蹴而就。”① 迈向共产主义的征程不是“走红毯”。“历史通常是循着曲折的道路发展的，马克思主义者必须善于估计历史的最复杂和最离奇的曲折道路，这是无可争辩的。”② 只要这个世界上还存在剥削、压迫、不平等，共产主义这面旗帜就会永远飘扬。我们要认识到，共产主义理想之所以被称为理想，正因为其远大，但共产主义理想并不因为远大而虚妄，共产主义作为无产阶级的最高理想，需要几代人甚至几十代人接续奋斗。在实现共产主义理想的道路上，每一代人有每一代人的现实目标，实现了现实目标，就向共产主义靠近了一步，就是为共产主义而奋斗，在这个意义上，共产主义既是价值，更是科学；既是理想，更是现实。

至此我们已经明了，共产主义理想虽然被人类社会发展的规律所揭示，但还需要全世界无产阶级意识到自己所受的剥削和压迫，明白并认同自身的历史使命，在无产阶级革命中发挥自身的主体能动性。无产阶级革命需要生产力条件和历史转变为世界历史，这两条现在恰好都不具备。当今世界，社会主义与资本主义并存，并在生产力发展等方面处于劣势，为今之计，社会主义国家必须在大力发展生产力的基础上，提高人的自身发展；资本主义社会要摆脱自身的固有矛盾，根除各种危机，只有改变生产资料私人所有，实现社会主义公有制。资本主义和社会主义由前后相继变为携手同行，这是马克思恩格斯没有预料到的，当然，我们也不能强求他们未卜先知。重要的是，现实的社会主义和资本主义都将发展到共产主义社会，这是人类历史发展的必然趋势。虽然这是一个艰辛而漫长的历史过程，但是为了迎接和实现这一理想，我们应该发挥主观能动性，付出自己的努力，为理想的实现准备所需的各种条件。

---

① 《习近平谈治国理政》第2卷，外文出版社2017年版，第142页。

② 《列宁选集》第1卷，人民出版社1972年版，第715页。

第四章　共产主义运动的人学意向

在马克思的论域中，共产主义就其本质而重要的意义上来说是一种基于科学理论指导的实践运动。作为一种实践运动，“为了谁”是其首先必须要回答和解决的问题。马克思主义的科学性就在于，它运用唯物史观的视野和方法，将实现人的本质的全面复归即人的解放，这一根本规定和主旨内含于人类社会发展的实践过程之中，通过社会主体即人的实践活动来完成，在充分展现共产主义运动之属人性的同时，科学系统地回答了“为了谁”和“如何实现”的问题。历史和现实的共产主义运动都已证明，只要遵循和坚持马克思人学的基本思想，共产主义运动就能顺利前行。这正是共产主义运动人学意蕴之所在。

第一节　共产主义是基于人的现实运动

马克思恩格斯指出，“共产主义对我们来说不是应当确立的状况，不是现实应当与之相适应的理想。我们所称为共产主义的是那种消灭现存状况的现实的运动。”① 它是“通过人并且为了人而对人的本质的真

① 《马克思恩格斯文集》第 1 卷，人民出版社 2009 年版，第 539 页。

正占有”①，并且是“人以一种全面的方式……占有自己的全面的本质”②的现实运动，是以“工人解放这种政治形式来表现的”③一种实践运动。这不仅科学地回答了共产主义运动“为了谁”这一根本问题，而且阐明了运动的可能性和实现路径。

一、共产主义是人的本质的全面复归

一切历史的首要前提是有生命的个体的存在，为了维持有生命的个体的存在，就首先要解决生产物质生活资料本身的问题。这样，人一开始生产就立即产生了两个方面的关系，即自然关系和社会关系。这些关系只有对人而言才存在，在其中，人既是能动的又是受动的，既是自然存在物又是社会存在物，既是主体又是客体，这样，人的总体活动形成了一切现实关系。在这样的关系中，人和自然的关系在一定意义上等同于人和人的关系，二者是一致的。自然界的人的本质只有在社会中才构成了人与人之间关联的纽带，因而才有可能实现人的自然本性和自然的人的本质的统一，即人与自然界的本质的统一。以往一切哲学和旧唯物主义的缺陷恰恰在于，将人从现实中抽象出来并悬置于空中，并用这种思想把握和指导社会，结果当然不可能实现人的本质的全面占有，相反，还使人的本质发生了异化。而唯有建立在历史唯物主义基础上的共产主义，才使悬挂在半空中的人重新用脚着地站立起来，并以这种现实的人为前提和出发点，致力实现人的本质的全面复归。

私有财产是人对自然界和人对自身的外在关系的产物，它相对于真正人的和社会的财产关系而言，就是人的本质异化的产物。但这一异化真正发生和形成却是在资本主义私有财产制度确立之后的事。资本主义

① 《马克思恩格斯文集》第1卷，人民出版社2009年版，第185页。
② 《马克思恩格斯文集》第1卷，人民出版社2009年版，第189页。
③ 《马克思恩格斯文集》第1卷，人民出版社2009年版，第167页。

私有财产制度，不仅将工人的生命活动即劳动变成了商品而作为它存在和发展的前提条件，而且将自然界仅仅视为资本家剥夺和支配的对象。人的劳动不再是为满足人的需要而存在，自然也不再是人的无机身体，人戴着有色眼镜看世界。由此，人、自然、社会彼此分离和对立，人与自然、人与人乃至人与自身的关系都发生了全面异化，“物的世界的增值同人的世界的贬值成正比”①。人的异化，不仅表现在现实的经济生活中，而且表现在观念生活中。以往一切旧唯物主义把人从现实中抽象出来，并把这种关系以颠倒了的形式予以确立，试图以宗教为中介来扬弃私有财产制度，当然不会实现人的本质真正和全面的复归。而粗陋的共产主义则把私有财产普遍化，指认用强制的办法把私有财产普遍化，其结果陷入向落后状态的倒退，因而“不仅没有超越私有财产的水平，甚至从来没有达到私有财产的水平”②。同样，政治性质的共产主义希冀通过政治手段消灭私有财产，把人从私有制的奴役下解放出来，它仅仅看到私有财产的弊端，没有看到私有财产对人的需要、能力发展的促进作用，貌似彻底地摒弃私有财产，还原人的本性，实际上“还受私有财产的束缚”，不理解私有财产的本质。只有建立在唯物史观基础上的共产主义，才将这种颠倒了的关系重新颠倒过来并确立下来，在充分肯定私有财产的积极意义的同时，为完成和实现把人从当前私有财产的奴役制度下解放出来指明了方向。

作为一种现实运动的共产主义，立足于对私有财产制度不合理性全面而深刻揭露与批判的基础之上，它“是对私有财产即人的自我异化的积极的扬弃”③。因为，扬弃了私有财产，人的一切特性和感觉也就得到了彻底的解放。既然私有财产制度下人的全面异化包括观念生活和经济生活两个方面，那么，共产主义要完成对异化的扬弃自然也包括两个方面，易言之，共产主义要完成对私有财产的积极扬弃和对人的本质的全

---

① 《马克思恩格斯文集》第1卷，人民出版社2009年版，第156页。

② 《马克思恩格斯全集》第3卷，人民出版社2002年版，第296页。

③ 《马克思恩格斯文集》第1卷，人民出版社2009年版，第185页。

面占有，因而是“对一切异化的积极的扬弃，从而是人从宗教、家庭、国家等等向自己的合乎人性的存在即社会的存在的复归。”①这种占有和复归，是“为了人并且通过人”而以一种全面的方式占有人的全面本质。它是以“工人解放这种政治形式来表现的”②一种实践运动。这可以从两个方面来理解：首先，就其过程性而言，共产主义是一种关乎人的解放的实践运动，共产主义是“为了人”并且“通过人”的运动。“为了人”强调运动的目的，即人的自由解放；“通过人”强调运动的主体力量——无产阶级；“政治形式”则强调运动的实践方式或手段。这样，共产主义不仅科学回答了为了谁的问题，而且明确了实现这一人学指向的主体和方式。只有通过无产阶级革命斗争，才能变革资本主义私有制，才能变革经济基础之上的上层建筑，与此同时，新的社会只有经过革命运动，才能分解资本的运动和全部脏东西，无产阶级从中荡涤自身陈旧和肮脏的东西，无产阶级革命运动实质上是人的解放运动，通过人的解放消灭无产阶级和实现哲学。其次，就其方向性而言，共产主义是向人的本性的复归。“复归”一词明白地描述了共产主义的运动性。向何处复归？人的本性的复归有两个方向：一是否定性，即向历史上曾经出现过、但后来被否定的“合乎人性的人”的复归；另一个是否定之否定，即“更高层次上的”复归，是在资本主义社会大工业发展的基础上，包含了以往所有社会发展“财富”的复归。布洛赫（Ernst Bloch）将复归分为“遗忘了的东西”与“还未意识到的东西”两类，前者对应否定性复归，即向过去的复归，这是浪漫主义的思想，事实上也是不可能的。后者对应否定之否定的复归，即向未来的复归，这正是马克思所指认的共产主义所蕴含的人的复归③。

综上所述，马克思共产主义首次登场，便明白无误地指出“共产主

① 《马克思恩格斯文集》第 1 卷，人民出版社 2009 年版，第 186 页。

② 《马克思恩格斯文集》第 1 卷，人民出版社 2009 年版，第 167 页。

③ ［日］柄谷行人：《双重的颠倒——马克思关于“未来”的认识》，韩立新译，《清华大学学报（哲学社会科学版）》2013 年第 2 期。

义是作为否定的否定的肯定”①，是人的发展和人类社会发展向“更高层次的复归”。马克思的共产主义并非先以社会形态的面目示人，而以运动的面目出现，其思想命运也随现实共产主义运动的起伏有毁有誉。

二、共产主义是现实的历史运动

空想共产主义者目睹其所处世界发生的一切罪恶现象，根据启蒙主义的原则推论资产阶级世界“也应该像封建制度和一切更早的社会制度一样被抛到垃圾堆里去。”②他们预设一种理想的社会同现存的社会相对立，但却无法逃离“历史占卜术”的命运。而英法的所谓共产主义由于没有得到理性论证，没有扎实的哲学基础，仅“带着微弱哲学色彩”，故而不能“征服”人的“心智”、“支配”人的“信念”，无法与“理智”紧紧相连，要改变这种状况，只有经过扎实的、“撕裂自己的心”③，方才可能。在《共产主义和奥格斯堡〈总汇报〉》一文中，马克思区分了共产主义的实际运动和理论表现，指出共产主义是“一无所有的等级要求占有中等阶级的一部分财产”④的运动。这是马克思主义关于共产主义要在科学理论指导下变革现存状况的现实运动的最早描述。随着唯物史观的形成与确立，马克思抛弃了旧哲学二元对立的思维模式，把共产主义理论和实践统一起来，明确指出共产主义的科学内涵是“消灭现存状况的现实的运动”⑤，目的是要从根本上变革现存社会状况，将社会从私有财产及奴役制度下解放出来。梅林将这几种共产主义作了简单区分，他指出，依据19世纪德国的语言习惯，“社会主义是资产阶级运动，共产主义是无产阶级运动。社会主义想借助有产阶级来消除资产阶级社

---

① 《马克思恩格斯全集》第3卷，人民出版社2002年版，第311页。

② 《马克思恩格斯文集》第3卷，人民出版社2009年版，第526页。

③ 《马克思恩格斯全集》第1卷，人民出版社1995年版，第295—296页。

④ 《马克思恩格斯全集》第1卷，人民出版社1995年版，第293页。

⑤ 《马克思恩格斯文集》第1卷，人民出版社2009年版，第539页。

会的弊端，而共产主义则认识到，只有彻底改革这个社会才能肃清这些弊病”①。但要真正实现这一科学任务并非是无条件的。

唯物史观超越了思维或存在的二元对立，从人的实践活动出发阐述历史的生成过程，以历史（实践）作为解释原则定义自己的唯物主义。历史说到底就是人对现存世界的革命性否定，就是人的有意识的感性活动史。现存资本主义社会由原始、奴隶和封建社会发展而来，必将过渡到共产主义。但从共产主义的科学任务和价值追求本身来看，要实现人的解放和自由全面发展，生产力及与生产力相联系的世界交往的普遍发展是其实现的基本前提。人的解放本身就要求社会得到全面解放，正如“无产阶级只有在世界历史意义上才能存在”一样，共产主义“只有作为‘世界历史性的’存在才有可能实现”。② 只不过，不同民族转向共产主义的具体道路可以有所不同，具体的民族和国家可以跳跃一个或几个社会形态，但都必然遵循一定的规律。而这个规律并非既成的，它是不同民族“人们自己的社会行动的规律”③。

共产主义作为人类历史发展过程中一种社会形态，其运动性不言自明。然而，由于马克思阐述共产主义的多重论域，使共产主义成为令人困惑且常被误解的话题。实际上，马克思不像西方思想家想象的那样，是一个伟大的先知，他从未陷入对未来的描述，进而“竖起教条主义的大旗”，他认为共产主义者就是实践的唯物主义者，其使命就在于改变现存的事物。如前所述，革命的辩证法不崇拜任何东西，它在对现存事物的肯定中隐藏着否定，它从不故步自封，而永远指向美好的未来。马克思并不排斥将共产主义理解为一种社会状态，但他却不认为共产主义是静止的，更不认同它是人类社会的终点，共产主义社会是“人类社会史前时期”的结束，是“真正人类历史”的开端。马克思

① ［德］弗·梅林：《德国社会民主党史》第1卷，青载繁译，生活·读书·新知三联书店1963年版，第3页。

② 参见《马克思恩格斯文集》第1卷，人民出版社2009年版，第539页。

③ 《马克思恩格斯文集》第9卷，人民出版社2009年版，第300页。

坦承要实现共产主义思想易如反掌，但现实的共产主义运动“将经历一个极其艰难而漫长的过程”①。为了阐明共产主义运动的阶段性和漫长性，马克思恩格斯尝试提出共产主义社会的“三步走”，这种划分是否科学我们暂且不论，但我们可以从中看出马克思对共产主义运动性的再次重申，共产主义不会“固定不变”，它“还是要转化的”。就像资本主义社会经历了自由竞争、私人垄断和国家垄断等阶段一样，共产主义也要经历若干阶段，各个阶段之间会发生部分质变，甚至会发生“革命”。至于共产主义社会经历的各阶段如何命名，这是无关紧要的，“将来或许要另起个名字”②，但是一定会有阶段性的发展过程。

综上所述，人类社会历史是自然历史过程，作为人的实践活动它没有终点，也不会终结。共产主义作为人类社会发展的一个阶段，它预示着人类野蛮时代的终结，标志着人类文明时代的开端。马克思把“共产主义当作现实的历史运动，当作人的实践运动不断展开的开放过程。”③那种把共产主义静止化，理解为人类社会终点的论调，既不理解革命的辩证法，也误解了马克思共产主义的本意。

三、共产主义是历史主体的实践运动

历史主体问题是一切旧哲学纷争的重要主题。在唯物史观创立之前，关于谁是历史的主体始终是哲学争论的重要问题。主体性是近代哲学的奠基石，德国古典哲学以此构筑起形而上学的宏伟大厦。文艺复兴之前，主体与客体的意义相仿，是独立于人的实践活动的存在。随着文艺复兴和启蒙运动的兴起，人逐渐从世界中独立出来，成为认识、实践活动的主宰。黑格尔认为，世间万物“只有通过我的自由思索，才能在

① 《马克思恩格斯全集》第3卷，人民出版社2002年版，第347页。

② 《毛泽东文集》第7卷，人民出版社1999年版，第375页。

③ 衣俊卿：《历史与乌托邦》，黑龙江教育出版社1995年版，第67页。

我心中证实，才能向我证实”①。为了克服主体性的无限膨胀，黑格尔重新用绝对精神统摄主体，主体无外乎是绝对精神的外化形式，从而“为历史的运动找到抽象的、逻辑的、思辨的表达”②。黑格尔语境中的历史并非现实历史，他所谓的人不是现实的人。费尔巴哈虽对黑格尔的理性主体作了严肃的批判，然而他却误解了客体和主体，把包括人的对象世界仅当作“客体或直观的形式”，而不是“人的感性活动和实践”，因而也只能“停留于抽象的‘人’”③。如此一来，他既抛弃了黑格尔的辩证法，又把现实世界固定化了，结果在不经意间充当了资本主义合理性的辩护者。

马克思的主体观实现了对黑格尔、费尔巴哈的双重超越。他批判黑格尔认可的理性主体，否定费尔巴哈所谓的感性主体，指出应“把感性世界理解为构成这一世界的个人的全部活生生的感性活动。”④前文已述，马克思共产主义的运动性有科学性和主体性两个维度，理解时不宜有所偏废。然而，在现实的共产主义运动中，人们常以科学性遮蔽主体性，认为共产主义是人类历史运动发展的必然结果，主体的努力显得无足轻重，好像只需假以时日便可实现美好的期许。如此看来，当前重视共产主义运动的主体性便显得颇为重要。旧唯物主义和唯心主义在历史观上殊途同归，它们都将视野耽于抽象的历史，在现实面前却裹足不前。唯物史观论述的起点便是人类历史前提，其所谓的人既非“理性人”，也非“感性人”，而是有现实需要的、活生生的人。现实的个人通过物质资料生产满足自身的需要，创造了历史活动的前提，也创造了现实的人的生存前提。人“第一个需要本身、满足需要的活动和已经获得的为满足需要而用的工具又引起新的需要”，是人的“第一个历史活动”。⑤新需要的产生和为满足需要而进行的生产活动（又称实践）便

---

① ［德］黑格尔：《哲学史讲演录》第 4 卷，贺麟等译，商务印书馆 1978 年版，第 60 页。

② 《马克思恩格斯全集》第 3 卷，人民出版社 2002 年版，第 316 页。

③ 《马克思恩格斯文集》第 1 卷，人民出版社 2009 年版，第 530 页。

④ 《马克思恩格斯文集》第 1 卷，人民出版社 2009 年版，第 530 页。

⑤ 《马克思恩格斯文集》第 1 卷，人民出版社 2009 年版，第 531—532 页。

构成了人类历史。历史不是外在于人的主观臆想，而是受各种条件制约的人的生产活动及其结果。我们常说历史与人相互作用，就是人在自身的实践活动中改变了自身，也创造了历史。有鉴于此，马克思所谓的“一个真正的共产主义者的任务却在于推翻这种现存的东西”①，恰恰揭示了共产主义运动主体性的真正内涵。共产主义者不仅要推翻资本主义社会，而且要不断改变现存的东西，易言之，共产主义就是主体不断推翻现存的东西，从而不断满足主体自身的需要，不断推动主体的全面发展、实现主体的自由的过程。主体自身的需要没有止境，人的自由全面发展没有止境，共产主义运动同样没有止境。共产主义永远存在于社会发展的下一阶段，永远指向更高的未来境界，在这个意义上，乔蒂·迪恩的“共产主义地平线”之谓有一定的道理。

科学共产主义的科学之处就在于，它通过唯物史观的方法论找到了实现社会历史变革的主体和根本方法。共产主义“不是应当确立的状况，不是现实应当与之相适应的理想。我们所称为共产主义的是那种消灭现存状况的现实的运动。”②这表明了科学共产主义与以往的共产主义及一切旧革命的根本区别。以往的共产主义要么仅仅停留在理想或理论层面，要么只是把共产主义作为一种应当确立的状况，它们都无法找到实践这个任务的主体和根本出路。但科学共产主义运动不同，它要消灭现存状况，即“针对活动迄今具有的性质，消灭劳动，并消灭任何阶级的统治以及这些阶级本身”③，也即实现人的解放。而解放本身从根本上来说绝非停留于思想的活动，而是一种历史活动，是“只有在现实的世界中并使用现实的手段才能实现真正的解放”④。因而，无论是理论争论还是实践分歧，都需要借助实践，需要通过人的实践活动才能得到根本解决。在科学共产主义这里，主体不仅是具体的、现实生活中的活生生

① 《马克思恩格斯文集》第1卷，人民出版社2009年版，第549页。
② 《马克思恩格斯文集》第1卷，人民出版社2009年版，第539页。
③ 《马克思恩格斯文集》第1卷，人民出版社2009年版，第543页。
④ 《马克思恩格斯文集》第1卷，人民出版社2009年版，第527页。

的人，而且是具有变革观念的革命无产阶级。

共产主义作为一种实现人的解放和自由全面发展的实践运动，它是以“工人解放这种政治形式来表现的”①。唯物史观揭示了资本主义的灭亡和共产主义的胜利（即“两个必然”），指出了共产主义运动的政治路径和实践形式，即无产阶级革命。当然，革命作为要消灭现存状况即实行全面社会变革的实践活动，必须具备一定的前提和物质条件——生产力和具有革命意识的“总和活动”的革命群众，其过程艰辛而漫长。这也正是共产主义同过去所有的运动不同所在，“它推翻一切旧的生产关系和交往关系的基础，并且第一次自觉地把一切自发形成的前提看做是前人的创造，消除这些前提的自发性，使这些前提受联合起来的个人的支配”②。可见，共产主义运动的特殊性呼唤着特殊的、现实的历史主体，马克思运用阶级分析法，在分析资本主义社会结构中找到了无产阶级这一共产主义运动的主体。无产阶级“由于自己遭受普遍苦难而具有普遍性质”③，它所承受的苦难超越了其他阶级，却以人类整体利益为自身利益，资本主义的生产方式和生产目的使工人阶级集中起来，资本的扩张本性和资本家的剥削压迫使无产阶级利益趋同，这样一来，“无产阶级的运动是绝大多数人的，为绝大多数人谋利益的独立的运动”④。而无产阶级要取得革命的胜利，首先需要将自己组织起来并组建自己的政治组织——共产党，并在共产党的领导下进行革命。至此，马克思在理论上阐发的人的解放的“心脏”和“物质武器”，便在实践中变为现实。自此基础上，共产主义运动的现实性表现为：无产阶级在共产党的领导下进行无产阶级革命，推翻现存的社会制度，为美好的理想社会不断努力奋斗。

① 《马克思恩格斯文集》第 1 卷，人民出版社 2009 年版，第 167 页。

② 《马克思恩格斯文集》第 1 卷，人民出版社 2009 年版，第 574 页。

③ 《马克思恩格斯文集》第 1 卷，人民出版社 2009 年版，第 17 页。

④ 《马克思恩格斯文集》第 2 卷，人民出版社 2009 年版，第 42 页。

四、共产主义是人实现自由的过程

随着唯物史观的形成和确立，人的解放和自由全面发展被确立为共产主义的终极愿景。如果我们视共产主义为唯物史观的开显，是唯物史观之藤结出的丰硕果实，并从实践性（主体）和科学性（客体）两个维度理解唯物史观，那么，就不仅可以得出人类社会必然发展到共产主义的结论，也可以得出人的自由全面发展必然实现的结论。

中学毕业时，马克思便树立了为人类幸福而献身的远大理想，他在博士论文中更立志要做为人类解放而奋斗的普罗米修斯①。写作博士论文时期，马克思作为青年黑格尔派的一员，极力推崇人的自我意识，他承认自我意识的“神性”，而抛弃了“所有的神”，反映出此时的马克思反对宗教，追求精神自由的特质。但此时，醉心于自我意识哲学的马克思，将自由的实现与服务、献身哲学等同，“要得到真正的自由，你就必须为哲学服务。凡是倾心降志地献身于哲学的人，用不着久等，他立即就会获得解放，因为服务于哲学本身就是自由。”②可见，马克思此时还停留于唯心主义，这决定了他追求的精神自由是不切实际的。一接触到现实社会，马克思就深感精神自由的无力。他发现要解决现实的具体问题，“哲学上的线”是无能为力的。随着唯物史观的萌生，《莱茵报》时期的马克思不再满足于哲学上空洞的自由，而要追求人的各种现实的自由。一方面，他作为一个民主主义者反对封建专制主义。马克思视新闻出版自由为“人类自由的实现”，人的现实而具体的自由表现为新闻出版自由，书报检查令剥夺了人的自由。他指出，“自由报刊是人民精神的洞察一切的慧眼，……自由报刊是人民用来观察自己的一面精神上

① 杨适先生指出，中文在翻译“free”和“liberal”两个英文词时，均既可译为“自由”，又可译为“解放”。虽然国人根据自己文化和思维方式将二者严格区别，但在马克思和西方人那里，二者是相同或相通的。杨适：《人的解放——重读马克思》，四川人民出版社 1996 年版，第 49 页。

② 《马克思恩格斯全集》第 1 卷，人民出版社 1995 年版，第 24 页。

的镜子，……自由报刊是观念的世界，它不断从现实世界中涌出，又作为越来越丰富的精神唤起新的生机，流回现实世界。”①他深深地担忧封建王权对人自由的限制，提出法典是人民自由的保障，主张通过立法来限制王权，实现人的自由。另一方面，他站在无产阶级的立场上反对私有财产。他明白“自由这一人权不是建立在人与人相结合的基础上，而是相反，建立在人与人相分隔的基础上。……自由这一人权的实际应用就是私有财产这一人权。”②不仅如此，马克思指出，国家废除教会的私有财产，但世俗社会却将私有财产普遍化并以其为前提。可见，马克思已经表现出超越以政治革命、政治解放来追求自由的倾向，力求以人的解放追求人的自由。

在《手稿》中，马克思不再将自由寄托于国家，而寄希望于共产主义，把自由与共产主义联系起来，但由于缺乏科学基础，他仍然难以避免把自由绝对化和把共产主义空想化的困境。随着历史唯物主义的创立和政治经济学研究的不断深入，马克思为人的自由个性的实现找到了恰切的道路。他发现，人的自由“不应当到有关时代的哲学中去寻找，而应当到有关时代的经济中去寻找”③，只有实现了经济自由，才能真正实现人的自由。资本主义的商品交换掩盖了人与人的关系，资产阶级表面上维护自由，在促进生产力快速发展的同时，奠定了实现自由的物质基础，丰富发展了人的自由观念，但这种自由以资本对人的绝对统治为代价。因而，共产主义需要明确，人要摆脱资本约束，获得真正的自由，必须在发展生产力的基础上废除资本主义私有制，重建个人所有制。惟有如此，才能真正实现人的自由。至此，马克思在发现唯物史观和剩余价值的基础上，重新把实现人的自由个性与共产主义运动相结合，把实现自由个性与建立自由王国相统一。他提出无产阶级革命的重要任务，不仅要把人从宗教鸦片中解放出来以获得精神自由，而且要进行物质生

① 《马克思恩格斯全集》第 1 卷，人民出版社 1995 年版，第 179 页。

② 《马克思恩格斯文集》第 1 卷，人民出版社 2009 年版，第 41 页。

③ 《马克思恩格斯文集》第 3 卷，人民出版社 2009 年版，第 547 页。

产以获得经济自由。物质生产的自由将表现为："社会化的人，联合起来的生产者，将合理地调节他们和自然之间的物质变换，把它置于他们的共同控制之下，而不让它作为一种盲目的力量来统治自己；靠消耗最小的力量，在最无愧于和最适合于他们的人类本性的条件下来进行这种物质变换。"①由此，马克思方才实现了把共产主义、人的自由与物质生产、自由劳动相结合，使其自由观建立在唯物史观的基础上，为无产阶级争取自由提供了科学的理论支撑。

世界上无产阶级的革命运动、社会主义革命、建设和改革都属于共产主义运动的一部分，它们在促进生产力发展，调节生产关系等方面都做了积极的探索，极大地推动了人的解放的步伐。当前，中国作为社会主义国家的杰出代表，坚定行走在迈向共产主义的阳光大道上，为未来的"自由人的联合体"和人的自由个性准备条件、积蓄力量，为世界发展贡献中国智慧，提供中国方案，并雄辩地证明中国道路是实现共产主义和人的自由个性的优化选择。马克思共产主义思想集乐观和谨慎于一身。它既深信通过社会实践改变人与自然、人与社会和人与自身的关系的必然性，又充分估计了通达社会与人的理想状态的艰巨性。马克思明确指出，实现人的自由"需要有一定的社会物质基础或一系列物质生存条件，而这些条件本身又是长期的、痛苦的发展史的自然产物。"②坚持共产主义理想，我们既要坚信通过革命的实践一定能够实现人的自由个性，保持实践的原初动力；还要正确面对共产主义运动中的困难和挫折，摒弃共产主义空想化危险，以人的自由全面发展牵引、观照、矫正现实的实践活动。作为"使现存世界革命化，实际地反对并改变现存的事物"③的实践运动过程——共产主义——没有完成时，人的自由个性不断发展完善，没有终极的完美状态。我们要勇于作为，积极投身共产主义实践，这一实践过程就是向共产主义和人的自由个性不断靠近的过程。

① 《马克思恩格斯文集》第 7 卷，人民出版社 2009 年版，第 928—929 页。

② 《马克思恩格斯文集》第 5 卷，人民出版社 2009 年版，第 97 页。

③ 《马克思恩格斯文集》第 1 卷，人民出版社 2009 年版，第 527 页。

第二节　19世纪共产主义运动的人学分析

19世纪共产主义运动以1847年共产主义者同盟成立为起点。此前的工人运动由于其指导思想是空想社会主义，秉持唯心史观基础上的理性人学观，因而，既不能发现改变资产阶级社会的现实力量，也无法找到实现人的解放的现实道路，不能适应无产阶级运动的需要。共产主义者同盟是科学共产主义指导下的第一个无产阶级政党，是共产主义理论同工人运动相结合的产物，在它领导下的实践活动才真正具有了共产主义运动的特质。

一、共产主义者同盟对人的解放的初步尝试

共产主义者同盟的前身是正义者同盟，由德国流亡者同盟分化而来。共产主义思想创立后，马克思恩格斯致力于共产主义思想与工人运动相结合，既用科学共产主义指导工人运动，又通过工人运动验证共产主义思想。他们认识到无产阶级要实现人类解放的目标，必须组建"自觉的阶级政党"①。他们比较了当时三个影响较大的工人组织(即正义者同盟、英国的宪章派协会和法国的四季社)，决定改组正义者同盟。共产主义者同盟的成立，标志着国际共产主义运动的开端。

(一) 人类解放是同盟的最终目的

共产主义之所以是人类的最高理想，就在于它是人的解放和自由全面发展的社会。根据历史唯物主义，人类社会发展方向是共产主义，人的发展方向是人的个性自由。在这个意义上，人类历史所有符合历史趋

① 《马克思恩格斯全集》第37卷，人民出版社1971年版，第321页。

势的运动，所有解放人的活动，最终都是为了人类解放和人的自由全面发展，都为共产主义运动积累了力量，或充当了共产主义运动的组成部分。“任何解放都是使人的世界即各种关系回归于人自身”①，马克思的话对这些运动做了恰切的评价。

正义者同盟的改组大会即共产主义者同盟第一次代表大会，名称的改变意味着内容的变化，意指要把以工人、手工业者为主的团体改造为真正的共产主义政党。大会章程草案的第一条规定：“同盟的目的：通过传播财产公有的理论并尽快地求其实现，使人类得到解放。”②大会章程指出，共产主义者同盟在马克思共产主义思想的指导下进行活动，否定以前不顾阶级差别而以抽象的“正义”为理论武器，明确同盟把人的解放作为共产主义运动的最终目的。由此可知，同盟在成立之初就明确区分政治解放和人的解放，其目的已超越政治解放，直指无产阶级解放乃至人类的解放。同盟第一次代表大会只宣示了同盟以人的解放为目的，而如何实现人的解放，无产阶级当前任务是什么？则是在稍后的《共产党宣言》中予以揭示。

共产主义者同盟第二次代表大会接受了马克思的主张，将“消灭旧的以阶级对立为基础的资产阶级社会和建立没有阶级、没有私有制的新社会”③作为目的，并委托马克思恩格斯起草纲领，由此诞生了阐述共产主义原理的伟大纲领——《共产党宣言》。《共产党宣言》明确了无产阶级政党的性质、特征、宗旨、奋斗目标、斗争策略和原则等。《共产党宣言》指出，共产党人“没有任何同整个无产阶级的利益不同的利益”，正由于共产党没有特殊的、宗派的原则，才能够“塑造无产阶级运动”。无产阶级以人民群众的利益为自身利益，唯有“解放其他一切社会领域……（才能，引者注）解放自己的领域”，“通过人的完全回复

① 《马克思恩格斯文集》第 1 卷，人民出版社 2009 年版，第 46 页。

② 《马克思恩格斯全集》第 42 卷，人民出版社 1979 年版，第 419 页。

③ 《马克思恩格斯全集》第 21 卷，人民出版社 1965 年版，第 251 页。

才能回复自己本身”[①]，共产党作为无产阶级的先锋队，与其他无产阶级政党不同之处在于，空间上代表所有民族的无产阶级的利益，时间上始终代表共产主义运动的方向。《共产党宣言》中明确了共产主义运动的最终目的，即推翻“资产阶级旧社会”，构建“每个人的自由发展是一切人的自由发展的条件”的联合体[②]，在这个联合体成立之时，便是私有制、国家和阶级消灭之时，也是每个人和一切人解放之时。《共产党宣言》同时阐明要实现最终目的，通达共产主义、实现人的解放是一个长期的过程，由多个阶段性目标组成，共产主义运动近期目的是“使无产阶级形成为阶级，推翻资产阶级的统治，由无产阶级夺取政权。”[③]这样，人的解放便不再是一个抽象的、停留在彼岸的虚幻目标，阶段性目标的确立使人的解放表现为共产主义运动若干个固定的阶段，人的解放便因此既是具体的，又不是唾手可得的。

（二）无产阶级是共产主义运动的主体力量

在狭义的范围内，主体是活动着的人，活动是主体的人的活动。作为哲学的主体概念，在哲学史上有本体论和认识论两种。从本体论来看，主体是一种静态的，与实体概念相同的一种关系的承担者；从认识论来看，主体是在动态的认识活动中与客体相对的认识者。通常所说的主体性，是从认识论（活动论）的意义上来说的。共产主义是主体参与的使现存世界革命化的活动，其活动因“具有原则高度”而与历史趋势相符，构成人的解放活动的各阶段。人的解放作为一种历史活动，其主体由各个不同的阶级轮流担任，担任活动主体的阶级能够“在自身和群众中激起瞬间的狂热。在这瞬间，这个阶级与整个社会亲如兄弟，汇合起来，……被看做和被认为是社会的总代表；在这瞬间，这个阶级的要求和权利真正成了社会本身的权利和要求，它真正是社会的头脑和社会

---

① 《马克思恩格斯文集》第1卷，人民出版社2009年版，第17页。

② 《马克思恩格斯文集》第2卷，人民出版社2009年版，第53页。

③ 《马克思恩格斯文集》第2卷，人民出版社2009年版，第44页。

的心脏。”[①] 于是，特殊的阶级解放就被看做社会普遍的自我解放。

马克思恩格斯在“以哲学阐释共产主义阶段”，对共产主义运动的主体曾有过超越阶级的抽象观点。恩格斯曾指出，“我们只能用受过较高教育的人，即用大学生和商人来充实我们的队伍；到现在为止，不论是在大学生或在商人中间，我们都没有遇到什么重大的困难。”[②]恩格斯在1845年还在信中告诉马克思，在爱北斐特和巴门，“从金融贵族到小商人都有人参加”共产主义者的三次大会，“所缺少的只是无产阶级。”[③]由此，我们便可以理解，为什么1843年恩格斯曾经拒绝了正义者同盟的邀请。马克思虽没有与此相关的直接论述，但考虑到他们经常交流思想、互通书信、合著文章，我们可以作相同推论。

马克思共产主义思想的成熟和工人运动风起云涌之势，促使马克思发现早期在哲学上所勾勒的“无产阶级”在现实的投射，他预言的哲学和无产阶级的联盟有可能变为现实。共产主义者同盟成立之时，他们就致力于打造真正的无产阶级政党，并用“全世界无产者，联合起来!”取代了“人人皆兄弟”的旧口号。无产阶级解放和人类解放是同向而行、紧密联系的，无产阶级推翻资产阶级国家政权，建立无产阶级专政，是在解放自身的基础上向人的解放迈出的一大步。诚如列宁所言，“随着剥夺剥夺者及镇压他们反抗的任务大体上和基本上解决，必然要把创造高于资本主义的社会结构的根本任务提到首要地位，这个根本任务就是：提高劳动生产率”[④]。可见，在世界革命中，共产主义运动也分为政治解放和人的解放阶段，在这两个阶段，无产阶级都是解放的主体，这是因为人的解放以无产阶级解放为途径，而无产阶级只有解放全人类才能最终解放自己。

---

① 《马克思恩格斯文集》第1卷，人民出版社2009年版，第14页。

② 《马克思恩格斯全集》第1卷，人民出版社1956年版，第592页。

③ 《马克思恩格斯全集》第27卷，人民出版社1972年版，第23页。

④ 《列宁选集》第3卷，人民出版社1995年版，第490页。

（三）暴力革命是实现人的解放的现实手段

按通常的理解，马克思恩格斯高扬人的尊严、关心人的价值、追求人的自由，而暴力革命作为一种冲突的极端化，意味着人甚至要付出生命的代价，关心人和阐明暴力革命在共产主义与人学中是不相容的。理论上应该是，尊重人的生命就要避免暴力革命，选择暴力革命就否定人的价值。这意味着，共产主义作为一种人的解放活动要通过无产阶级社会革命形式来表现将不可避免地遭到质疑和批判。那么，如何理解既提倡人的价值，又明示暴力革命？马克思主义的创立者以英国和俄国为例，通过唯物史观的实证分析和论证，科学化解了暴力革命与人性解放的认识论冲突。面对英国对印度的侵略和印度人民深受压迫并深陷牺牲的境地，马克思除了指责英国侵略者“极其卑鄙”之外，还站在人的最终解放的立场上指出了人的解放与革命的关系，“如果亚洲的社会状态没有一个根本的革命，人类能不能实现自己的命运？如果不能，那么，英国不管干了多少罪行，它造成这个革命毕竟是充当了历史的不自觉的工具。”①易言之，即使英国的侵略极大地伤害了人的价值，但仍然需要肯定战争甚至侵略的作用。同样，俄国如果在国内确立资本主义制度，“它的历史今后只是对抗、危机、冲突和灾难的历史。”②因而，它如果有条件“跨越资本主义卡夫丁大峡谷”，进而实现人性的全面解放，则是值得肯定的。可见，面对社会冲突和追求人的价值，无论如何，都应将人的解放放置在历史中去具体和辩证地理解，肯定暴力手段和高扬人的价值，其最终的目的都是人的自由解放。

在改组之前，正义者同盟曾企图采取少数人暴动的方式来达到自己的目的。共产主义者同盟成立以后，它明确地提出了以暴力推翻资产阶级统治，建立无产阶级政治统治的斗争方式和目标。在《共产党宣言》中，马克思宣称，无产阶级要实现人的自由解放，“只有用暴力推翻全

① 《马克思恩格斯全集》第 12 卷，人民出版社 1998 年版，第 143 页。

② 《马克思恩格斯全集》第 25 卷，人民出版社 2001 年版，第 471 页。

部现存的社会制度才能达到”①。毫无疑问，把暴力革命作为共产主义革命的基本方式，并不排斥用和平手段实现人的解放。对人类抱有深切同情的马克思恩格斯，选择暴力革命既不是他们的初衷，也不是革命的唯一选择。马克思之所以把暴力革命作为基本手段，是分析资产阶级和无产阶级之间物质利益和需要，认识到两者的冲突绝对不可能和平解决，而只能进行你死我活的斗争。暴力革命的结局是推翻资产阶级统治，实现无产阶级统治，从此共产主义运动便在人的解放的征途中加速前进。

同盟成立以后，马克思恩格斯积极参加革命活动，不仅为同盟撰写文章、创办《新莱茵报》指导德国革命、欧洲革命，恩格斯与同盟的成员还参加了爱北斐特、巴登等地的起义，把暴力革命的方式在战场上予以切实的贯彻。同盟关于暴力革命的观点“已被证明是唯一正确的观点”，同盟“文件中的各种预见都已完全被证实。”②

二、1848 年欧洲革命加快了政治解放的进程

1848 年爆发的席卷全欧的革命，是资产阶级为了扫除资本主义发展的障碍而进行的资产阶级革命，也是工人阶级在实践中成长和成熟的革命。它不仅是资产阶级民主革命和无产阶级运动结合的典范，而且其中不乏超越资本主义范畴的、带有明显共产主义运动性质的实践。因而，它开创了无产阶级革命的新时代，是共产主义运动的初步实践和马克思人学思想的显现。

（一）“革命的社会主义”是人的解放“必然的过渡阶段”

在马克思主义的体系中，共产主义和社会主义通常作为同义语使用，都用来指称人的自由全面发展阶段，指代自由人的联合体。但如果

① 《马克思恩格斯文集》第 2 卷，人民出版社 2009 年版，第 66 页。

② 《马克思恩格斯全集》第 10 卷，人民出版社 1998 年版，第 385 页。

我们仔细分析，可以发现共产主义和社会主义同等使用在马克思恩格斯的语境中并非一以贯之。

在《1844年经济学哲学手稿》中，马克思明确提出，社会主义是扬弃私有财产、否定异化的人的自我诞生、自我形成的更高自由形态，这便和当时关注社会不公平、站在伦理和道义角度批评个人私有的各种社会主义划清了界限。马克思还批判了平均私有财产的、政治性质的共产主义思潮，并将他的共产主义指认为私有财产的积极扬弃。因为，“对私有财产的扬弃，是人的一切感觉和特性的彻底解放”①。这样，人就全面占有了他的本质，人得到自由全面发展的共产主义也就得以实现了。这时的人，无需再以扬弃私有财产作为自身发展的中介而进入自由发展、自我创造的阶段。所以，马克思说：“共产主义是作为否定的否定的肯定”，是人经过诞生、异化后再扬弃异化，是人类前史的结束，是真正人类史的开端，既不是“人类社会的形态”，也不是“人类发展的目标”。② 随着私有财产消失、人的异化的消除，共产主义便失去了意义，人便进入自由发展创造的社会主义社会。从关照人的角度，在此时马克思的视域中，社会主义与共产主义相比，是人的发展的更高阶段，处于社会主义社会的人，相比共产主义无疑更加自由、更加富于创造性。

从《1844年经济学哲学手稿》中对共产主义的论述开始，直到19世纪50年代，马克思恩格斯很少再使用“社会主义”这一称谓。其原因在于，社会上的各种社会主义思想派别，对工人运动造成了极大的误解和迷惑。它们不是英国的欧文派和法国傅立叶派的空想社会主义信徒，就是封建的或小资产阶级的社会主义，或者是为改良资本主义而挂羊头卖狗肉的“社会庸医”。无论如何，它们都有一个共同的特点，即远离工人阶级运动。后来，马克思将这些所谓的社会主义称为“跳蚤”，

① 《马克思恩格斯文集》第1卷，人民出版社2009年版，第190页。

② 《马克思恩格斯文集》第1卷，人民出版社2009年版，第197页。

甚至还为此提出“我不是一个马克思主义者”来反讽。但是，科学社会主义是工人阶级的运动，是工人阶级不满足政治变革而谋求对社会进行根本改造的实践运动。为了同这些“社会主义”相区别，马克思恩格斯选择使用共产主义来称呼他们的运动。这更符合他们关于“工人阶级的解放应该由工人阶级自己去争取”①的观点。

在1848年革命中，特别是在巴黎六月起义中，社会主义的宣传深入人心，起义的领导者在实践中提出了进行社会主义革命、建立社会主义共和国的主张。这意味着，法国当时革命形势的发展已经超越了资产阶级革命的范畴，工人运动的目标直接指向了消灭剥削现象，实现社会主义的自由和平等。由此，工人运动进入到了无产阶级革命的新阶段。马克思恩格斯为了在工人运动的实践中检验刚刚创立的共产主义思想，认同并接受了社会主义。但为了与当时存在的各种社会主义流派相区别，他们称自己的社会主义为“革命的社会主义”，认为“这种社会主义就是宣布不断革命，就是无产阶级的阶级专政”，是消灭一切剥削，实现人的解放的“必然的过渡阶段”。②但总体而言，在此期间的马克思主义著作中，社会主义和共产主义两个名称交替使用，甚至更加常用社会主义。

（二）人们自己创造自己的历史

黑格尔把历史发展看作理性的狡计，指出历史把人当作工具而达至自己的目的。费尔巴哈用宗教思想的演变来说明人类历史的演变，把人的主观精神看作决定历史发展的原因。旧唯物主义和唯心主义在历史观上殊途同归，共同陷入唯心主义的泥沼。青年黑格尔派自认为克服了黑格尔哲学局限性，实质是用“自我意识”取代了“绝对精神”，并且比黑格尔走的更远，黑格尔虽然承认历史是绝对精神的自我运动，但还拒

① 《马克思恩格斯文集》第3卷，人民出版社2009年版，第226页。

② 《马克思恩格斯文集》第2卷，人民出版社2009年版，第166页。

绝将绝对精神等同于哲学家，坚守着客观唯心主义的底线。青年黑格尔派特别是鲍威尔则将自我意识视作可以离开现实的人的实体，自我意识作为创造世界历史的原则，其化身就是他们这些哲学家，自我意识正是通过化身为哲学家才实现了创造历史的作用。

不同于以往旧哲学的唯心主义主体认识论，马克思主义唯物史观将历史的主体和共产主义的主体指向了现实生活中的人，并将此作为历史和运动的前提。“全部人类历史的第一个前提无疑是有生命的个人的存在。”[①]确证现实的人存在的事实，实际就肯定了人与自然的关系，人对自然的变更活动就构成了历史，精神不是独立的实体，不是和人敌对而存在的，精神实际上存在于实践活动的人。确立了历史的前提后，马克思进一步指出，历史并非像黑格尔所说是理性的狡计，是精神为达到自身目的对人的利用，“历史不过是追求着自己目的的人的活动而已”[②]。每个人根据自己的需要、利益进行自身的活动，这种活动就构成了个人的历史。列宁将这一观念进一步发挥，认为这里的人们就是人民群众，这一命题可以等同于人民群众创造历史。

在1848年革命之前，马克思主义已经明确提出，要实现社会的全面变革必须具备两个物质条件，其中之一就是具有变革观念的“总和活动”的革命群众。具体到欧洲1848年革命，这里的“人们”或者“人民群众”就是无产阶级领导的工农联盟，若非如此，无论是“人们”还是“人民群众”在某种意义上都是抽象的。在革命前夕，马克思预见性地提出，无产阶级必须团结一切劳动者阶级。法国无产阶级革命要取得成功，首先应该让农民和小资产阶级认同无产阶级纲领，承认无产阶级的领导，这样才能推翻资本主义制度，若非如此，“法国的工人们是不能前进一步，不能丝毫触动资产阶级制度的。”[③]对于德国来说，“全部问题将取决于是否有可能由某种再版的农民战争来支持无产阶级革

① 《马克思恩格斯文集》第1卷，人民出版社2009年版，第519页。
② 《马克思恩格斯文集》第1卷，人民出版社2009年版，第295页。
③ 《马克思恩格斯文集》第2卷，人民出版社2009年版，第89页。

命。"① 工人阶级和农民阶级不仅经济地位相同，而且政治要求一致，这是他们能够联合的坚实基础，两个阶级所受的剥削表现形式不同，但实质上都承受着资本的剥削。农民的解放前提是资本的消灭，而资本的消灭前提是无产阶级革命，推翻资产阶级政府。农民阶级和资产阶级利益相对立，只有把无产阶级当作自己的"同盟者和领导者"，才能实现自己的利益，使自身得以解放。无产阶级只有联合农民阶级，才会形成一种革命的"合唱"，放弃农民阶级，无产阶级势必孤立无援、登台"独唱"，而"在一切农民国度中的独唱是不免要变成孤鸿哀鸣的"②，革命便不可能取得胜利。

马克思人学实现了理性批判向实践批判的转变，将无产阶级革命作为人的存在与本质之间矛盾之解决，无产阶级作为革命的主体，作为自身历史的创造者，不能"随心所欲地创造"历史，必须根据敌我力量的悬殊，联合除资产阶级以外的所有阶级。

（三）单个人的解放程度与历史转变为世界历史的程度相一致

个人的自由解放是马克思的毕生追求，也是共产主义思想的最终归宿。人的自由解放是真实的、具体的，是个人摆脱阶级剥削和阶级压迫，成为自由个性之人。人不能孤立存在，其本质就在于受到各种社会关系的牵引和限制，各种社会关系在阶级社会具体化为阶级关系。在阶级社会中，个人要实现自由解放，就要摆脱阶级关系的羁绊，真正占有自己的社会关系，而这只有在普遍的社会交往中才能得到实现。马克思深刻洞悉到历史向世界历史转变的意义，指出无产阶级的诞生、发展、壮大与历史转变为世界历史紧密相关，"无产阶级只有在世界历史意义上才能存在，就像共产主义——它的事业——只有作为'世界历史性的'存在才有可能实现一样。而各个人的世界历史性的存在，也就是与世界

① 《马克思恩格斯全集》第 12 卷，人民出版社 1962 年版，第 843 页。

② 《马克思恩格斯文集》第 2 卷，人民出版社 2009 年版，第 573 页。

历史直接相联系的各个人的存在”①，共产主义与世界历史紧密相关，人的解放作为共产主义的实现就与世界历史紧密相关。“每一个单个人的解放的程度是与历史完全转变为世界历史的程度一致的”②，马克思人学的这一著名论断在欧洲1848年革命中得到验证。

与之前的工人运动不同，在欧洲1848年革命中，许多国家的工人同时行动。法国六月工人起义宣言中，明确宣告了世界无产阶级联合的思想。“如果巴黎带上枷锁，那么全欧洲都要受到奴役”，“我们保卫的事业是全世界的事业!”③马克思恩格斯不仅撰文、发表演说，号召欧洲各国工人阶级声援法国工人起义，而且前往巴黎和革命者联系，积极领导革命起义。对于被压迫民族解放运动的世界历史意义，他们认为，“一个民族当它还在压迫其他民族的时候，是不可能获得自由的。”④德国对波兰的压迫，也是对德国的压迫，波兰对德国的解放，也是德国的解放，整个欧洲乃至整个世界的工人阶级命运休戚与共，因而，面对资产阶级的统治压迫，必须把整个欧洲工人阶级联合起来，给整个欧洲资产阶级以致命的打击，联合起来的工人阶级必须帮助一切被压迫民族，被压迫民族的解放是工人阶级对资产阶级解放的重要信号。马克思特别重视世界上占统治地位国家的无产者联合的重要意义，占统治地位国家的无产者必须放弃争斗，联合起来推翻资产阶级统治，实行无产阶级专政，把“那些有决定意义的生产力集中到了无产者手中”⑤，这样人才进入了自由全面发展的快车道。

共产主义、人的解放与历史成为世界历史紧密联系，这是历史唯物主义的重要观点，也是马克思人学的重要命题，欧洲1848年革命的成

① 《马克思恩格斯文集》第1卷，人民出版社2009年版，第539页。

② 《马克思恩格斯文集》第1卷，人民出版社2009年版，第541页。

③ 高放：《第一次共产党人参加的欧洲1848年革命流光溢彩》，《中国延安干部学院学报》2013年第5期。

④ 《马克思恩格斯文集》第1卷，人民出版社2009年版，第696页。

⑤ 《马克思恩格斯全集》第10卷，人民出版社1998年版，第389页。

功和失败都与其紧密相关。正是由于欧洲 1848 年革命的失败，马克思恩格斯发现当时的资本主义还有很大的发展潜力，历史转变为世界历史的程度还远远不够。于是，马克思再次返回书房，从事政治经济学研究，立志为人的解放寻找一条切实可行的道路。

三、巴黎公社彰显了人类全面解放的前进方向

1871 年建立的巴黎公社是国际共产主义运动史上璀璨的一幕，是共产主义运动的一次伟大实践。它虽然只存在了 72 天，但其坚持的巴黎公社原则具有永恒的价值，它所开辟人的解放道路为以后的无产阶级革命指明了方向。巴黎公社的成功带有偶然性，但却证实了马克思共产主义思想和人的解放学说的正确，昭示了共产主义运动和人的自由解放的必然性。当然，其失败也反证了共产主义和人的解放的客观条件（生产力、世界历史等条件）不可或缺。正如马克思所说，“公社也是 19 世纪社会革命的开端。因此，无论公社在巴黎的命运怎样，它必然将遍立于全世界。公社立刻被欧美工人阶级当做求解放的法宝来欢迎”①，也被全世界工人阶级当作求解放的法宝来欢迎。

（一）公社是人民群众获得社会解放的政治形式②

1789 年的法国资产阶级革命实现了政治解放，中世纪政治领域统摄市民社会的情况发生了变化，政治革命解放了市民社会，在实现政治解放的同时推动了人的解放。从理论上来说，个人从政治领域中得到解放，可以进一步在市民社会解放自身，通过成为资产者来发展自己，然而这在现实中是不可能的。市民社会和国家的对立构成了人的解放的障碍，只有通过超越普遍主义和特殊主义之间的矛盾，人的分裂矛盾才能

---

① 《马克思恩格斯文集》第 3 卷，人民出版社 2009 年版，第 194 页。

② 《马克思恩格斯文集》第 3 卷，人民出版社 2009 年版，第 195 页。

克服，可见，资本主义社会中包含了自反因素，在自反因素的作用下，人类社会历史将进一步发展，通过共产主义实现的普遍性，最终弥合个人分处政治国家与市民社会的裂隙，使人成为完整自由的人。但在资产阶级革命之前，政治国家和市民社会并未分裂，国家形式上和内容上都具有普遍性，资产阶级革命使得两者对立，国家形式和内容对立，如何消除二者的对立，使得国家的内容和形式相统一？马克思指出只有通过普选制才能消灭二者的对立，才能使国家得到真正的扬弃。巴黎公社对此做了有益的探索。

资产阶级革命使人从封建等级制中得到解放，但资本主义社会中的人仍受到凌驾于社会之上国家的压制，国家占取了应属于社会的权力，市民社会只有收回被国家窃取的权力，使得形式和内容相统一，才能实现社会和人的双重解放。无产阶级以革命的方式推翻资本主义国家，使人们在社会中组织起来，这种人民的自我组织形式就是巴黎公社。公社是人民组织自身力量，服务于人民利益的“联合体”，公社的权力是人民赋予的，是人民自我管理的一种形式，也是工人解放的现实形式。

巴黎公社是经过普选产生的，普选是公社组织人民，实现人民利益的重要举措。公社修改了旧选举法，重新确定了各区的当选名额，经过周密的选前准备工作，选出了兼管立法、行政的巴黎公社委员会。公社的委员选举产生后，以平等的身份参加会议。公社不设常任主席，实行轮流负责制，践行向公民承诺的公社委员集体领导制。巴黎公社代表人民的利益，为人民负责，其职员就是人民的公仆，为了防止公仆异化为社会的主人，除了普选制以外，公社“规定选举者可以随时撤换被选举者”。作为人民的公仆，委员的薪金不应高过人民。公社以熟练工人的薪金作为标准，规定“所有公职人员，不论职位高低，都只付给跟其他工人同样的工资”①，国家形式与内容统一，其性质是人民性，其作用主要是管理和服务。巴黎公社不仅限制官员的高薪，反对奢华铺张，而

① 《马克思恩格斯文集》第3卷，人民出版社2009年版，第111页。

且取消了常备军，努力打造“廉价政府”。公社在人民监督下阳光运行，每天通过发表公报，向人民公开政务，杜绝暗箱操作，公社的公报既可以使人确证自己的知情权，并监督人民的公仆，又可以确保政府少犯错误，公社的委员廉洁奉公。

巴黎公社在人的解放的道路上大大地迈进了一步，把国家的权力收归社会，由人民组织联合体服务自身，“这是人民群众把国家政权重新收回，他们组成自己的力量去代替压迫他们的有组织的力量；这是人民群众获得社会解放的政治形式，这种政治形式代替了被人民群众的敌人用来压迫他们的假托的社会力量。”① 人自觉到自身的力量，并在市民社会中真正组织起来，成为自由发展的“联合体”初步尝试。

（二）经济解放是人的解放的必要条件

马克思主义实现了人的本质的革命性变革，它把人看做社会关系的总和，而其中最根本的关系是经济关系。根据唯物史观，人们的物质生活制约政治生活、精神生活和社会生活，而不是相反。因此，马克思主义把人放在关系特别是经济关系中来考察，把经济关系看作人的发展的前提，人的解放、发展程度和物质生产的发展程度相适应。资产阶级的生产资料私有制使得劳动者与劳动成果相分离，资本家通过占有生产资料不劳而获，工人因为丧失生产资料劳而不获。马克思眼见资本主义社会多数人劳动而少数人致富的现状，洞悉这种私有制的国家性质，明示巴黎公社“想要剥夺剥夺者”，就是将资产阶级社会“主要用做奴役和剥削劳动的手段的生产资料，即土地和资本完全变成自由的和联合的劳动的工具”②，达到生产资料个人占有。由此可见，要实现人的解放，就要采取措施变革资产阶级私有制，使每个人以自由联合的方式占有生产资料、自己的劳动及其劳动产品，最终实现每个人自由全面的发展。

---

① 《马克思恩格斯文集》第 3 卷，人民出版社 2009 年版，第 195 页。

② 《马克思恩格斯文集》第 3 卷，人民出版社 2009 年版，第 158 页。

巴黎公社建立以后，积极建立和发展社会主义公有制经济。一方面，公社通过法令把反动政府的动产、不动产和有价证券都收归国有，征用那些逃离巴黎的企业主遗弃的工厂，将其交给工人管理并重新开工。另一方面，探索工人自主管理企业的方式，把卢浮军械修配厂交工人管理，开工人民主管理社会主义企业之先河。通过这些措施，不仅满足了工人的经济利益，为人的解放发展提供了物质基础，而且提高了工人能力，在培养新社会的管理人才的基础上，发展人的自由个性。巴黎公社实现分配正义，一改分配领域的不公平制度，规定政府职员之间、熟练工人与非熟练工人之间的工资相差不得超过5倍。为普通工人、技术工人制定了最低工资，以缩小贫富差距，究其实质，公社是在生产资料所有制的各环节进行初步的社会主义经济探索，限制和利用资本主义经济，发展社会主义生产力，使人民在经济上得到解放。公社在经济上采取的举措，是"生产者阶级同占有者阶级斗争的产物，是终于发现的可以使劳动在经济上获得解放的政治形式"①。因而，它是积累人的解放所需的物质生活条件的伟大尝试。

唯物史观肯定经济对社会发展的决定性作用决不是经济决定论。巴黎公社失败的命运恰恰证明，人的解放同共产主义一样具有经济性质，因而需要具备一定的物质生活条件，即生产力的发展。但公社时期的法国，社会生产力并未充分得到发展，法国的生产关系仍能容纳其发展，而受生产力所制约的新的生产关系又远未成熟。可以说，这一时期的资本主义还处于上升期，而代表先进生产力发展方向的无产阶级还尚未完全成熟。这恰恰证明了，工业作为人的内在本质力量的表现，是与人的能力发展、人的解放程度相适应的。因此，共产主义和人的解放不是通过一纸法令就能推行的乌托邦。正因为人的解放同共产主义一样具有经济性质，因而共产主义运动的主体能动性的发挥，必须在经济因素发挥决定作用的前提下，社会具有向更高形式发展的趋势后方才可能，即使

① 《马克思恩格斯文集》第3卷，人民出版社2009年版，第158页。

是主体的能动性的发挥也并非一帆风顺，必须进行“长期的斗争，必须经过一系列将把环境和人都加以改造的历史过程”①。对于运动的主体来说，共产主义“不是要实现什么理想，而只是要解放那些由旧的正在崩溃的资产阶级社会本身孕育着的新社会因素”②。可见，只有在首先具备物质生活条件的前提下，具备变革社会意识的革命群众这一物质因素，共产主义运动方才具备实现可能。

（三）文化解放是人的解放的保障

文化是实践的存在物，人的实践活动伴随着文化的生成与发展，因此，人也是文化的存在物。虽然学界关于文化的含义众说纷纭、见仁见智，但在文化对人的重要性方面却鲜有歧义。文化有广狭义之分，广义文化包括人的活动所涉及的一切内容，狭义文化指文化系统核心的精神方面的意识和观念体系。文化造就人，人也创造文化。就人类而言，文化将人与动物区别开来，就个体而言，文化陪伴我们从“投入母腹”直到“告别人世”，“向他提供作为人类一员的行为方式和内容”③，文化是人的本质力量的对象化，标志着人的解放程度和人的自由限度。正如恩格斯所言，“最初的、从动物界分离出来的人，在一切本质方面是和动物本身一样不自由的；但是文化上的每一个进步，都是迈向自由的一步。”④可见，文化的发展对人的解放和自由全面发展具有至关重要的保障作用，为此，巴黎公社在文化上也做出了有益的探索。

公社建立以后，不仅致力于打碎旧的国家机器，改造资本主义的生产关系，还采取措施改造人的主观世界。在教育方面，公社成立教育组织委员会，制定教育发展和改革方案；倡导教育公平，让所有适龄子弟享受免费义务教育；重视幼儿、妇女教育，使他们摆脱宗教束缚，精神

---

① 《马克思恩格斯文集》第3卷，人民出版社2009年版，第159页。

② 《马克思恩格斯文集》第3卷，人民出版社2009年版，第159页。

③ ［英］怀特：《文化科学》，曹锦清等译，浙江人民出版社1988年版，第159页。

④ 《马克思恩格斯文集》第9卷，人民出版社2009年版，第120页。

得以自由；推行职业教育，为社会主义建设培养专业技术人才。在社会建设方面，整修街道、改善市容，优化巴黎市民的生活环境；开展多样的文体活动，清除不良社会现象，通过营造崭新的社会风气提升人的精神享受。公社的举措大大改观了巴黎的城市面貌，以至于马克思感叹说："公社简直是奇迹般地改变了巴黎的面貌！第二帝国的那个花花世界般的巴黎消失得无影无踪。"① 与凡尔赛的"带着尾巴的食尸鬼"相比，巴黎"培育了一个新社会"。报刊出版方面，各种报纸百花齐放、百家争鸣，这为公民的言论、出版、思想自由提供了渠道。总之，公社满足了人在文化方面的需要，提升人的精神境界，促进人的素质的全面提高，推动了人自身的解放和发展。

人的解放需要丰裕的物质条件和极高的文化条件，共产主义社会建设需要具有自由个性的人，而这些条件当时的巴黎公社恰好都不具备，这注定了公社失败的必然命运。现代化的社会有赖于现代化的人，人和社会的现代化需要革命的实践活动，就此而言，巴黎公社的成功和失败都给共产主义运动提供了很好的教益。

第三节　传统社会主义模式的人学审视

科学社会主义在理论上科学揭示了人类社会发展与人的发展的美好前景，论证了人类社会发展以共产主义为前途，历史性地阐明了人类社会的发展离不开人的社会实践，共产主义是无产阶级政党领导的现实的革命运动。在 19 世纪，共产主义运动虽进行过一系列的实践尝试，其中不乏巴黎公社那样的伟大创举，但总体而言基本上停留于理想阶段。进入 20 世纪，列宁在俄国成功领导布尔什维克党和人民进行了十月社

① 《马克思恩格斯文集》第 3 卷，人民出版社 2009 年版，第 165 页。

会主义革命，才真正将社会主义由理想变为了现实。苏联的社会主义革命对东欧和中国产生了极大的影响。现实的社会主义国家领导人把马克思人学与本国实际相结合，在实践中丰富和发展了马克思人学理论，塑造了社会主义一代新人，为人的解放和全面发展进行了艰苦的探索和不懈的努力。

学者们将现实的社会主义国家称为东方社会主义国家，即指在苏联、东欧和中国这些经济文化落后条件下建立的社会主义国家。东方社会主义国家对马克思人学的贡献主要表现在几个方面：首先，东方社会主义国家的确立，避免了资本主义的社会弊病，为人的自由全面发展奠定了坚实的基础。它开辟了一条不同于资本主义现代化的社会主义现代化道路，使人类创造历史的实践活动呈现多样化的选择。其次，东方社会主义国家把大力发展社会生产力作为中心任务，为人的自由全面发展准备了必要条件。政治上完成社会主义革命，并不意味着物质技术基础和社会关系一并转变，这些国家还需要经历生产社会化阶段。因此，东方社会主义国家都一度把工作重心转移到经济建设上来，大力发展社会生产力，提高社会生产率。再次，东方社会主义国家凭借先进的社会制度，创造了巨大的物质成就，改变了国人的精神面貌，凝聚了人民的努力，在人类历史上创造了属于自己民族的最辉煌的篇章，为第二次世界大战中战胜德意日法西斯作出了卓越的贡献。从次，东方社会主义国家所取得的巨大成就，激励资本主义国家的工人阶级为争取自身权益、创造美好生活而斗争，逼迫资本主义各国作出必要改革和调整，为全人类的自由解放事业作出了应有的贡献。最后，东方社会主义国家以共产主义为人类社会发展的目标。人的自由全面发展最终要落实到每个现实的人的需要、利益得到满足，发挥全体国人的劳动热情，凝聚国人的革命动力，“培养共产主义社会的全面发展的成员”，最终实现社会与人的协同发展。

正如歌德所言，十全十美是上天的尺度，而要达到十全十美的这种愿望，则是不可能的尺度。虽然东方社会主义国家为人的自由全面发展作出了巨大贡献，但高度集中的计划经济体制限制了人的主动性和创造性，人的自由个性没有得到与时俱进的发挥。加之，国际上与资本主义国家的对抗竞争，国内改革开放没有及时跟进等诸多原因，导致用自然经济和封建主义落后的东西去批判资本主义社会中人类社会发展进步的东西，这在一定程度上都阻碍了人的自由发展。

第五章 中国特色社会主义的人学考察

马克思恩格斯提出的“共产主义”与“社会主义”两个概念作为“工人运动的科学基础”，其使用主要可以划分为两个阶段。以19世纪70年代为界，此前，马克思恩格斯为了与“各种空想社会主义信徒”和“形形色色的社会庸医”相区别，用“共产主义”来称谓自己的思想主张；此后，他们则用“革命的社会主义”或“科学的社会主义”指代自己的思想学说。马克思在《哥达纲领批判》中根据生产力发展程度和分配方式，区分了共产主义的不同阶段。经典作家所谓的社会主义即共产主义第一阶段。如何认识现实的社会主义与经典社会主义之间的关系，这不仅关乎理论问题，更关乎实践问题。

唯物史观既肯定人类社会的发展是“自然历史过程”，又承认主体的选择作用，即人类社会的发展是自然历史过程和人的自我选择的统一。如果视人类社会发展为“自然历史过程”，现实的社会主义决不是经典的社会主义，它没有经过资本主义的生产力发展阶段；如果视人类社会发展为人能动的实践过程，则现实社会主义为人类开辟了落后国家缩短劳动和人的异化过程的通途，通过“最合理、最人道的方式”摆脱资本主义的统治，在创造共产主义条件的基础上创造了共产主义本身。① 就中

① 参见杨筱刚：《唯物史观：分析当代社会主义的理论架构——从某些经典论述谈起》，《社会科学研究》2003年第2期。

国而言，中国共产党带领中国人民经过新民主主义革命阶段，建立了社会主义制度，经过社会主义建设的艰辛探索，开辟了中国特色社会主义。从理论谱系看，中国特色社会主义是科学社会主义在中国的创新发展，是马克思恩格斯共产主义学说在当代中国的实践运用。习近平总书记指出："在坚持中国共产党领导和我国社会主义制度的前提下，在社会主义道路、理论、制度、文化上进行了一系列革命性变革，开辟了中国特色社会主义道路，使我国发展大踏步赶上时代。"① 中国特色社会主义是当代中国大踏步赶上时代、引领时代发展的康庄大道，是社会主义理论和实践在当代中国的创新拓展。

第一节　中国特色社会主义是共产主义思想的当代实践

从理论谱系和思想源头看，共产主义是中国特色社会主义之"本源"。习近平总书记指出："社会主义并没有定于一尊、一成不变的套路，只有把科学社会主义基本原则同本国具体实际、历史文化传统、时代要求紧密结合起来，在实践中不断探索总结，才能把蓝图变为美好现实。"② 作为共产主义的第一阶段，社会主义是在实践中生成的，其发展路径并没有固定的模式，而是一个不断与不同实践相结合的过程。共产主义的形成更是如此，不可能唾手可得、一蹴而就。实际上，马克思恩格斯早已认识到："要扬弃私有财产的思想，有思想上的共产主义就完全够了。而要扬弃现实的私有财产，则必须有现实的共产主义行动。"③

---

① 习近平：《坚持和发展中国特色社会主义要一以贯之》，《求是》2022 年第 18 期。

② 习近平：《在纪念马克思诞辰 200 周年大会上的讲话》，人民出版社 2018 年版，第 27 页。

③ 《马克思恩格斯文集》第 1 卷，人民出版社 2009 年版，第 231—232 页。

对于共产主义运动过程的“艰难性”和“漫长性”，马克思有充分的估计。后来，他从生产力发展程度与分配原则的角度，把共产主义划分为第一阶段和高级阶段，可见，共产主义作为每个人自由全面发展的联合体，一定“不会固定不变”，“一定会分阶段的”①。在新中国探索建设社会主义时期，毛泽东尝试将社会主义划分为不发达和比较发达两个阶段。在此基础上，邓小平明确提出中国的社会主义处于初级阶段，并且具有中国特色。中国特色社会主义与共产主义是现实和理想、特殊和普遍、个性和共性、选择和必然之间的关系。对于中国而言，坚持和发展中国特色社会主义，就是坚持共产主义的前进方向，就是坚持和发展科学社会主义。中国特色社会主义，既坚持了科学社会主义基本原则，又根据时代条件赋予其鲜明的中国特色。这就是说，中国特色社会主义是社会主义，不是别的什么主义。习近平总书记明确指出：“中国特色社会主义是植根于中国大地、反映中国人民意愿、适应中国和时代发展进步要求的科学社会主义，这条路能走得通、走得远。”②

一、中国特色社会主义坚持了科学社会主义基本原则

习近平总书记指出：“中国特色社会主义，既坚持了科学社会主义基本原则，又根据时代条件赋予其鲜明的中国特色。”③我们说中国特色社会主义是社会主义，归根到底是因为我们始终坚持党的领导，坚持不论怎么改革、怎么开放，我们都始终坚持中国特色社会主义道路不动摇。

与中国不同，苏联、东欧等“现实社会主义”出现严重曲折的一个重要原因就是对社会主义本质没有完全搞清楚。马克思文本中没有使用过“社会主义本质”这一概念，涉及未来社会的特征，他多使用社会主

① 《毛泽东文集》第7卷，人民出版社1999年版，第375页。

② 习近平：《在学习〈胡锦涛文选〉报告会上的讲话》，人民出版社2016年版，第15页。

③ 《习近平著作选读》第1卷，人民出版社2023年版，第75页。

义“基本特征”和“本质特征”。马克思的学术生涯和思想历程从抽象到具体依次展开，从哲学、经济学和人类学层面对社会主义制度进行了许多设想。其中一些内容科学地反映了社会主义的某些特征，有的随着认识的深化和实践的发展而过时。所以，我们不能仅从科学层面进行具体特征的描述，而要抓住社会主义的根本。拉卡托斯（Imre Lakatos）指出，每一种科学理论都由“硬核”和“辅助保护带”构成。硬核是“最基本的理论公设和公理”，是基本规定和根本主张，它构成理论发展的基础，表现为理论的本质，放弃了硬核就等于放弃了整个理论。“硬核”应该是“一个形而上学原则”；“辅助保护带”用来保护不可更易的理论硬核，“由一些辅助性假设和初始条件组成”。当理论和现实发生冲突，则可以通过改变“辅助保护带”进行调整和修正。“辅助保护带”的改变不是证明了理论的失效，恰恰是理论的认证和发展。① 根据拉卡托斯这一理论，本质问题作为社会主义理论的“形而上学的原则”，便是不可更易的硬核。弄清这个问题的意义无疑十分重大。

本质和特征的关系类似于“硬核”和“辅助保护带”的关系，是抽象和具体、根据和表现、根本和表面之间的关系。本质是事物和理论的根据，特征是事物和理论的表现。哲学要善于从具体科学关于事物表现出的多方面特征中抽象出本质，从而在更高的层次、更深的程度把握事物。社会主义本质即社会主义的“硬核”和“根据”，社会主义的特征即社会主义的“辅助保护带”，指社会主义在不同国家和不同发展阶段的表现。这些特色和特点不能和社会主义本质相冲突和相背离，只能是在坚持本质的前提下自我发展。“中国特色社会主义是社会主义而不是其他什么主义，科学社会主义基本原则不能丢，丢了就不是社会主义。”②

科学社会主义原则理应从其本来意义上，即从其创始人马克思恩格斯的经典文本中得出，这样才能避免解读的随意性。那么，经典文献中

① 参见兰征：《拉卡托斯的科学哲学》，湖北人民出版社 1987 年版，第 94—104 页。

② 《习近平谈治国理政》，外文出版社 2014 年版，第 22 页。

是如何论述这个问题的？梳理文本我们发现，马克思恩格斯并没有明确使用“科学社会主义基本原则”这一概念。即使提到和资本主义相对的未来社会的价值和制度，也并没有使用统一的称谓，而是“原理”“原则”和“基本原则”不加区分地使用。例如，谈到如何在社会实践中运用科学社会主义理论时，他们指出“这些原理的实际运用，……随时随地都要以当时的历史条件为转移”①。论及英国民主制作为政治解放不是社会解放，因而不是社会主义的基本原则的时候，恩格斯指出，英国纯粹政治手段的民主制必定会产生一种超越政治的原则，“这种原则就是社会主义的原则”②。谈及社会主义应该如何对待农民时，恩格斯指出，不应向法国社会党人一样把农民当作未来的无产者，而应该既保护“现时的有产农民”，又不“违背社会主义总的纲领的基本原则”③。由此可见，马克思恩格斯的经典文本中，既没有明确提出“科学社会主义基本原则”这一概念，更没有明确阐释其具体内容。他们把主要精力放在批判资产阶级社会某项价值和制度不符合人的自由全面发展，相应地建构未来理想社会的价值和制度。

马克思恩格斯谴责资本逻辑对人的统治，提出的未来社会相应的制度设计和价值观念，都可以看作基本原则。由此可见，他们主要是从价值层面和制度层面指认社会主义。如果说社会主义原则和特征是社会主义理论的“硬核”和“辅助保护带”，社会主义的价值原则和制度原则则是社会主义基本原则的“硬核”和“辅助保护带”。

从价值层面来看，科学社会主义的基本原则是人的自由全面发展。无论马克思一生的理论研究内容如何广泛，研究的领域如何多变，但始终围绕一个理论宗旨，那就是人的自由和人的解放。④面对

① 《马克思恩格斯文集》第 2 卷，人民出版社 2009 年版，第 5 页。

② 《马克思恩格斯全集》第 3 卷，人民出版社 2002 年版，第 585 页。

③ 《马克思恩格斯文集》第 4 卷，人民出版社 2009 年版，第 514 页。

④ 参见何喜均、赵秀芳：《马克思的理论研究之居与变》，《忻州师范学院学报》2017 年第 6 期。

资本主义社会人与物、目的和手段的倒置，轻视人重视物，关注手段忽略目的。马克思指出，不同于资产阶级追求剩余价值而促进生产力的发展，共产主义是“更高级的、以每一个个人的全面而自由的发展为基本原则的社会形式”①，这个社会既“保证社会劳动生产力极高度发展的同时又保证每个生产者个人最全面的发展”②。科学社会主义基本原则中的价值原则显然高度抽象，与制度原则相比居于更核心层次、更高等级。

从制度层面来看，马克思恩格斯语境中的社会主义社会是在欧美等发达资本主义国家的基础上产生的，是共产主义社会的第一阶段。他们主要从经济、政治和文化等方面对制度原则作了规定。

经济方面，马克思指出资产阶级在其阶级统治期间创造了魔幻般的生产力，生产力的大发展呼吁生产资料公有制，而这与资产阶级私有制是绝对不相容的。既然生产力的不断发展是人类社会发展的必然趋势，资产阶级私有制的崩溃就是不可避免的。马克思指出，社会主义社会是人类社会发展的“否定的否定”，这表现在生产资料和土地上，就是消灭私有制，社会共同占有生产资料；表现在产品或消费资料上，是“在资本主义时代的成就的基础上”“重新建立个人所有制”③。生产资料的社会占有，要求有计划地组织生产，因此商品经济失去了存在的必要。“产品对生产者的统治也将随之消除。社会生产内部的无政府状态将为有计划的自觉的组织所代替。”④生产资料的个人所有和商品经济的消失，决定了社会主义社会的分配原则是按劳分配。

政治方面，消灭阶级和阶级差别，国家依然存在，但已丧失了政治性质，由“对人的统治”变为“对物的管理和对生产过程的领导”；国家权力被收回，国家的“最后一个独立行动”就是“以社会的名义占有

① 《马克思恩格斯文集》第 5 卷，人民出版社 2009 年版，第 683 页。
② 《马克思恩格斯文集》第 3 卷，人民出版社 2009 年版，第 466 页。
③ 《马克思恩格斯文集》第 9 卷，人民出版社 2009 年版，第 137—138 页。
④ 《马克思恩格斯文集》第 9 卷，人民出版社 2009 年版，第 300 页。

生产资料"[①]。从此，人民群众收回曾经赋予国家的权力，自己组织力量去代替它。这使得人民掌握了自身被篡夺的力量，获得了社会解放。马克思不仅预见了阶级消灭和国家消亡，而且指出巴黎公社——全体成员民主选举并自由罢免的非政治性质的社会组织——是社会主义的组织形式。

思想文化方面，在资本主义社会，资产阶级不仅在物质上占统治和支配地位，而且在精神上占统治和支配地位。无产阶级夺取政权，建立社会主义社会，不仅要"同传统的所有制关系实行最彻底的决裂"，而且要"同传统的观念实行最彻底的决裂。"[②]虽然随着经济基础的变化，作为上层建筑的思想文化会随之发展转变，进而终会与经济基础协同共进。但上层建筑的相对独立性，使得私有观念在私有制消灭后依然存在并发挥作用。因此，在生产资料公有制建立以后，思想文化领域的斗争并不会马上结束，这就需要用马克思主义思想教育和武装人民，树立其在意识形态领域的指导地位，引领各种社会思潮，抵制各种私有观念的侵蚀。

科学社会主义属性由不同层级构成，基本特征是第一层级，价值原则是最高层级，制度原则介于价值原则与基本特征之间，"承载着社会主义的本质要求和价值追求，决定着社会主义社会的基本特征"[③]。价值原则更具目的意义，制度原则与之相比更具手段意义。作为实现价值原则的制度原则在各国的社会主义实践中丰富和发展其具体形式，这不仅没有偏离科学社会主义基本原则，而且恰恰是坚守基本原则的科学之道，因为"原则只有在符合自然界和历史的情况下才是正确的"[④]。

在党的文献中，中国特色社会主义的理论基础曾有"马克思主义的普遍真理"和"马克思主义基本原理"两种提法，这两个概念是"科学社会主义基本原则"的先导性话语。从党的十七大开始，党中央文献中才称"科学社会主义基本原则"是中国特色社会主义的理论依据，学者

① 《马克思恩格斯文集》第 3 卷，人民出版社 2009 年版，第 562 页。

② 《马克思恩格斯文集》第 2 卷，人民出版社 2009 年版，第 52 页。

③ 林怀艺:《科学社会主义基本原则及其中国化》,《理论探讨》2010 年第 6 期。

④ 《马克思恩格斯文集》第 9 卷，人民出版社 2009 年版，第 38 页。

们敏锐地发现了这一称谓的变化，并对这一概念进行了诸多研究，形成了许多有价值的研究成果，直到目前这种热潮依然方兴未艾。从“马克思主义的普遍真理”到“科学社会主义基本原则”的转变，其概念的内涵更加准确，实现了从广义的马克思主义到狭义的科学社会主义的转变；外延更加精当，原则与原理相比较更具可操作性，并且更易为广大人民群众理解和掌握。

如上所述，科学社会主义基本原则在共产主义社会的不同阶段有不同的实现形式。在当代中国，每个人的自由全面发展由于生产力发展的限制转化为满足人民群众美好生活的需要，“不断促进人的全面发展、全体人民共同富裕”①。制度原则并非表现为在各领域的纯粹性，而表现为社会主义原则在各领域中占优势地位。经济制度方面，所有制并非纯而又纯的公有制，而是公有制在多种所有制中占优势地位。经济运行方式上更好地厘清市场和政府的关系，在市场发挥决定性作用的前提下更好地发挥政府的作用。分配上按劳分配相对于多种分配方式更具优势和主体地位。政治制度方面，虽然国内剥削阶级作为阶级已经被消灭，但是阶级斗争和剥削阶级意识在一段时间和一定范围内依然存在。国际上资本主义社会和社会主义社会并存，前者对后者的仇视和破坏不容忽视。这都需要国家在保护政权稳定和人民安全的前提下，加大社会管理和服务的力度。加强社会主义民主法治建设，在巩固政权的同时防止权力异化。思想文化制度方面，马克思主义和中华优秀传统文化找到很好的契合点，坚持马克思主义在意识形态中的指导地位，汲取中国传统文化的养分，形成社会主义先进文化，并保持其对其他思潮的绝对优势。

习近平总书记指出：“中国特色社会主义在中国取得巨大成功表明，社会主义没有灭亡，也不会灭亡，而且焕发出蓬勃生机活力。科学社会主义在中国的成功，对马克思主义、科学社会主义的意义，对世界社会

---

① 习近平：《决胜全面建成小康社会　夺取新时代中国特色社会主义伟大胜利——在中国共产党第十九次全国代表大会上的报告》（2017 年 10 月 18 日），人民出版社 2017 年版，第 19 页。

主义的意义，是十分重大的。”① 中国特色社会主义“在新的历史条件下体现科学社会主义基本原则的内容”②，“中国要强盛，中国人民要走向共同富裕，中华民族要实现伟大复兴，就必须始终坚持我们已经建立并正在不断完善的社会主义制度及其所决定的基本原则”③。

二、中国特色社会主义是科学社会主义理论逻辑和中国社会发展历史逻辑的辩证统一

习近平总书记指出：“中国特色社会主义，是科学社会主义理论逻辑和中国社会发展历史逻辑的辩证统一，是根植于中国大地、反映中国人民意愿、适应中国和时代发展进步要求的科学社会主义，是全面建成小康社会、加快推进社会主义现代化、实现中华民族伟大复兴的必由之路。”④ 中国特色社会主义是根植于中国大地的科学社会主义，是反映中国人民意愿的科学社会主义，是适应当代中国发展和时代进步的科学社会主义。中国特色社会主义是科学社会主义在中国的运用和发展，是扎根中国大地的科学社会主义，即实现科学社会主义的中国化。回顾历史，中国人民在中国共产党的领导下，历史性地作出了“四个选择”，创造性地走出了一条符合中国特点的社会主义道路。中国特色社会主义之所以是社会主义而不是别的什么主义，就是因为它始终坚持科学社会主义基本原则不动摇，始终没有背离科学社会主义基本原则。中国特色社会主义是科学社会主义理论逻辑和中国社会发展历史逻辑的辩证统一。⑤ 科学社会主义基本原则的共性蕴含于具体国家的个性之中，科学

① 习近平：《坚持和发展中国特色社会主义要一以贯之》，《求是》2022 年第 18 期。

② 中共中央文献研究室编：《十八大以来重要文献选编》（上），中央文献出版社 2014 年版，第 110 页。

③ 《江泽民文选》第 3 卷，人民出版社 2006 年版，第 220 页。

④ 《习近平谈治国理政》，外文出版社 2014 年版，第 21 页。

⑤ 《习近平新时代中国特色社会主义思想三十讲》，学习出版社 2018 年版，第 18 页。

社会主义的普遍性要通过中国社会主义的特殊性表现出来。习近平同志指出，中国特色社会主义是在改革开放四十多年的伟大实践中得来的，是在新中国成立七十多年的持续探索中得来的，是在我们党领导人民进行伟大社会革命一百多年的实践中得来的，是在近代以来中华民族由衰到盛一百八十多年的历史进程中得来的，是在世界社会主义五百多年波澜壮阔的发展历程中得来的，是在对中华文明五千多年的传承发展中得来的，必须倍加珍惜、长期坚持、永不动摇。①

"理论在一个国家实现的程度，总是取决于理论满足这个国家的需要的程度。"②科学社会主义诞生之际，也是中国沦为半殖民地半封建社会之时。彼时的中国社会风雨如晦，中国人民积贫积弱。民族和阶级的双重矛盾使得中华民族面临两大任务，即变革生产关系和发展生产力。为了完成这两大任务，中国社会各个阶级轮番登场，在中国近代社会的舞台上上演了一幕幕活剧。革命的主体从农民阶级、地主阶级到资产阶级，革命的内容从器物变革、制度变革到思想变革，但即使是资产阶级革命派领导的辛亥革命，也只是推翻了两千多年的封建帝制，而无益于社会性质的转变，更遑论完成中华民族的两大历史任务。历史任务呼唤伟大的理论，科学社会主义在苏俄的成功实践驱使中国社会现实"力求趋向思想"。中国的先进分子通过反复比较选择了马克思主义，马克思主义与中国工人运动相结合，产生了中国共产党。

中国共产党深刻洞悉近代中国"百年的变革始终在抄袭外国与回归传统之间摇摆，时断时续，杂乱无章，不论在理论上和实践上都没有找到有中国特色的发展模式"③。中国新民主主义革命的胜利与社会主义改造的成功，归功于马克思主义与中国实际相结合。中国社会主义建设之初

---

① 《习近平新时代中国特色社会主义思想学习纲要》，学习出版社、人民出版社 2023 年版，第 31—32 页。

② 《马克思恩格斯文集》第 1 卷，人民出版社 2009 年版，第 12 页。

③ 罗荣渠：《现代化新论——世界与中国的现代化进程》增订版，商务印书馆 2004 年版，第 358 页。

在很多方面借鉴了苏联的做法。即便如此，毛泽东还是警醒地注意到社会主义不应只有一种模式，他指出，在“社会主义革命和建设时期，……要努力找到中国建设社会主义的具体道路”①。毛泽东虽然提出了这个问题并进行了艰辛的探索，但是并没有从根本上完全解决这个问题。

“文化大革命”结束以后，邓小平深刻体认到将苏联模式等同于社会主义本身给中国社会带来的严重问题。邓小平认为，不顾中国国情，照搬别国模式，社会主义建设就不会成功。因此，他特别注重社会主义的中国特色，邓小平指出：“每个国家的基础不同，历史不同，所处的环境不同，左邻右舍不同，还有其他许多的不同。别人的经验可以参考，但是不能照搬。过去我们中国照搬别人的，吃了很大苦头。中国只能搞中国的社会主义。”②“中国的社会主义”既暗含了社会主义社会有多种模式，否定把苏联模式等同于社会主义的唯一模式，也是“中国特色社会主义”的先导性话语。邓小平指出：“我们的现代化建设，必须从中国的实际出发。……把马克思主义的普遍真理同我国的具体实际结合起来，走自己的道路，建设有中国特色的社会主义”。③ 正如马克思恩格斯所说，原理来源于具体历史实践，并随着时空的变化而变化。苏联、东欧等国家脱离本国实际，教条执着于马克思恩格斯的相关论述，最终难免走向失败。中国共产党坚持科学社会主义基本原则，从中国独特的基本国情出发，才带领中国人民在实现现代化的实践中创立了中国特色社会主义。中国特色社会主义是基于中国具体国情，即在中国经济、政治、文化等现有发展水平，特别是所处的发展阶段的基础上创立和发展起来的。

马克思恩格斯用“自由人联合体”指代未来的共产主义。他们也预见到人“成为自然界的自觉的和真正的主人”“成为自身的社会结合的

---

① 中共中央文献研究室编：《毛泽东年谱（1949—1976）》第2卷，中央文献出版社2013年版，第557页。

② 《邓小平文选》第3卷，人民出版社1993年版，第265页。

③ 《邓小平文选》第3卷，人民出版社1993年版，第2—3页。

主人”[①] 的长期性和复杂性，因此设想这个社会的发展要经过“第一阶段”和“高级阶段”。列宁把第一阶段称为“社会主义”，把高级阶段称作“共产主义”。我们现在所谈论的社会主义就是列宁指称的共产主义第一阶段。虽然马克思恩格斯指出这两个阶段发展程度极为不同，但两者均经过资本主义大工业的发展阶段，生产力都发展到极高的水平，已经突破了资本主义社会所能容纳的范围，因此两个阶段没有本质的区别。反观中国，三大改造完成以后刚建立的社会主义制度与此相差甚远。

社会主义初级阶段是中国最大的国情，这句现在看来貌似普通的判断，其提出的辛酸曲折只有经历过的中国人民才能切实感受。党的十三大明确提出，社会主义初级阶段特指由于历史和社会条件所限，中国建设社会主义必须经历的阶段。这一判断具有两层含义：首先，肯定中国的社会主义性质，指出我们必须坚持这个社会性质；其次，指明了中国的社会主义发展程度，即不发达的阶段。这两个方面是内在联系、不可分割的，偏废了其中一个方面就要犯右倾或“左”倾错误。

马克思创造性地提出共产主义阶段论，中国共产党创造性地提出中国处于社会主义初级阶段。这一伟大的理论创造既与经典社会主义理论相区分，又与其他现实的社会主义国家相区别。它摒弃了将市场经济等同资本主义、计划经济等同社会主义的谬见，承认社会主义可以跨越社会发展阶段，但不能不经过商品经济的充分发展。认清中国基本国情是破解中国发展障碍的一把钥匙，在此基础上，我们提出社会主义初级阶段的基本路线和政策，系统地回答“什么是社会主义，怎样建设社会主义”之问。

我们常常存在一个误解，即历史唯物主义中关于经济、政治和文化相互关系，文化仅仅作为经济、政治的反映和要求，存在于整体之外。实际上社会各种要素是相互渗透的，经济和政治生活中有文化，文化中同样有经济和政治。文化作为一种“软实力”，深深扎根于经济和政治

---

① 《马克思恩格斯文集》第 3 卷，人民出版社 2009 年版，第 564 页。

生活的过程之中。恩格斯把文化视为与经济、政治同等重要的要素，并在此意义上指出“文化上的每一个进步，都是迈向自由的一步”[①]。文化传统是一个民族的根与魂，是一个民族从过去继承的既定条件，决定这个民族当下的精神气质，并昭示这个民族未来发展命运的基本内核。文化是一个民族的“内在基因”，是一个民族的精神标识，也是民族发展的丰厚养分来源。

中华民族对人类文明进步的巨大贡献之一便是创造了博大精深、灿烂辉煌的中华文化。中华文化中包括儒家思想在内的优秀成分，对中华文明的绵延、对中华民族的精神气质、对中国人民的团结、对中国特色社会主义的创建都发挥了极其重要的作用。马克思主义作为多种社会思潮之一，初传入中国便很快被中国人民所接纳，其揭示了人类社会发展的科学规律是一个方面，它与中华优秀传统文化内在契合，在中华优秀传统文化中很快找到其生长点，也是它能在许多社会思潮中脱颖而出的重要原因。

大同社会与共产主义，作为中华传统文化与马克思主义的理想社会，都是建立在现实世界的基础上，而不像基督教要在遥远的彼岸建立超脱尘世的理想世界。中国古代典籍《礼记·礼运》篇中即指出“人不独亲其亲，不独子其子”“使老有所终，壮有所用，幼有所长，矜寡孤独废疾者皆有所养”；马克思提出要以“每个人的自由发展是一切人的自由发展的条件”的社会来代替“阶级和阶级对立”。[②]马克思主义关于未来理想社会和谐的人际关系和中国文化天道自然人伦内在相通[③]，超越了自由主义和保守主义的二元对立的思维方式，强调个人自由和

① 《马克思恩格斯文集》第 9 卷，人民出版社 2009 年版，第 120 页。

② 《马克思恩格斯文集》第 2 卷，人民出版社 2009 年版，第 53 页。

③ 杨适先生认为，中国传统文化中强调人具有“人伦”的关系。他把中国人伦关系分为天道自然人伦与宗法等级人伦，指出前者存在于远古氏族制时代，在后来的传统文化中作为对现实的思想批判而存在；后者现实地存在于西周直至清末的中国历史上。（见杨适：《中西人论的冲突文化比较的一种新探求》，中国人民大学出版社 1991 年版，第 14—19 页。）由此看来，马克思主义关于未来理想社会的人的本质类似向天道自然人伦的“复归”，当然这种复归是向人的更高发展阶段的复归。

集体自由不是相互对立的，个人自由只有在集体中才能实现。马克思主义和中华传统文化都强调要通过人的自身努力通达未来理想社会，而不像基督教那样期待上帝的降临。不同在于马克思主义强调要通过人的实践活动来复归人的本质，弥合人处于市民社会和政治国家的分裂；而中华传统文化通过内在的修养和外在的实践，于成就自我的同时使天下和顺安乐，即“尽心知性以知天”和“修身齐家治国平天下”。此外，中华传统文化中的民本思想、求变精神、进取意识与马克思主义人的主体性、改变世界、实践观点相吻合，这些契合点对中国特色社会主义道路的选择，对社会主义以中国特色、中国气派、中国风格在中国大地上生根发芽、茁壮成长、开花结果都发挥尤为重要的作用。

党的二十大报告指出：实践告诉我们，中国共产党为什么能，中国特色社会主义为什么好，归根到底是马克思主义行，是中国化时代化的马克思主义行。[①] 马克思主义中国化时代化就是不断把马克思主义基本原理同中国具体实际相结合、同中华优秀传统文化相结合，运用马克思主义基本原理分析解决推进中国式现代化进程中的实际问题，充分吸收中华文明的智慧结晶，用中华优秀传统文化丰富、发展马克思主义，不断赋予其中国特色，让马克思主义在中国牢牢扎根。事实证明，中国特色社会主义就是马克思主义中国化时代化的结晶，就是社会主义在中国的“全新版本”。

三、中国特色社会主义开启新的历史篇章

共产主义不是人的发展和人类社会发展的终点，而是人的自由与“真正人类史”的开端。作为不断发展论者，马克思恩格斯承认共产主义的发展呈现阶段性特征。“所谓‘社会主义社会’不是一种一成不变

① 习近平：《高举中国特色社会主义伟大旗帜　为全面建设社会主义现代化国家而团结奋斗——在中国共产党第二十次全国代表大会上的报告》（2022 年 10 月 16 日），人民出版社 2022 年版，第 16 页。

的东西，而应当和任何其他社会制度一样，把它看成是经常变化和改革的社会。"①这暗含着每一种社会制度都是不断变化的。如果我们把这句话加以逻辑延伸，便可得出每一种社会制度都可以划分为若干个发展阶段的结论。中国特色社会主义作为一种现实的社会制度，当然也可以划分为若干个发展阶段。

从新中国成立至今，中华人民共和国的发展已历经站起来、富起来两个阶段，现已步入强起来的发展阶段。"站起来"即从新中国成立到改革开放之前的三十年时间，虽然在此期间对社会主义的有益探索一度付诸阙如，但其建立的制度、物质、思想条件，以及正反两方面的经验，都为中国特色社会主义提供了"宝贵经验、理论准备、物质基础"②。由此看来，"站起来"形象地描述了中国特色社会主义的准备阶段。"富起来"指1978年党的十一届三中全会到党的十八大之前，也是通常所说的改革开放和社会主义现代化建设新时期。中国开始迈入发展的快车道，并在21世纪初格局初具。党的十八大以来，"中国特色社会主义进入了新时代，这是我国发展新的历史方位。"③中国在富起来的基础上，正步入强起来的历史阶段。新时代十年来，党中央团结带领全党全军全国各族人民，采取一系列战略性举措，推进一系列变革性实践，实现一系列突破性进展，取得一系列标志性成果，经受住了来自政治、经济、意识形态、自然界等方面的风险挑战考验，党和国家事业取得历史性成就、发生历史性变革，推动我国迈上全面建设社会主义现代化国家新征程。④

---

① 《马克思恩格斯文集》第10卷，人民出版社2009年版，第588页。

② 习近平：《在庆祝改革开放40周年大会上的讲话》，《人民日报》2018年12月19日。

③ 习近平：《决胜全面建成小康社会　夺取新时代中国特色社会主义伟大胜利——在中国共产党第十九次全国代表大会上的报告》（2017年10月18日），人民出版社2017年版，第10页。

④ 习近平：《高举中国特色社会主义伟大旗帜　为全面建设社会主义现代化国家而团结奋斗——在中国共产党第二十次全国代表大会上的报告》（2022年10月16日），人民出版社2022年版，第6页。

新时代是对中国特色社会主义发展新的历史定位，它不是指新旧时代之间的交替，而是指中国特色社会主义进入一个新的发展阶段。简言之，“十八大以来，……党和国家事业发生历史性变革，我国发展站到了新的历史起点上，中国特色社会主义进入了新的发展阶段。”①“中国特色社会主义进入新时代”的命题甫一出笼，便成为学术界的热门课题。但对于中国特色社会主义进入新时代的依据分析，学界仍是众说纷纭。中国特色社会主义进入新时代与中国社会主要矛盾的变化，二者是否存在因果关系？学界并未达成统一意见，依我看，正确回答这一问题，并非纠缠于理论的细枝末节，恰恰是切中实践的荦荦大端。

历史唯物主义指出，事物的发展变化普遍存在矛盾，正是在矛盾的作用下，事物发生量变和质变，中国社会主要矛盾的变化，是划分新时代的理论依据。根据历史唯物主义，社会基本矛盾的运动和解决推动着人类社会向前发展。主要矛盾是基本矛盾外在表现，它决定着全党和全国人民目前要解决的主要问题和中心任务，在一定的社会形态中的各种具体矛盾中具有决定性。关于社会主义社会主要矛盾的理论，马克思恩格斯的著作中并没有可资借鉴的经验，苏联关于这个问题也未作出有益的探索。从新中国成立直到改革开放以前，党对中国社会主要矛盾的判断经历了从供需矛盾到敌我矛盾的转变。进入改革开放新时期，邓小平坚持马克思历史唯物主义观点，指出中国社会的基本矛盾仍然是生产力与生产关系、经济基础与上层建筑之间的矛盾，它表现为供需矛盾，即限于生产力发展的供给水平与人民增长的需求之间的矛盾。主要矛盾在党的十一届六中全会上的表述是“人民日益增长的物质文化需要同落后的社会生产之间的矛盾”②，这一表述客观准确地从供需两个方面概括了我国面临的主要矛盾。从需求方面来看，人的需要不仅包括物质方面，也包括精神和文化需要，人的需求是动态的，它随着社会的发展不断增

① 习近平：《高举中国特色社会主义伟大旗帜 为决胜全面小康社会实现中国梦而奋斗》，《人民日报》2017年7月28日。

② 《中国共产党第十三次全国代表大会文件汇编》，人民出版社1987年版，第12页。

长；从供给方面来看，社会生产的落后不仅表现在生产力上，而且表现在生产关系上，这不仅为新时期加快经济发展提供了理论依据，而且为新时期改革开放提供了理论依据。主要矛盾的提法经党的十二大确认后，一直沿用到党的十七大。党的十七大报告中，党中央改变过去一直沿用的“生产力落后”的提法，肯定我国经济实力显著增强。党的十八大在党的十七大提出的基本国情、主要矛盾没有变的基础上，指出中国是世界上最大的发展中国家这一国际地位也没有变化。“中国特色社会主义进入新时代”虽然在党的十九大上报告中被提出，但起点应该是党的十八大，因为自党的十八大以来，随着经济快速发展，主要矛盾的供给方面已经不再是落后的社会生产，发展的总量虽然并未绝对充裕，但是发展的积累已经很高。矛盾的供给主要表现在发展的不平衡和不充分，虽然从逻辑上讲，发展不平衡和不充分是绝对的，但对于目前需求来说发展不平衡主要有经济、政治、社会和生态领域不平衡；农村和城市、发达和欠发达、东中西区域发展不平衡；不同的社会群体在共享发展成果方面不平衡。发展的不充分主要表现在发展总量不足够大、发展程度不足够高、发展的态势不足够好。矛盾的需求方面指人民对物质文化的需求更高，习近平总书记将其概括为“人民对美好生活的需要”。除此之外，人民的需要更加多样化，包括公平正义、价值认同、社会和谐、生态美丽和人的全面发展等。中国社会存在的现实问题都需要理论加以阐释，党中央适时提出供给侧结构性改革，这为社会主要矛盾的转变做了铺垫，习近平总书记“7·26”重要讲话中指出现阶段人们需求的变化，为主要矛盾理论的转变奠定了重要基础。新矛盾提出了新任务，新矛盾开启着新时代，由此可见，中国共产党正是基于社会实践中供需矛盾的变化，才作出“中国特色社会主义进入新时代”的科学论断。关于这一点，习近平总书记在5年后的讲话中，即在省部级主要领导干部专题研讨班上指出：从党的十八大开始，中国特色社会主义进入新时代。10年来，我们坚持马克思列宁主义、毛泽东思想、邓小平理论、“三个代表”重要思想、科学发展观，全面贯彻新时代中国特色社会主义思想，全面贯彻党的基本路线、基本方略，采取一系列战略性举措，推进一系列变革性实践，实现一系列突破性进展，取得一系列标志性成果，攻克了许多长期没有解决的难题，办成了许多事关长远的大事要事，经受住了来自政治、经济、意识形态、自然界等方面的风险挑战考验，党和国家事业取得历史性成就、发生历史性变革。① 这说明，我国社会主要矛盾变化是进入新时代的重要依据，新时代是中国特色社会主义新时代，而不是别的什么新时代。

中国处于新的历史方位的现实依据有国内与国际两个方面。从国内来看，中国共产党带领中国人民经过长期的艰苦奋斗，创立和发展社会主义制度，中国社会发生了翻天覆地的变化。特别是党的十八大以来，党领导人民“解决了许多长期想解决而没有解决的难题，办成了许多过去想办而没有办成的大事”，推动党和国家事业发生了“深层次的、根本性的”变革，中国社会取得了“全方位、开创性的”成就②。正是由于10年来变革的力度之大、程度之深，我国才在多个领域、多个层次取得了卓著成效。表现在实践中：经济方面，提出五大发展理念，完善市场在资源配置中的决定性作用，更好地发挥政府作用，推进供给侧结构性改革；政治方面，作出全面依法治国的决策，完善中国特色社会主义制度体系和治理体系；文化方面，加强党对意识形态的主导权和话语权，弘扬社会主义核心价值观和中华优秀传统文化，彰显中国特色社会主义的文化自信；生态方面，加强生态文明建设，将美丽中国纳入“五位一体”总体布局；党的建设方面，完善党内法规，进行理想信念教育，使党的建设真正走向“严紧硬”；国际影响方面，中国特色社会主

① 习近平：《高举中国特色社会主义伟大旗帜　奋力谱写全面建设社会主义现代化国家崭新篇章》，《人民日报》2022年7月28日。

② 习近平：《决胜全面建成小康社会　夺取新时代中国特色社会主义伟大胜利——在中国共产党第十九次全国代表大会上的报告（2017年10月18日）》，人民出版社2017年版，第8页。

义焕发生机和活力，对国际共产主义运动和人类文明的多样选择都影响巨大。相比欧美资本主义社会的“世界纷纷扰扰”，中国特色社会主义“风景这边独好”。原因在于中国把五千年悠久文明与马克思主义思想相融合，开辟了一条中国特色社会主义道路。习近平总书记指出：“我们千万不能‘邯郸学步，失其故行’。我们就是把马克思主义中国化，就是搞中国特色社会主义。近年来，随着我国综合国力和国际地位上升，国际上关于‘北京共识’、‘中国模式’、‘中国道路’等议论和研究也多了起来，其中不乏赞扬者。”① 中国特色社会主义道路是马克思主义中国化时代化的结晶。今天的世界，国际形势正发生前所未有之大变局；今天的中国，中国特色社会主义正全面向前推进。今天的世界证实了马克思恩格斯 100 多年前的预言，历史越来越成为世界历史，全球越来越成为命运共同体。各个国家在解决本国发展问题的同时，也须共同致力于解决全球人类共同面临的问题。“一带一路”倡议、人类命运共同体的理念和全球共商共建共享的治理观一经提出，便吸引广大发展中国家积极响应，这说明日益增多的全球性问题需要人类共同面对已成共识。中国共产党是为人类的进步事业而奋斗的政党，社会主义是实现人类彻底解放的理念，这种居于道义制高点的价值观在中国特色社会主义制度中得以体现。中国特色社会主义进入新时代，提振了人们对社会主义的信心，开创了后发国家走向现代化的通途，也昭示着人类解放的美好未来。

中国特色社会主义保持良好的发展势头，是中国人民在中国共产党领导下勇于实践的结果。虽然中国目前仍处于社会主义初级阶段，但我们应该清楚，它的目标所向依然是马克思语境中的共产主义，它的价值遵循依然是人的自由全面发展。

---

① 中共中央文献研究室编：《十八大以来重要文献选编》（上），中央文献出版社 2014 年版，第 111 页。

第二节　中国特色社会主义发展的人学分析

社会是人的集合体，人的发展与社会的发展是动态一致的，人的自由全面发展是社会发展的最终归宿①。马克思曾根据二者的发展程度不同，将人类社会形态划分为五大形态和三大形态，并指认二者共同的价值旨归是自由的个人构成的联合体。自由人的联合体与人的自由个性的实现需要前提条件，这些条件在当前的中国并不完全具备。中国社会的制度优势，占据道义制高点实行“有原则高度的实践”，为人与自然、人与人的和解作好了准备。中国特色社会主义发展的核心目的即着力解决好发展不平衡不充分问题，大力提升发展质量和效益，更好满足人民在经济、政治、文化、社会、生态等方面日益增长的需要，更好推动人的全面发展、社会全面进步。② 习近平总书记反复强调当代中国发展的目标即“推动人的全面发展、社会全面进步”③。中国特色社会主义虽然不能完全实现人的自由全面发展，但其作为人的自由全面发展的必经阶段，其所践行的“以人民为中心”的价值指向、“五位一体”总体布局的保障、“人类命运共同体”的路径选择、“时代新人”的发展目标构成了逻辑严密的理论体系，创新性地探索出社会主义初级阶段人的自由发展的独特实现路径，是马克思主义人学发展的新阶段。

一、“以人民为中心”是中国特色社会主义的价值指向

社会主义的前途是“以每一个个人的全面而自由的发展为基本原则

① 徐斌：《人的全面发展与制度建设——基于当代中国现实境遇的分析》，《当代世界与社会主义》2013 年第 1 期。

② 《习近平关于“不忘初心、牢记使命”论述摘编》，中央文献出版社2019年版，第28页。

③ 《习近平谈治国理政》第 3 卷，外文出版社 2020 年版，第 9 页。

的社会形式"①，它与资本主义的本质区别是实现了手段和目的的倒置。在资本主义社会，人是实现剩余价值的手段，剩余价值才是生产的目的；而在社会主义社会，生产的目的不是为了物而是为了人。马克思指出，社会发展和人的发展一样，都要经历漫长的历史过程，分为若干不同的阶段，每个阶段都有其实践任务。但无论如何，共产主义社会和人的自由全面的发展是社会和人发展的目标所在，中国目前囿于生产力和人的主体性的发展水平，还处于社会主义初级阶段，尚未完全实现人的自由全面发展。习近平总书记指出："我国社会主要矛盾的变化，没有改变我们对我国社会主义所处历史阶段的判断，我国仍处于并将长期处于社会主义初级阶段的基本国情没有变，我国是世界最大发展中国家的国际地位没有变。"②尽管当代中国仍处于社会主义初级阶段，但我们始终坚持以人的发展推动社会进步，坚持"以人民为中心"的发展理念，不断促进人的现代化和人的自由全面发展。

实际上，马克思恩格斯在《共产党宣言》中指出，不同于以往的一切剥削阶级及其政党，共产党代表最广大人民的根本利益，"过去的一切运动都是少数人的，或者为少数人谋利益的运动。无产阶级的运动是绝大多数人的，为绝大多数人谋利益的独立的运动"③。工人阶级政党和工人阶级的最近目的是推翻资产阶级统治，实行无产阶级专政，"但是他们在当前的运动中同时代表运动的未来。"④"运动的未来"就是在主客观条件具备的前提下，建立"自由人的联合体"。彼时，联合体中的每个人拥有"健康而有益的工作"，享有"充裕的物质生活和闲暇时间"，实现"真正的充分的自由"⑤。

---

① 《马克思恩格斯文集》第5卷，人民出版社2009年版，第683页。

② 习近平：《决胜全面建成小康社会　夺取新时代中国特色社会主义伟大胜利——在中国共产党第十九次全国代表大会上的报告》（2017年10月18日），人民出版社2017年版，第12页。

③ 《马克思恩格斯文集》第2卷，人民出版社2009年版，第42页。

④ 《马克思恩格斯文集》第2卷，人民出版社2009年版，第65页。

⑤ 《马克思恩格斯全集》第21卷，人民出版社1965年版，第570页。

马克思恩格斯为共产党确定的宗旨和性质在中国革命和建设的实践中得以彰显。中国共产党诞生于中华民族生死存亡之际，无论通过新民主主义革命实现民族独立和人民解放，还是建立社会主义制度为国家富强和人民富裕打下坚实的制度基础，都体现了中国共产党全心全意为人民服务的宗旨。“为人民服务”一语出自毛泽东写给张闻天的一封信中，在党的七大上明确把“全心全意为人民服务”作为党的宗旨。全心全意为人民服务，是人民群众创造历史这一唯物史观的逻辑引申，也是人的主体价值的彰显。首先，根据唯物史观，人民群众是人类历史和社会价值的主体，中国共产党作为广大人民群众利益的代表，要“全心全意”而不是“半心半意或者三分之二的心三分之二的意为人民服务”①。其次，一方面，全心全意为人民服务强调个人对社会应尽的义务和责任，个人价值通过为人民和集体服务来体现；另一方面，当个人为人民和集体服务的时候，其价值得到了人民和集体的肯定，个人价值也就得以实现。因此，全心全意为人民服务把个人价值和社会价值相统一，其实质就是把共产主义人的解放运动落实到人的革命实践活动中。

改革开放初期，邓小平超越了从生产关系的改变来认定社会主义的谬误，指出社会主义是在解放和发展生产力基础上理顺生产关系。社会主义是合规律性和合目的性的辩证统一。在包括中国在内的现实社会主义建设过程中，人们常常强调规律性而忽略目的性。邓小平着眼于以人民为本位的社会主义原则，他指出社会主义在生产力领域表现为“必须发展生产力，改善人民生活条件。”② 在生产关系领域表现为“全国人民共同富裕，不是两极分化。”③ 他虽然没有明确提出人的全面发展，但他提出的社会主义本质论、“三个有利于”的判断标准以及培养“四有”新人都是从不同方面对“全心全意为人民服务”的展开，都为马克思人学在实践中的发展注入了新活力。

---

① 《毛泽东著作选读》下，人民出版社 1986 年版，第 800 页。

② 《邓小平思想年编：1975—1997》，中央文献出版社 1998 年版，第 81 页。

③ 《邓小平思想年编：1975—1997》，中央文献出版社 1998 年版，第 311 页。

马克思认为，共产主义不仅包括生产力高度发达、生产资料个人所有制、消费资料按需分配等诸多特征，更包括人的自由全面发展这一本质属性。共产主义社会人的自由全面发展不可能一蹴而就，需要踏踏实实做好现阶段的工作，为实现最终目标创造条件。在中国共产党的历史上，江泽民首次明确提出“人的全面发展”。他指出，“我们建设有中国特色社会主义的各项事业，我们进行的一切工作，……要努力促进人的全面发展。”① 江泽民提出中国特色社会主义建设的价值目标是人的全面发展，这超越了我国现代化建设中满足人的物质文化等实体目标的界限，而提出更高的价值目标和主体标准，进而丰富和发展了马克思人学，这在中国共产党历史上具有划时代意义，在国际共产主义运动史上也属创举。实践上，江泽民提出社会主义社会的本质要求即“促进人的全面发展”，是针对我国现代化建设过程中存在的重视物质利益、短期利益和部分利益而忽视人的素质、长期利益和整体利益的弊端，也是对共同富裕这一社会主义本质的深化。人的全面发展和共同富裕并不矛盾，它是共同富裕的目的之目的、根本之根本。“三个代表”重要思想中，中国共产党的先进性最终体现在代表广大人民群众的根本利益。这既是人的全面发展思想的深化，也是全心全意为人民服务思想的发展。

马克思主义人学的革命性首先表现在对人的科学阐释，即把“现实的个人”作为理论的出发点和归宿。马克思虽然没有专门的人学著述，但他所有的研究都围绕人展开，正是从这个意义上，恩格斯把他们创立的学说概括为“关于现实的人及其历史发展的科学”②。进入21世纪，中国的现代化建设突飞猛进，人民的物质生活和精神生活极大丰富，人的需要呈现多层次和多样化的趋势，人的利益出现多元化和复杂化的倾向，人的需要和利益问题处理不好，就会影响社会与人的发展。科学发

① 《江泽民文选》第3卷，人民出版社2006年版，第294页。

② 《马克思恩格斯文集》第4卷，人民出版社2009年版，第295页。

展观的提出将以人为本作为核心思想，这里的人也就是“处在现实的、可以通过经验观察到的、在一定条件下进行的发展过程中的人。”①胡锦涛继承和发扬了马克思主义的人民主体思想，“以人为本”中“人”既包括“每个人”和“全人类”，也包括最核心的“人民”，即“包括知识分子在内的工人阶级、农民阶级”和“社会各阶层”。以人为本作为中国共产党的执政理念，其表现是“立党为公、执政为民”，要解决的核心问题是“为谁执政、靠谁执政、怎样执政这个重大问题”②。以人为本是对党“全心全意为人民服务”根本宗旨的丰富和创新，更是在新的条件下落实和发展。“以人为本的根本含义，就是坚持全心全意为人民服务，立党为公，执政为民，始终把最广大人民的根本利益作为党和国家工作的根本出发点和落脚点”。做到经济社会“发展为了人民、发展依靠人民、发展成果由人民共享”③。

马克思虽然没有明确提出“人民主体性”的概念，但其人学理论包含着丰富的“人民主体性”思想。他指出，对社会主义者来说，“整个所谓世界历史不外是人通过人的劳动而诞生的过程”④。党的十八大提出“坚持人民的主体地位”，就继承和发展了马克思的人民主体性思想，并根据中国社会经济发展实际采取了具有中国特色的表达。党的十九大上，“以人民为中心”作为人民主体性原则的发展，被确定为习近平新时代中国特色社会主义思想的基本方略之一。在党的二十大上，“以人民为中心的发展思想”被确定为新征程上必须牢牢把握的重大原则之一；“坚持人民至上”被确定为习近平新时代中国特色社会主义思想的世界观和方法论之一。这说明，人民性是马克思主义的本质属性，坚持“以

---

① 《马克思恩格斯文集》第1卷，人民出版社2009年版，第525页。

② 中共中央文献研究室编：《十六大以来重要文献选编》中，中央文献出版社2006年版，第305页。

③ 中共中央文献研究室编：《十七大以来重要文献选编》上，中央文献出版社2009年版，第107页。

④ 《马克思恩格斯文集》第1卷，人民出版社2009年版，第196页。

人民为中心”就是坚持“人民至上”。作为治国理政的基本方略，“以人民为中心”在理论上更有效地避免将“以人为本”理解为“个人主义”“以我为本”的无意误解和有意歪曲；在实践上兼顾了主动和被动、结果和过程的统一，更能彰显人民在新时代中国特色社会主义建设中发挥主观能动性，更能全面诠释人民是中华民族伟大复兴的奋斗者和受益者相统一的理念。“以人民为中心”作为中国共产党人的价值追求，既是中国共产党领导中国人民取得伟大成就的经验总结，更是未来中国共产党治国理政的根本遵循。

习近平总书记指出，共产党人必须牢记，为民造福是最大政绩。我们谋划推进工作，一定要坚持全心全意为人民服务的根本宗旨，坚持以人民为中心的发展思想，坚持发展为了人民、发展依靠人民、发展成果由人民共享，把好事实事做到群众心坎上。① 党的十八大以来，我们党深入贯彻以人民为中心的发展思想，在幼有所育、学有所教、劳有所得、病有所医、老有所养、住有所居、弱有所扶上持续用力，人民生活全方位改善。② 所以，党“全心全意为人民服务”的宗旨、中国特色社会主义建设时期以共同富裕为目标的社会主义本质论、中国共产党代表最广大人民的根本利益、“以人为本”与“以人民为中心”，其理论源泉都是马克思人学的主体性思想，价值指向都是人的自由全面发展。中国共产党根据中国社会实践不断创新理论，赋予人民主体性以新的内涵，领导中国人民在社会主义各项建设事业中更好地促进人的全面发展。

① 《习近平在中央党校（国家行政学院）中青年干部培训班开班式上发表重要讲话强调筑牢理想信念根基树立践行正确政绩观在新时代新征程上留下无悔的奋斗足迹》，《人民日报》2022 年 3 月 2 日。

② 习近平：《高举中国特色社会主义伟大旗帜　为全面建设社会主义现代化国家而团结奋斗——在中国共产党第二十次全国代表大会上的报告》（2022 年 10 月 16 日），人民出版社 2022 年版，第 10 页。

二、"五位一体"总体布局是人的发展的重要保障

人的发展是历史的、具体的，而非既定的、抽象的，它与一定的社会生活条件和社会政治经济制度紧密联系。没有制度的保障，人不能得到发展。马克思从"现实的个人"出发，致力于寻求人的发展的途径和条件，并以实际行动去创造这种条件，促使马克思人学科学化。中国特色社会主义制度的建立为人的全面发展提供了制度保障。中国共产党在把握社会主义建设实践和认识规律的基础上，逐渐形成从"两个文明"发展为"五位一体"的中国特色社会主义事业总体布局，也是促进人的全面发展的现实举措。党的十八大以来，我们一以贯之坚持和发展中国特色社会主义，统筹推进"五位一体"总体布局、协调推进"四个全面"战略布局，不断推进国家治理体系和治理能力现代化，最终目标是促进人的全面发展和社会全面进步。在党的二十大报告中，习近平总书记概括提出并深入阐述了中国式现代化理论，指出中国式现代化是人口规模巨大的现代化、是全体人民共同富裕的现代化、是物质文明和精神文明相协调的现代化、是人与自然和谐共生的现代化、是走和平发展道路的现代化。①与西方现代化完全不同，中国式现代化把人的现代化作为主要目标，以人的发展牵动社会进步。习近平总书记指出："人民是历史的创造者，是推进现代化最坚实的根基、最深厚的力量。现代化的最终目标是实现人自由而全面的发展。现代化道路最终能否走得通、行得稳，关键要看是否坚持以人民为中心。现代化不仅要看纸面上的指标数据，更要看人民的幸福安康。"②可以说，"五位一体"总体布局和"中国式现代化"是促进人的发展的重要保障和实践路径。

---

① 习近平：《高举中国特色社会主义伟大旗帜　为全面建设社会主义现代化国家而团结奋斗——在中国共产党第二十次全国代表大会上的报告》（2022 年 10 月 16 日），人民出版社 2022 年版，第 22—23 页。

② 习近平：《携手同行现代化之路——在中国共产党与世界政党高层对话会上的主旨讲话》（2023 年 3 月 15 日），《人民日报》2023 年 3 月 16 日。

人的全面发展以人的生命存在为前提，人的生命存在以基本需要的满足为前提，人的基本需要的满足则以劳动为前提。人通过劳动这种对象性活动解决自己的吃、喝、住、穿，创造丰富的生活资料，推动生产力的发展，使人逐渐摆脱贫困状态，在满足基本需要的基础上追求享受和发展需要。在生产力的构成要素中，作为劳动者的人具有决定性作用，人是生产力发展的条件和目的，人的发展也通过生产力的发展来表征。中国共产党带领中国人民选择社会主义制度，其根本原因是社会主义生产关系适应生产力的发展要求，可以快速使中国人民摆脱贫困。邓小平坚持马克思主义人学理论，他指出，“马克思主义认为，归根到底要发展生产力。我们太穷了，太落后了，老实说对不起人民。我们现在必须发展生产力，改善人民生活条件。”① 正是在“对不起人民”的自责和反思中，党的工作重心从“以阶级斗争为纲”转移到经济建设上来。

精神性是人与动物的重要区别。精神生活不是人类生活中可有可无的点缀，而是人作为主体存在的明证。在唯物史观中，物质是精神的决定力量，但精神并不是无所作为的消极存在。在人类实践活动中，精神不仅发挥着巨大的动力作用，而且可以向物质转化，参与改造客观世界的过程。积极向上的精神可以促进社会制度稳定，加快人与社会全面发展的步伐。毛泽东把精神、思想等主观的东西，看作“做和行动”的重要动力，在新中国成立时号召全党和全国人民继续保持民主革命时的振奋精神。改革开放引进资本主义的先进技术和管理经验，其腐朽思想也不可避免地渗透进来，加之“文化大革命”遗留“精神上的问题很多，……大公无私、舍己为公、艰苦奋斗等道德观念都遭到了破坏。……现在的社会风气不如过去，……不讲礼貌了，也不照顾别人的利益、集体的利益、国家的利益。……没有好的道德观念和社会风气”②。邓小平提出精神

① 《邓小平思想年谱（1975—1997）》，中央文献出版社 1998 年版，第 81 页。

② 《邓小平思想年谱（1975—1997）》，中央文献出版社 1998 年版，第 179 页。

文明的概念，将其作为社会现代化与人的现代化的重要内容。中国的社会主义“不但要有高度的物质文明，而且要有高度的精神文明。”① 他还把精神文明概括为“教育、科学、文化”和“共产主义的思想、理想、信念、道德、纪律，革命的立场和原则，人与人的同志式关系”② 两方面内容。党的十二大报告明确指出，精神文明和物质文明在社会主义现代化建设中互为条件和目的，“两个文明一起抓”是社会主义建设的重要战略方针。“两个高度文明”从静态来看是人的全面发展的要求，也是社会现代化的要求；从动态来看，它符合人与社会阶段性的发展要求，与中国社会和人的发展现实相适应。

唯物史观常被简单抽象为“经济决定论”，这是因为马克思恩格斯为消除唯心史观的影响，在唯物史观创立之初较强调经济的作用，再加上经济因素的归根结底意义，这一熟知的说法便广为流传。然而熟知并非真知，马克思恩格斯并不否定政治及上层建筑的重大作用。恩格斯曾批评把经济因素看作历史发展的唯一决定性因素，他说：“根据唯物史观，历史过程中的决定性因素归根到底是现实生活的生产和再生产。……如果有人……说经济因素是唯一决定性的因素，那么他就是把这个命题变成毫无内容的、抽象的、荒诞无稽的空话。”③“归根到底”正确地指出经济在社会发展中的基础性作用，以及经济因素在众多相互作用的因素中的决定性作用。中国特色社会主义进入新的发展阶段，中国人仍处于人的发展第二阶段，人生活于政治国家和市民社会分离之中，人在政治领域的需求不可避免。邓小平把十一届三中全会以来国内的政策概括为经济上的改革和政治上的民主，他指出，我国的改革应该是全面的改革，“政治体制改革同经济体制改革应该相互依赖，相互配合。只搞经济体制改革，不搞政治体制改革，经济体制改革也搞不通，

---

① 中共中央文献研究室编：《十四大以来重要文献选编》中，人民出版社 1997 年版，第 1674 页。

② 《邓小平思想年谱（1975—1997）》，中央文献出版社 1998 年版，第 177 页。

③ 《马克思恩格斯文集》第 10 卷，人民出版社 2009 年版，第 591 页。

因为首先遇到人的障碍。”①党的十二届六中全会进一步提出，以经济建设为中心，坚定不移地进行经济体制、政治体制改革和精神文明建设。党的十三大提出社会主义现代化建设“三位一体”的战略布局，其目标分别是富强、民主、文明。

社会主义社会中人的发展与社会的发展不是相互制约，而是互为前提和目的。人的发展以社会发展为前提和保障，而需要作为人的发展的动力，也是社会发展的前提和保障。改革开放以来，中国现代化加速发展，“社会”逐渐从经济、政治和文化中分离出来，社会建设的任务被提上日程。社会有广义和狭义之分，广义的社会指人与人各种关系的总和，涵盖人类社会实践活动的各个领域；狭义的社会指人民的基本生活，即我们常说的民生领域。很明显，这里所说的“社会”指狭义的社会。计划经济体制下，民生领域问题都是由单位来解决，改革开放后经济体制改革和城市化加速，企业减员增效，各地招商引资，大量征地拆迁，但中国社会建设长期滞后，社会保障救助等制度不完善，导致下岗工人和失地农民的生活受到影响，也造成了许多社会矛盾。这些社会矛盾不仅破坏社会稳定，影响社会现代化发展进程，而且极大地伤害了人民的利益，与党全心全意为人民服务的宗旨相违背。党的十六大明确把“社会更加和谐”“人民生活更加殷实”作为21世纪头二十年的发展目标。为了实现目标，中国共产党提出“构建社会主义和谐社会”，胡锦涛强调“中国特色社会主义事业的总体布局更加明确地由社会主义经济建设、政治建设、文化建设三位一体发展为社会主义经济建设、政治建设、文化建设、社会建设四位一体。”②党的十七大报告重申并确认了“四位一体”的提法。社会建设着力于满足各种民生需求，通过社会制度建设、社会利益疏导、社会价值整合，完善社会保障、社会救助和社会福利，满足人的合理需要，回应人的利益关切，疏导人的利益冲突，促进人的全面发展。

① 《邓小平文选》第3卷，人民出版社1993年版，第164页。

② 中共中央文献研究室编：《十六大以来重要文献选编》中，中央文献出版社2006年版，第1025页。

自然与人相比具有先在性，是人与社会产生的基础，自然和人不能脱离彼此而存在，正是在这个意义上，马克思指出人与自然具有本源性关系，即“人的自然本质”和“自然界的人的本质”。马克思恩格斯告诉人们，相对于资本主义社会带来的“地力耗损”“森林消失”“气候改变”“江河干涸”①，未来社会人与自然高度和谐，“是人同自然界的完成了的本质的统一，是自然界的真正复活，是人的实现了的自然主义和自然界的实现了的人道主义。”②在现阶段，中国要把尊重客观规律和满足人类需求结合起来，把人的活动合规律性与合目的性统一起来，真正做到经济进步、生态良好、人的发展三者有机统一。改革开放初期，中国经济实现高速发展，人民生活水平有了极大的提高，但也付出了高昂的资源和环境的代价。2007 年，党的十七大提出生态文明建设的目标和要求，党的十八大将其纳入社会主义现代化建设总体布局，并强调生态文明事关人民福祉和民族未来，应该把它融入经济、政治、文化和社会建设各方面，贯穿社会主义现代化建设全过程。新时代中国特色社会主义更加重视生态文明建设，“绿水青山就是金山银山”的理念深入人心，“保护自然环境就是保护人类”的信念共识已经达成，“建设生态文明就是造福人类”的格局已经初步形成。促进人与自然和谐共生是中国式现代化的本质要求。要像保护眼睛一样保护自然和生态环境。……必须站在中华民族永续发展根本大计的高度，……建设人与自然和谐共生的现代化，建设望得见山、看得见水、记得住乡愁的美丽中国。③

从提出“两个文明一起抓”，到社会主义现代化“五位一体”的总体布局，这是中国共产党实现中华民族伟大复兴中国梦的总体部署，也是中国现阶段人的发展的前提保障，还是中国现阶段人的发展的现实步骤。社会领域随着生产力的发展、人的需要的多样化不断分化，现代化

---

① 《马克思恩格斯文集》第 10 卷，人民出版社 2009 年版，第 627 页。

② 《马克思恩格斯文集》第 1 卷，人民出版社 2009 年版，第 187 页。

③ 《习近平新时代中国特色社会主义思想学习纲要》，学习出版社、人民出版社 2023 年版，第 224 页。

总体布局随着社会实践的发展不断丰富。“五位一体”总体布局既是社会主义现代化内容的不断充实与阶段性实现，也是人的需要不断满足和人的全面发展的不断完善。社会的现代化和人的发展无论过去、现在，还是将来都不可能终结，中国特色社会主义建设的总体布局推动着二者逐步趋向完善。

三、“人类命运共同体”是人的自由发展的必由之路

共同体是人们基于共同的利益而结成的集体。共同体着眼于人的生存困境和利益需求，力图通过集体的努力，达到追求幸福生活的目的。共同体成员相互依靠、相互帮助，因此感觉幸福温馨①。共同体的外延较为宽泛，包括想象共同体与实体共同体。实体共同体依规模可以小至家庭，大到人类。早在古希腊时期，古希腊三杰就把城邦作为能使人安居乐业的共同体，亚里士多德甚至认为，城邦是人的生活方式，人必须依赖城邦而生活，“凡隔离而自外于城邦的人……他如果不是一只野兽，那就是一位神祇”②。近代以来，卢梭(Jean—Jacques Rousseau）主张通过签订社会契约建立“政治共同体”，以保障人的生命和财产安全，实现人与生俱来的自由和平等。康德诉诸“伦理共同体”，意欲伸张人之善，抑制人之恶，认为人只有为“同一个目的联合成为一个整体”，在“具有善良观念”的统一体系中，才能实现“道德上的至善”③。黑格尔从个体和共同体的辩证关系出发，把共同体分为家庭、市民社会和国家三种形式。个体和共同体的关系经历了统一、分裂到再统一发展阶段，完成了辩证法的肯定、否定、否定之否定的过程。他指出，个人只有在国家中，只

---

① ［英］齐格蒙特·鲍曼：《共同体》，欧阳景根译，江苏人民出版社 2003 年版，第 2—3 页。

② ［古希腊］亚里士多德：《政治学》，吴寿彭译，商务印书馆 1965 年版，第 9 页。

③ ［德］康德：《单纯理性限度内的宗教》，李秋零译，中国人民大学出版社 2003 年版，第 92 页。

有成为国家成员才能获得自由。可见，虽然他们阐述共同体的角度不同，但都把共同体作为人存在的前提，作为个人利益实现的保障和个体自由发展的基础。马克思指出，“只有在共同体中，个人才能获得全面发展其才能的手段，也就是说，只有在共同体中才可能有个人自由。”①

马克思共同体思想不是无源之水、无本之木，不是离开人类文明大道的异想天开。马克思在吸收前人共同体思想精华的基础上，根据人的发展、个人与共同体的关系把共同体分为三类，并与人的自由发展状况和一定的社会形态相对应。自然共同体即人役阶段，前资本主义社会皆属此类共同体。彼时，生产力不发达，个人的社会关系较为狭窄，个人与共同体的关系表现为从属关系，个人由于血缘或统治关系从属于特定的共同体。社会分工的条件尚未出现，个人在共同体中从事多种活动，活动的多样性使得个人能力貌似比较全面，但这是由于原始的社会关系造成的。在这种生产力和社会关系下，个人和共同体均得不到自由全面发展。虚幻共同体即物役阶段。生产力的发展导致了分工和私有制的出现，社会分化成各个阶级，阶级矛盾随之产生，统治阶级声称要维护共同利益，“共同利益才采取国家这种与实际的单个利益和全体利益相脱离的独立形式，同时采取虚幻的共同体的形式”②。作为阶级统治的工具，国家产生于分工和私有制带来的阶级分化的基础之上，它以维护共同利益为由为自己寻找存在的依据。国家作为统治阶级利益的代言人，其使命在于维护统治阶级的利益，因此它对于个人和共同体来说都是“虚幻”的。国家作为虚幻的共同体经由意识形态加工，颠倒了自身产生的历史逻辑和理论逻辑，使其摆脱了统治阶级代言人的窘境，以共同体普遍利益的代表自居。在虚幻共同体中，个人摆脱了人身依附，却只能通过占有物质来确证自身。人的社会关系局限于对物的占有，人的自由有意识的活动变成维持肉体生存的劳动，人由生产的目的变为手段。

① 《马克思恩格斯文集》第1卷，人民出版社2009年版，第571页。

② 《马克思恩格斯文集》第1卷，人民出版社2009年版，第536页。

真正共同体即自由个性阶段，共产主义社会便是此类共同体。虚幻共同体虽然“轻视人、蔑视人、阻碍人的自由，限制人的全面发展。”① 但它为真正共同体准备了充足的物质条件、全面的社会关系、多样化的需求和人的全面能力。真正共同体是对自然共同体的否定之否定，它建立在消灭私有制、劳动者与生产资料统一和消灭固定分工的基础上，它保存了前两个阶段人和社会发展的积极成果。“在真正的共同体的条件下，各个人在自己的联合中并通过这种联合获得自己的自由。”②这种共同体弥合了人在市民社会和国家之间分裂，以超越的方式实现自身，马克思又将其称为“自由人联合体”。

由此可见，社会主义初级阶段仍然存在私有制和商品经济，具有“虚幻共同体”的特征；以公有制为主体和代表全体人民利益的中国共产党的领导，具有“真正共同体”的特质。有论者将其称作“过渡共同体”，即由虚幻共同体向真正共同体过渡的社会主义性质的共同体③。它和一些“新兴市场”等发展中国家都挑战着原有的资本主义世界体系，力求改变由“发达国家单方面主导、渗透和支配不发达国家的全球化模式”④，即“单向度的全球化”。取而代之的便是各个国家共同协商国际事务、共同构建国际规则、共同享受发展成果的共同体，即类似于中国倡议的人类命运共同体。习近平总书记指出：“人类生活在同一个地球村里，生活在历史和现实交汇的同一个时空里，越来越成为你中有我、我中有你的命运共同体。”⑤ 今天，人类发生世界性交往的程度比过去任何时候都更加深入，各国相互联系和彼此依存成为不可阻挡的历史大趋

---

① 牛先锋：《从“虚幻的共同体”到“自由人联合体”——马克思国家理论及其对国家治理现代化的启示》，《天津社会科学》2016 年第 4 期。

② 《马克思恩格斯文集》第 1 卷，人民出版社 2009 年版，第 571 页。

③ 鲁燕、景庆虹：《人类命运共同体思想的发展历程及实践探析》，《北京林业大学学报（社会科学版）》2018 年第 3 期。

④ 郗戈：《超越资本主义现代性——马克思现代性思想与当代社会发展》，中国人民大学出版社 2014 年版，第 136 页。

⑤ 《习近平谈治国理政》，外文出版社 2014 年版，第 272 页。

势。人类命运共同体即每个民族、每个国家之前途命运都不可避免地联系在一起，每个民族、国家应该风雨同舟，荣辱与共，携手把世界各国人民对美好生活的向往变成现实。

人类命运共同体既是构建新型国际关系的理念，更是创建全球治理体系的实践。"人类命运共同体"这一科学概念在党的十八大报告中首次提出，党的十九大提出将人类命运共同体思想作为习近平新时代中国特色社会主义思想的重要组成部分。党的二十大再次提出"构建人类命运共同体是世界各国人民前途所在。"①人类命运共同体思想以马克思主义共同体思想为理论根基，吸收借鉴了中华优秀传统文化。虽然这个思想提出较晚，但是在中国共产党的历史上对人类命运共同体的探索却由来已久。既有新中国刚刚创建时提出的"和平共处五项基本原则"，又有改革开放以来党中央先后提出的"建立国际新秩序"和"构建和谐世界"等主张。

人类命运共同体具有三个显著特点：首先，人类命运共同体蕴含的和平发展理念是中国共产党长期坚持的方针。和平发展的道路有利于中国，也有利于世界。特别是全球化发展的今天，人类交往深刻而广泛，相互依存更加紧密，处理传统安全问题和非传统安全问题事关人类的前途命运，涉及全人类的利益，各个国家既不能独善其身，也不能置身事外，唯有齐心协力、共同协作，方能化解人类面临的困境。习近平总书记在党的二十大上真诚呼吁："世界各国弘扬和平、发展、公平、正义、民主、自由的全人类共同价值，促进各国人民相知相亲，尊重世界文明多样性，以文明交流超越文明隔阂、文明互鉴超越文明冲突、文明共存超越文明优越，共同应对各种全球性挑战。"②这充分说明，中国人民愿

① 习近平：《高举中国特色社会主义伟大旗帜　为全面建设社会主义现代化国家而团结奋斗——在中国共产党第二十次全国代表大会上的报告》（2022 年 10 月 16 日），人民出版社 2022 年版，第 62 页。

② 习近平：《高举中国特色社会主义伟大旗帜　为全面建设社会主义现代化国家而团结奋斗——在中国共产党第二十次全国代表大会上的报告》（2022 年 10 月 16 日），人民出版社 2022 年版，第 63 页。

同世界人民携手建设一个持久和平的世界，共同开创人类更加美好的未来。其次，人类命运共同体回应了国际上“国强必霸”的论调。中国作为世界第二大经济体，对世界经济发展作出了重大贡献。中国“第一个一百年”的奋斗目标已经实现，并踏上基本实现现代化与“第二个一百年”奋斗目标的征程，中华民族从来没有距离世界舞台中央如此之近，如此清晰地勾画伟大复兴的光明前景。然而，“中国威胁论”和“国强必霸”的言论再次响起，这虽然属于认知误区和认识偏见，但却考验着中华民族的智慧。人类命运共同体的提出，体现了中国在国际格局大变动时代引领世界发展进程的历史担当和实践自觉。它不仅破除了那些质疑马克思跨越“卡夫丁大峡谷”理论的论调，更以推动、参与、引领新型全球治理体系而占据道义制高点。最后，人类命运共同体的提出，重申历史唯物主义的“建构性”的特质，实现了其批判性和建构性的统一①。理论是实践的反映，并随实践的发展而发展。当今资本主义主导的全球化导致经济衰退、政治压迫和生态危机，进而威胁人类的生存和发展，这说明资本逻辑支配的现有全球治理体系不能引领人类社会发展。人类命运共同体立足现代、面向未来，立足中国、放眼世界，反思现有的治理体系，提出全球治理的中国方案。它不仅是“以阶级革命的方式实现人类解放的理论”，更是“一种唤醒人类超越资本主义文明形态以维系人类存在的救亡理论”②，由此历史唯物主义“改变世界”的宣示便以批判当代人的生存发展的世界秩序，重建符合人的本质的治理体系的面貌得以展现。

人类命运共同体是应对历史转向世界历史之际，如何实现人的发展提出的治理理念，必将随着世界历史的发展不断发展。“构建人类命运共同体是世界各国人民前途所在，是应对人类共同挑战、建设更

① 刘同舫：《构建人类命运共同体对历史唯物主义的原创性贡献》，《中国社会科学》2018 年第 7 期。

② 罗骞：《中国特色社会主义建设实践的理论自觉——论历史唯物主义功能及其内涵的当代转化》，《江苏大学学报（社会科学版）》2012 年第 2 期。

加繁荣美好世界的人间正道。这一倡议已被多次写入联合国文件，正在从理念转化为行动，产生日益广泛而深远的国际影响，成为中国引领时代潮流和人类文明进步方向的鲜明旗帜。”①正如马克思所说，历史唯物主义不只是解释世界，重要的是改变世界。中国作为人类命运共同体的倡议者、践行者和主导者，为这一思想的实施进行了有益的探索，比如，推进“一带一路”建设、扩大上海合作组织、倡议筹建亚投行等，这些都是中国为人类命运共同体贡献的中国智慧和中国方案。

四、“时代新人”是人的发展的现实目标

人既是手段，也是目的。中国特色社会主义实践中“以人民为中心”的价值理念、“五位一体”总体布局和构建“人类命运共同体”的发展路径，都是为人的自由全面发展准备条件，如果仅从这些方面来考察中国道路的人学意蕴，还没有深入到人自身这一核心，因而具有间接性和抽象性，一定意义上来说，还没有贯彻历史唯物主义的原则。马克思在创立新唯物主义伊始，就旗帜鲜明地指出：“环境的改变和人的活动或自我改变的一致，只能被看做是并合理地理解为革命的实践。”②社会主义现代化是社会现代化和人的现代化的统一，或者说，社会的现代化的前提是人的现代化，最终目的是为了人的现代化。正是在这个意义上，马克思恩格斯提出，在无产阶级取得政权后，应采取“对所有儿童实行公共的和免费的教育”和“把教育同物质生产结合起来”③等措施。

中国在20世纪60年代提出农业、工业、国防和科学技术现代化，从宏观上看，“四个现代化”属于广义的社会现代化。社会现代化内含人的现代化，需要人的现代化，人与社会的现代化内在统一，共同实现

---

① 《习近平新时代中国特色社会主义思想学习纲要》，学习出版社、人民出版社2023年版，第269页。

② 《马克思恩格斯文集》第1卷，人民出版社2009年版，第500页。

③ 《马克思恩格斯文集》第2卷，人民出版社2009年版，第53页。

于中国特色社会主义建设实践。美国社会学家阿历克斯·英格尔斯通过对六个国家的实证研究发现，“一个国家，只有当它的人民是现代人，它的国民从心理和行为上都转变为现代的人格，它的现代政治、经济和文化管理机构中的工作人员都获得了某种与现代化发展相适应的现代性，这样的国家才可真正称之为现代化的国家。否则，高度稳定的经济发展和有效的管理，都不会得以实现。即使经济已经开始起飞，也不会持续长久。”①中国革命和社会主义现代化建设的实践充分证明，正是在提高人的素质、培养全面的人的基础上，中国社会才发生了翻天覆地的变化。中国社会各项事业的蓬勃发展，又促进人的自由而全面发展。

新中国建立之初，多数国人未受过教育，人还停留于人役阶段，既无法适应新中国建设的需要，也不能实现当家作主的目标。在人的发展目标上，毛泽东提出要培养能够适应新中国建设需要的德智体全面发展的“新人”。他指出，德育是“发展共产主义的道德”；智育是拥有“比较完全的和比较广博的知识”；体育是“发展健全的身体”②。社会主义制度建立之后，毛泽东提出“三育两有”的教育目的，重申了社会主义建设者应具有的素质，使社会主义新人的内涵更加丰富。“三育两有”即“使受教育者在德育、智育、体育几方面都得到发展，成为有社会主义觉悟的有文化的劳动者”③。在培养全面发展的人的方法上，毛泽东在中央苏区时就提出，把“教育与劳动联系起来”，“使广大中国民众都成为享受文明幸福的人”④。社会主义制度建立以后，毛泽东强调教育同生产

---

① ［美］阿历克斯·英格尔斯：《人的现代化》，殷陆君译，四川人民出版社 1985 年版，第 8 页。

② 《毛泽东邓小平江泽民论教育》，中央文献出版社、人民教育出版社、北京师范大学出版社 2002 年版，第 73 页。

③ 《毛泽东邓小平江泽民论教育》，中央文献出版社、人民教育出版社、北京师范大学出版社 2002 年版，第 65—66 页。

④ 《毛泽东邓小平江泽民论教育》，中央文献出版社、人民教育出版社、北京师范大学出版社 2002 年版，第 9 页。

劳动相结合的重要性，并将其作为教育工作的根本方针。他指出旧中国最大的失误就是教育和劳动相脱离，“我们社会主义国家，马克思讲了的，教育必须与劳动相结合。”[①] 他反对只读书不实践，提倡“勤工俭学”，惟其如此，就把“教育和生产劳动结合起来”了[②]。毛泽东在新中国历史上第一次提出了培养德智体全面发展的“新人”的目标，指明并实践通达这一目标的方法。

改革开放以来，邓小平将人的发展问题提到事关经济发展、实施改革开放和建设社会主义现代化的高度。他在分析中国社会现实的基础上，提出要大力发展物质文明和精神文明。建设物质文明是为了解放和发展生产力，建设精神文明是为了培养有理想、有道德、有文化、有纪律的“四有”新人。邓小平尤其强调有理想和有纪律，指出理想是人行动的指南，共产主义理想是强大的精神动力；纪律是行动统一的号令，是团结进步的保证。因此要把远大的理想和严格的纪律相结合，把长远的目标和现实的步骤相结合，做到提高政治觉悟，自觉刻苦地“学习科学文化”。他分析体力劳动和脑力劳动相分离是人片面发展的主要原因，指出要克服这一缺陷，就必须将教育和生产劳动结合起来。二者的结合是“逐步消灭脑力劳动和体力劳动差别的重要措施”，是造就“理论与实际结合、学用一致、全面发展的新人的根本途径”[③]。“四有”新人是将人的全面发展目标阶段化、具体化，并指出实现目标的具体措施。

20 世纪 90 年代以来，江泽民提出把人的全面发展纳入社会发展目标，培养“有崇高的理想，有正确的世界观和人生观，有献身精神，有丰富的知识和真才实学，有脚踏实地的工作作风，有高度的纪律修养和高尚的道德风尚，有坚强的意志和健康的体魄”[④] 的社会主义建设者和接班人。由此可见，在“四有”新人目标的基础上，新的目标增加了体力

---

① 《建国以来毛泽东文稿》第 7 册，中央文献出版社 1992 年版，第 396 页。

② 《建国以来毛泽东文稿》第 7 册，中央文献出版社 1992 年版，第 401 页。

③ 《邓小平文选》第 2 卷，人民出版社 1994 年版，第 107 页。

④ 《江泽民思想年编（1989—2008）》，中央文献出版社 2010 年版，第 29 页。

和意志的内容，并提出具体要求。江泽民重申教育和劳动相结合的基本原则，将其具体化为“学习科学文化与加强思想修养的统一”“学习书本知识与投身社会实践的统一”①培养方法。改革开放发展进一步彰显了人的全面发展的重要性，以人为本为核心的科学发展观高扬人的主体地位。胡锦涛同志提出，培养全面发展的人要与中国特色社会主义建设相适应，青年一代要以英雄模范人物为榜样，以肩负时代重任为己任，“努力成为理想远大、信念坚定的新一代，品德高尚、意志顽强的新一代，视野开阔、知识丰富的新一代，开拓进取、艰苦创业的新一代。”②德智体美全面发展的目标，丰富和发展了“四有”新人的内容，强调符合时代精神的创新能力的发展，同时也强调要为人的全面发展制定有利的政策措施，构建有利的体制机制，使人人都能投身于时代创业的实践，展现自己的各方面才能。

在党的十九大报告中，习近平明确提出培育担当民族复兴大任的“时代新人”，成为新时代的育人总目标和人全面发展的阶段性目标。“担当民族复兴大任的时代新人”③作为一个完整的概念虽然在党的十九大报告中首次出现，但在党的十九大前，习近平曾对此进行过深入的思考，并在多个场合进行过阐述。在党的十九大之后，习近平总书记进一步阐述了“时代新人”的具体内涵。习近平总书记指出，广大青年要肩负历史使命，坚定前进信心，立大志、明大德、成大才、担大任，努力成为堪当民族复兴重任的时代新人，让青春在为祖国、为民族、为人民、为人类的不懈奋斗中绽放绚丽之花。④习近平总书记在同中国人民大学师生代表座谈时也强调：“立足新时代新征程，中国青年的奋斗目

① 《江泽民思想年编（1989—2008）》，中央文献出版社2010年版，第599页。

② 《新中国70年大事记(1949.10.1—2019.10.1)》中，人民出版社2020年版，第1278页。

③ 习近平：《决胜全面建成小康社会　夺取新时代中国特色社会主义伟大胜利——在中国共产党第十九次全国代表大会上的报告》（2017年10月18日），人民出版社2017年版，第42页。

④ 习近平：《坚持中国特色世界一流大学建设目标方向　为服务国家富强民族复兴人民幸福贡献力量》，《人民日报》2021年4月20日。

标和前行方向归结到一点，就是坚定不移听党话、跟党走，努力成长为堪当民族复兴重任的时代新人。”[①] 可见，“时代新人”的概念虽然提出时间不长，还需要经过扩展和深化的过程，但结合习近平同志的相关论述，我们可以将“时代新人”的目标细化为“有理想、有本领、有担当”[②]和“德智体美劳全面发展的社会主义建设者和接班人”[③]，“努力成长为党和人民需要的有用之才”[④]，“增强做中国人的志气、骨气、底气，不负时代，不负韶华，不负党和人民的殷切期望！”[⑤] 其中，“三有”目标要求青年一代把高远崇高的理想和现实高超的本领相结合，自觉担当起中华民族复兴大任。习近平总书记指出：“我们要建设的世界一流大学是中国特色社会主义的一流大学，我国社会主义教育就是要培养德智体美劳全面发展的社会主义建设者和接班人。”[⑥]“五育并举”目标继承发展了之前人的发展的有益成果，赋予劳动育人的新特点，两者都从素质方面提出人的全面发展的要求。“时代新人”当然还应具有精神状态、使命作用方面的要求[⑦]，其丰富内涵和广泛的应用性将随着新时代中国特色社会主义实践、人的发展而不断丰富和发展。

从德智体“三育”培养目标到德智体美劳“五育”培养目标，从培养适应新中国建设需要的“新人”到培养新时代中国特色社会主义所呼

---

① 习近平：《坚持党的领导传承红色基因扎根中国大地　走出一条建设中国特色世界一流大学新路》，《人民日报》2022 年 4 月 26 日。

② 习近平：《决胜全面建成小康社会　夺取新时代中国特色社会主义伟大胜利——在中国共产党第十九次全国代表大会上的报告》（2017 年 10 月 18 日），人民出版社 2017 年版，第 70 页。

③ 《习近平在全国教育大会上强调：坚持中国特色社会主义教育发展道路　培养德智体美劳全面发展的社会主义建设者和接班人》，《人民日报》2018 年 9 月 11 日。

④ 习近平：《全社会都做生态文明建设的实践者推动者　让祖国天更蓝山更绿水更清生态环境更美好》，《人民日报》2022 年 3 月 31 日。

⑤ 习近平：《在庆祝中国共产党成立 100 周年大会上的讲话》，人民出版社 2021 年版，第 21 页。

⑥ 习近平：《坚持中国特色世界一流大学建设目标方向　为服务国家富强民族复兴人民幸福贡献力量》，《人民日报》2021 年 4 月 20 日。

⑦ 刘建军：《论“时代新人”的科学内涵》，《思想理论教育》2019 年第 2 期。

唤的“担当民族复兴大任的时代新人”，都是中国共产党人把马克思主义关于人是手段和目的相统一思想的继承和发展。培养目标的完善是中国共产党不同时期对“培养什么人”这一教育首要问题的科学回答，也是不同发展阶段党对青年一代发展的时代要求，更是对人的全面发展内容的科学概括。

第三节　中国特色社会主义是人的发展的新实践

人的自由全面发展是马克思对未来社会人的价值指认，也是现实社会主义社会人的发展的根本指引。中国特色社会主义作为现实社会主义最生动、最有前途的一支力量，始终以人的自由全面发展为价值旨归。中国特色社会主义对人的发展的促进作用集中体现为中国式现代化对人的价值的彰显。中国“现代化的本质是人的现代化”[①]，是以人的逻辑驾驭资本逻辑的现代化。西方现代化则以资本逻辑驾驭人的逻辑，马克思在揭示资本通过占有劳动控制全社会的现实基础上，提出用人的逻辑取代资本逻辑，以解决人的生存困境和发展境遇[②]。在对资本逻辑的批判和人的逻辑建构中，马克思分析人与自然、社会和自身三者的关系，批判资本主义社会自然异化、社会关系异化和人自身意义的消解，并且揭示了人的自由全面发展之路。经济全球化加速发展，资本逻辑宰制全球，中国特色社会主义从中如何保持资本逻辑和人的逻辑之间的张力，从而推动人的全面发展[③]，在现在显得尤为重要。如果说前文是从中国特色社会主义纵向发展，阐释其所内蕴的人学价值。本节则通过当代中国与资本主义国家人性发展的横向比较，揭示中国特色社会主义对人的

---

① 《习近平关于社会主义经济建设论述摘编》，中央文献出版社 2017 年版，第 164 页。

② 韩庆祥：《从资本逻辑走向人的逻辑》，《光明日报》2017 年 9 月 18 日。

③ 陈宝：《资本批判与人的自由全面发展》，《兰州学刊》2009 年第 4 期。

全面发展的提升和促进。

一、推动人与自然的和谐共生

人是自然存在物。人的自然属性是“现实的人”存在的基础，也是把人学划分为唯物主义和唯心主义的根本标准。作为彻底的唯物主义者，马克思恩格斯肯定人是自然存在物，但反对把自然属性看做人的唯一属性，把人生物化或自然化。人的自然属性确证了人与动物的同一性。人不仅来源于自然，而且依赖自然，这和动物并无二致。恩格斯指出，“从最初的动物中，主要由于进一步的分化而发展出了动物的无数的纲、目、科、属、种，最后发展出神经系统获得最充分发展的那种形态，即脊椎动物的形态，而在这些脊椎动物中，最后又发展出这样一种脊椎动物，在它身上自然界获得了自我意识，这就是人。”①可见，人来源于自然，且其生存、发展离不开自然。人通过与自然进行物质、能量和信息的交换，维持自身的生存和发展。自然界是人的理论活动和实践活动的对象，是人的直接生活资料和生命活动对象的来源，“自然界，就它自身不是人的身体而言，是人的无机的身体。人靠自然界生活。这就是说，自然界是人为了不致死亡而必须与之处于持续不断的交互作用过程的、人的身体。”②人从自然孕育而生并发展进化而来，人超拔于自然，貌似挣脱了自然母体，但仍需要从自然母亲那里获得维持自然身体所需的物质和能量。“所谓人的肉体生活和精神生活同自然界相联系，不外是说自然界同自身相联系，因为人是自然界的一部分。”③马克思意在说明，人与自然界的关系就是自然界自身的关系。从逻辑推理来看，人与自然界的联系，也就是人与人的联系。离开人的自然界是想象的自然界，也是最终要消失的自然界，只有处于人类历史发展中的自然界，

① 《马克思恩格斯文集》第 9 卷，人民出版社 2009 年版，第 420—421 页。

② 《马克思恩格斯文集》第 1 卷，人民出版社 2009 年版，第 161 页。

③ 《马克思恩格斯文集》第 1 卷，人民出版社 2009 年版，第 161 页。

才是“人的现实的自然界”。人的现实的自然界的发展过程，也就是人与自然之间关系的变迁过程。离开自然界的人也是不可想象的。人与自然的关系变迁大致经历了人对自然的动物式臣服——人对自然主体膨胀式征服——人与自然的本质统一① 三个阶段。

工业社会使人凭借科技手段把自然视为“真正是有用物”②，人在自然面前确立了主体地位。马克思敏锐地发现，人与自然关系全面异化的逻辑背后，隐藏着资本对人的支配。资本的逻辑带来的是生产的无限扩大和消费的无限扩张，前者导致生态殖民主义，后者表现为消费主义，二者又息息相关。生态殖民主义，首先是对自然界的破坏。如马克思恩格斯所描述的资本主义生产方式盲目掠夺造成“地力枯竭”，人的自然排泄物“污染了泰晤士河”，工业生产消耗大量的氧气，排放出有毒的“碳酸气”，对生态的破坏最终阻碍了人的发展。生态殖民主义是发达资本主义对不发达国家生态方面的侵略和掠夺。比如，20 世纪 90 年代，全世界造纸所耗费的木材是 50 年代的 2 倍，美国、日本和欧洲纸的消耗量占全世界的 2/3，而造纸所用的木材几乎全部来自第三世界国家。世界森林大面积减少，其中 2/3 被毁，至今还以每年 1600 万公顷的速度减少。生态危机的始作俑者是发达资本主义国家，但受害最大的却是发展中国家。“全世界每年死于空气污染的 270 万人中的 90%在第三世界，另外每年还有 2500 万人因农药中毒，500 万人死于污水引起的疾病”③。生态殖民主义既是资本主义基本矛盾在全球化时代的表现，也是导致当今社会人与自然关系紧张的直接原因。生产的无限扩张导致产品过剩，为了追逐剩余价值、使生产延续下去，资产阶级就必须不断地刺激消费，进而，如何刺激人的消费欲望乃至制造虚假消费便成为资本的重要任务，消费主义由此而生。鲍德里亚说，广告上电影明星穿了一个晚上的连衣裙洗也不洗便扔掉，“这种豪华的浪费、这种高尚的浪费被

① 刘同舫：《马克思的解放哲学》，中山大学出版社 2015 年版，第 122 页。

② 《马克思恩格斯文集》第 8 卷，人民出版社 2009 年版，第 90 页。

③ 李慎明：《全球化与第三世界》，《中国社会科学》2000 年第 3 期。

大众传媒推到了前台，从文化上只是进一步地促进了一种直接纳入经济过程的更为根本更为系统的浪费。”① 这种“豪华”和“高尚”的浪费加快了人向自然索取的速度和广度，超越了自然资源承受的限度，打破了生态平衡，最终导致资源危机。人的欲望是没有限度的，人的消费永远得不到满足，但自然资源的承受是有限的，资本对资源的破坏速度远远超过了自然自身的修复速度。

生态殖民主义和消费主义是资本主义基本矛盾在当今世界显现的症状，前者是“资本主义在地域空间和外部环境上的蚕食”，后者是“资本主义对于人的生命本身的蚕食”。② 二者的共同结果是导致人与自然的同一愈加分裂，人的发展受到阻碍。生态殖民主义和消费主义的破解之道，就是打破资本逻辑，重建人的逻辑，这在现有的资本主义框架内是无法解决的。

置身全球化浪潮和市场经济环境，再加上社会主义初级阶段的国情，中国仍然面临着外有生态殖民主义侵略，内有消费主义肆虐的严峻局面。中国需要利用资本大力发展生产，满足人民对美好生活的需要，实现社会主义现代化和人的全面发展。进入 21 世纪，中国的经济持续快速发展，城市化和工业化迅速推进，但是中国经济发展的成果是依靠成本较低的劳动力等要素，通过高投入、高消耗、偏重数量扩张的发展方式取得的。这种重数量、轻质量，高消耗、低效率，高投入、低产出的发展方式导致中国社会面临着资源短缺、环境污染和生态破坏的困境。资本主义国家主要是通过殖民扩张，从殖民地国家掠夺资源、倾销商品进而转嫁危机来完成工业化的。而中国式现代化是在全球生态环境的承载力告急，外部资源和能源优势不再的背景下推进的。与此同时，中国作为社会主义国家，自身的规约性和价值规范不允许向别的国家转嫁生态灾难。中国面临的外部环境和社会主义的内部约束都增加了其应

① ［法］让·鲍德里亚：《消费社会》，刘成富等译，南京大学出版社 2014 年版，第 25 页。

② 张剑：《社会主义与生态文明》，社会科学文献出版社 2016 年版，第 48 页。

对生态困境的难度，因此中国目前处于环境库兹涅茨曲线[①]压力最大的阶段。环境问题和社会稳定、人的发展的关系日益密切，全民对生态环境问题高度关注，这些都考验着中国共产党的执政智慧。

中国是社会主义国家，中国共产党以马克思主义为指导，全心全意为人民服务，带领全国人民为实现社会主义现代化，并最终实现共产主义而努力奋斗。“中国式现代化是人与自然和谐共生的现代化”[②]。中国共产党在推进现代化的过程中，深刻认识到自身的使命，从当前现实的生态困境入手，把保护生态环境作为全面建成小康社会、实现社会主义现代化强国，进而实现中华民族伟大复兴中国梦的关键性问题。在生态文明理念方面，我国提出可持续发展战略，把生态良好纳入全面建成小康社会的重要内容，生态文明建设纳入社会主义总体布局，把“美丽中国”作为生态建设的目标。特别是党的十八大以来，以习近平同志为核心的党中央坚持以人民为中心，强调生态文明建设既关乎当代人民的福祉，更关乎民族的未来。习近平同志把保护生态环境提高到保护眼睛和对待生命的高度，提出树立生态红线理念。他把人与自然、经济与社会和谐比作“两座山”，指出“既要绿水青山，也要金山银山。”两者是辩证统一的，发展经济和保护生态环境都是为了民生，应该通过解决生态问题、防止环境污染，“让良好生态环境成为人民幸福生活的增长点。”[③]特别是党的二十大报告再次指出，人与自然是生命共同体，无止境地向自然索取甚至破坏自然必然会遭到大自然的报复。我们坚持可持续发

① 库兹涅茨曲线又称库兹涅茨倒U字形曲线假说，是发展经济学中的重要概念，由美国的经济学家西蒙·史密斯·库兹涅茨于1955年提出，用来表征国民人均收入分配状况随经济社会发展呈倒U字形曲线。在20世纪90年代初，库兹涅茨曲线被引入环境经济学，用来表征环境污染程度随经济社会发展呈倒U字形曲线，被称为环境库兹涅茨曲线。

② 习近平：《高举中国特色社会主义伟大旗帜　为全面建设社会主义现代化国家而团结奋斗——在中国共产党第二十次全国代表大会上的报告（2022年10月16日）》，人民出版社2022年版，第23页。

③ 《习近平新时代中国特色社会主义思想学习纲要》，学习出版社、人民出版社2019年版，第170—171页。

展，坚持节约优先、保护优先、自然恢复为主的方针，像保护眼睛一样保护自然和生态环境，坚定不移走生产发展、生活富裕、生态良好的文明发展道路，实现中华民族永续发展。①党的二十大报告从理论与实践的相统一擘画了建设美丽中国的全景图。在生态文明建设实践方面，中国不断完善环境立法。仅2018年就推进蓝天保卫战、碧水保卫战、净土保卫战，并制定出台了一系列法规，完善了生态文明建设法治体系。环保执法督察更加严格。开展生态保护和修复，2018年初步划定京津冀、长江经济带和宁夏等15个省份生态保护红线，国家级自然保护区增至474个，完成2010—2015年全国生态状况遥感调查评估等。正是由于中国生态文明建设的先进理念和卓越实践，使西方一些有识之士相信中国能够解决人与自然的发展困境，实现二者的和谐共生。

二、促进人与人的良性互动

习近平总书记指出："自然是生命之母，人与自然是生命共同体，人类必须敬畏自然、尊重自然、顺应自然、保护自然。"②人是自然性和社会性的统一。"离开自然性的人是一种幽灵形式的存在，离开社会性的人是一种抽象形式的存在。"③人生而具有自然性，但仅有自然性，人还无法称其为人。"只有在社会中，人的自然的存在对他来说才是人的合乎人性的存在"④。人和动物都具有自然性，使人的自然性成为人性并和动物相区别，就在于人的自然性经过了社会的改造，从而脱离了纯粹的自然性，以扬弃了的形式从属于人的社会性。马克思曾经把吃、喝和

① 习近平：《高举中国特色社会主义伟大旗帜　为全面建设社会主义现代化国家而团结奋斗——在中国共产党第二十次全国代表大会上的报告（2022年10月16日）》，人民出版社2022年版，第23页。

② 习近平：《在纪念马克思诞辰200周年大会上的讲话》，人民出版社2018年版，第21页。

③ 刘同舫：《马克思的解放哲学》，中山大学出版社2015年版，第126页。

④ 《马克思恩格斯文集》第1卷，人民出版社2009年版，第187页。

性行为称作真正人的机能，那是以这些机能和其他活动相联系为前提的。如果脱离开以劳动所决定的其他活动，仅仅抽象地谈论这些机能，那就还是动物的机能。人的自然性和社会性都属于人性的内容，人的自然性不能把人与动物区别开来，人的社会性最终把人与动物区别开来，人的社会性是人性中决定性的属性。人的本质广义上属于人性，但从狭义上说，二者不是同一层次的问题。如果说人性是将人与动物做静态的比较，人的本质不仅将人与动物做动态的比较，而且在社会实践中将人与人相比较。从人与动物动态比较的意义上，马克思把劳动视为人的本质；从人与人相比较的意义上，马克思认为人的本质是一切社会关系的总和。人的劳动不同于与动物的活动，人的劳动以群体劳动弥补个体劳动的不足。因此，提到人的劳动本质，应该考虑到一定社会结构、社会形态对其的影响。由此可见，人的本质是一定社会关系下劳动的规定性，是把人的研究和社会的研究相统一，是内容和方法相统一。人的主体性是人的本质的进一步发展、深化。人的本质是从一般意义上讨论人的劳动和社会关系的，既包括非资本主义条件下人的自由自觉劳动，也包括资本主义条件下人的异化劳动。人的主体性则是具体分析人的劳动和社会关系，真正的主体性劳动肯定人能动的、自觉、自为的劳动。有论者称，人性、人的本质和人的主体性同属于广义人的本质范畴，人的本性是人的本质的最低层次，人的劳动和社会关系是中心层次，人的主体性是最高层次①。

人的主体性既包括主体和客体之间的关系，又包括主体与主体之间的关系，后者被学界称为主体间性或主体际性。真正的主体性只有在主体之间的相互交往中才可能发生，因此主体间性不仅是主体性的主要构成部分，也是主体性实现的前提。正如马克思所说“人们在生产中不仅仅影响自然界，而且也互相影响。他们只有以一定的方式共同活动和互相交换其活动，才能进行生产。为了进行生产，人们相互之间便发生一

① 袁贵仁：《马克思主义人学理论研究》，北京师范大学出版社 2013 年版，第 115 页。

定的联系和关系；只有在这些社会联系和社会关系的范围内，才会有他们对自然界的影响，才会有生产。”①从这个论述出发，我们分析人的社会关系，首先要考察人的主体间性。

在资本主义生产方式中，异化劳动导致人与人之间的关系异化。工人的劳动给自己带来贫穷，给资本家带来财富；给自己带来痛苦，给资本家带来幸福；使自己成为被统治者，使资本家成为统治者。劳动产品本来是劳动者本质力量的对象化，是劳动者主体地位和主体能力的确证，然而在异化劳动的私有制下，人的本质力量的对象化表现为对象的丧失并受对象的奴役。劳动者成为资本家赚钱的工具。此时，人与人之间的关系不再是“天然尊长的形形色色的封建羁绊”，而只剩下“赤裸裸的利害关系”，“冷酷无情的‘现金交易’”②。其表现为资本逻辑统治下的商品拜物教、货币拜物教和资本拜物教。资本逻辑的逐利性，表象是理性的，本质上是盲目的。资本作为逻辑的东西，必须要在主体身上得以体现，资本家就是资本逻辑的主体承担者。资本的盲目性和扩张性，都通过资本家的贪婪反映出来。资本家是资本的人格化，不能从伦理和道德规范去理解，而应该从资本主义生产关系去理解。资本家作为资本的所有者，“只有在越来越多地占有抽象财富成为他的活动的唯一动机时，他才作为资本家或作为人格化的、有意志和意识的资本执行职能。”③资本作为劳动创造出来的价值，不仅使得劳动者只能成为劳动者，也使得资本家只能成为资本家。在马克思时代，他曾经指出，资产阶级和无产阶级的对立使得社会贫富分化。进入21世纪，虽然资本主义完善社会保障体系、人权保障体系，但是中产阶级严重萎缩，贫富差距扩大的趋势依然严峻。以美国为例，2012年美国全国收入的22.5%集中于1%的家庭手中，这是1928年之后的最高值。现在美国全国超过70%的财富被10%的人拥有，全国财富的一半被最富有的1%的人

---

① 《马克思恩格斯文集》第1卷，人民出版社2009年版，第724页。

② 《马克思恩格斯文集》第2卷，人民出版社2009年版，第34页。

③ 《马克思恩格斯文集》第5卷，人民出版社2009年版，第178页。

拥有。与此同时，美国中等收入家庭占全部家庭的比例从1971年的61%下降到2016年的49.4%，低收入家庭的比例从25%增加到29%，高收入家庭的比重从14%增加到21%①。社会贫富分化拉大，导致社会冲突增加。2011年9月美国爆发了"占领华尔街"运动后，西方许多发达资本主义国家都爆发了冲突。

资本逻辑统治下，每个人都以自身为主体，而对于他人和他物，则都被视为客体。在竞争的环境下，这是必然结果，正如美国哲学家大卫·雷·格里芬所说，"把他人，尤其是妇女和'未开化者'当客体对待的倾向，……把世界的某些部分仅仅当作全然缺乏内在价值和神圣性的客体，这种做法却又使得人们很容易习惯于把他人，尤其被许多欧洲男性视为'更自然的'、不具有充分人性的妇女和有色人种当作客体来看待"②。当代困扰资本主义社会的种族问题、移民问题皆根源于此。

中国自改革开放以来，经济快速增长，人的社会交往方式随之发生了重大变化。社会主义市场经济的建立，人的利益由同质化向多样化转变，利益主体由单一性向多元化转变，利益实现方式由计划走向市场。实际上，中国社会利益格局的分化和重组，必然带来利益冲突和利益矛盾。党中央审时度势，于党的十六大提出了"社会更加和谐"的目标，并于党的十六届四中全会提出构建和谐社会的任务。党的十八大以来，随着新发展理念和以人民为中心的发展思想的深入贯彻，人的交往方式虽然还存在人身依附关系，但以物的依赖关系为主的交往方式成为主导，而与依赖能力的存在和发展方式相适应的自由个性的交往方式已经显现，人的发展呈现出良好的发展势头。

20世纪90年代，欧盟学者提出"社会质量"理论，用社会全面发展代替单一经济增长。按照"社会质量"测量，中国社会城乡居民收入

---

① 韩庆祥、黄相怀等:《历史不会终结》，中国人民大学出版社2018年版，第89—90页。

② ［美］大卫·雷·格里芬:《后现代精神》，王成兵译，中央编译出版社1998年版，第218页。

稳步增长，尤其是低收入家庭收入增长明显。城乡居民的家庭住房自有率上升，人均建筑面积增长。社会保障体系进一步完善，覆盖城乡居民的社保体系基本建立。就业形势稳定，就业公平情况良好。社会主义核心价值观在社会公众中的认同感增强，并成为社会成员的道德标准和行动准则。社会人际信任水平较高，特别是对亲友、邻居和同事构成的熟人圈、对专业技术人员（如教师和医生）的信任度达到80%以上，对中央政府的信任度达到90%以上。社会歧视水平较低，这为社会融合和包容奠定了良好的基础。随着改革全面深化，社会公正程度上升，社会公众的公平感明显上升；人民对政府部门的工作满意度较高，对社会参与和政治参与意愿较高①。

中国特色社会主义的制度优势和正确举措，推动了“人类本身的和解”②。人与人的和谐是人与自然和谐的基础，只有人与自然、人与社会和谐的社会，人才能自由全面发展。

三、提升人的精神境界

马克思指出，人是自然存在物，也是精神存在物。人是个体存在物，也是社会存在物。人来源于动物决定了他不能根绝其兽性，之所以又区别于动物，重要原因之一是其精神性。“动物和自己的生命活动是直接同一的……它就是自己的生命活动。人则使自己的生命活动本身变成自己意志的和自己意识的对象。他具有有意识的生命活动……有意识的生命活动把人同动物的生命活动直接区别开来。”③人的精神性是人的社会性的前提，人的社会性又是人自由全面发展的基础。人的精神是确证和享受人的本质的一种生命活动。人的精神起初受制于物质，仅仅表

① 李培林等编：《2018年中国社会形势分析与预测》，社会科学文献出版社2018年版，第130—150页。

② 《马克思恩格斯文集》第1卷，人民出版社2009年版，第63页。

③ 《马克思恩格斯文集》第1卷，人民出版社2009年版，第162页。

现为“对直接的可感知的环境的一种意识，是对处于开始意识到自身的个人之外的其他人和其他物的狭隘联系的一种意识。”①分工的出现使人的精神超拔于物质，使“它不用想象某种现实的东西就能现实地想象某种东西。”②人的精神虽然不能脱离人的物质，但却具有理想性和超越性。人的精神生活作为人“安身立命之本”，为人的日常生活世界浇筑了“存在的意义”，并作为一束“普照的光”照亮人前行的道路。精神生活追求意义的步伐永无止息，其不断上升和递进表现为精神层次和精神境界③。马克思虽然指出，人追求生命的真善美随着社会的发展永无止境，但他并没有明确划分其层次。中国哲学家冯友兰将人生境界定义为“理解和自我意识使人感到他正在做的事情的意义。”④他指出，人行动的多样性赋予意义的多样性，而多样性“意义的总体构成了我所称的人生境界”⑤。他以“觉解”与否及程度，将人生境界划分为“现在所是”的自然境界和功利境界，“应该所是”的道德境界和天地境界。张世英以为人生境界是“人的自我的发展历程、实现人生价值和精神自由的高低程度”⑥。他以“在世结构”为标准，把人生境界划分为欲求境界、求实境界、道德境界和审美境界。他们虽然依据不同划分标准，将人生境界划分为不同的内容，但他们所谓的“人生境界”就是人的精神境界。他们都坚持了马克思主义唯物史观的根本标准，认为人的精神境界不是纯粹精神领域的事情，而关乎人的实践关系，并随着人的实践水平的提升不断递进和提升。

现代资本主义的现代化过程，是资本逻辑宰制下的历史进程。马克思曾经指出，资本逻辑的运演给人类带来了高度的物质文明，但在精神

① 《马克思恩格斯文集》第1卷，人民出版社2009年版，第533—534页。

② 《马克思恩格斯文集》第1卷，人民出版社2009年版，第534页。

③ 庞立生、王艳华：《精神生活的物化与精神家园的当代建构》，《现代哲学》2009年第3期。

④ 冯友兰：《中国哲学简史》，新世界出版社2004年版，第298页。

⑤ 冯友兰：《中国哲学简史》，新世界出版社2004年版，第298页。

⑥ 张世英：《人生的四种境界》，《光明日报》2009年12月31日。

文明和人的尊严的提升方面却乏善可陈。资本逻辑打破了人的自然性与精神性之间的张力，破坏了个体性与社会性之间的统一，使西方的精神文化走进了历史的“黑暗胡同”，使西方人乃至现代人堕入物化的困境和个体化的窘境。首先，人的自然性与精神性的割裂导致精神生活物化。人的精神生活是人的自然生命的理性认知，也是人的自然生活的意义寄托。在物化时代，精神生活放弃了高扬的超越性，而依附于世俗的物欲。随着现代科学技术的花样翻新，各种世俗文化进一步推动了精神生活的感性化。精神生活的感性化是精神生活物化的表现形式之一。精神生活的物化使人的精神生活摆脱了理性的约束，而臣服于非理性的驾驭。精神生活的丰富性、持久性、审美性被感性刺激的片面性、及时性和粗陋性所代替。于是，“本质的人性降格为通常的人性，降格为作为功能化的肉体存在的生命力，降格为凡庸琐屑的享乐。劳动与快乐的分离使生活丧失了其可能的严肃性；公共生活变成了单纯的娱乐；私人生活则成为刺激与厌倦之间的交替，以及对新奇事物不断的渴求，而新奇事是层出不穷的，但又迅速被遗忘。没有前后连续的持久性，有的只是消遣。”①精神生活物化的另一表现是精神生活“亚健康”。现代性的物化世界纷纷扰扰、流动易变，所有的感觉被占有所取代，所有价值被交换所衡量，这一切都导致人在生活中奢谈高尚、无视意义。现代人常常挂在嘴边的“烦躁、焦虑、无聊、孤独”等词语便是人日常精神生活的真实表征。有论者指出，“如果说浮躁所呈现的乃是未经反省地直接认同于物化世界，并且直接表现为外观上的功利主义，那么焦虑，连同烦、畏怯等，则显示出主体因不满而试图摆脱、但又无力摆脱物化世界的精神处境。”②精神生活的种种症候既是物化世界的反映，又是对物化世界的抗争，最后连抗争也成为物化世界合法性的明证，这更增加了人的失落感和绝望感，使人感到孤立无援、失望之至。其次，人的个体性

---

① ［德］卡尔·雅斯贝斯：《时代的精神状况》，王德峰译，上海译文出版社1997年版，第40—41页。

② 邹诗鹏：《现时代精神生活的物化处境及其批判》，《中国社会科学》2007年第5期。

与社会性的割裂使人深陷个体化困境。市民社会打破了传统的共同体，推崇人的个体性，诋毁人的社会性。个体化社会中，人们没有共同的生活经验，无法确立共同的奋斗目标，无法采取共同的行动，因此“个体不得不面对稳定的压力，即不得不凭借个体的力量去解决不断变化的社会条件带来的不可预测性、非连续性和空虚。”①个人面对重大问题和系统性问题的无力导致自身想象力的丧失，不得不退回到自己私人狭小的空间孤芳自赏，对于社会公共事务的热情便荡然无存。失落感和无力感长期累积导致人不再奢谈公共生活，而以自我价值为社会价值，整体社会价值出现认同危机。现代人的精神生活危机并没有超出马克思所阐述的人的异化之困境，如果说有所发展，便是资本逻辑超出经济领域全面侵蚀人的社会生活领域，尤其是人的精神生活领域。在资本逻辑的生命力依然旺盛的现实条件下，生活在资本主义社会中的个体要想超越这一处境，凭借自身力量绝无可能实现。

习近平总书记指出：“中国特色社会主义最本质的特征是中国共产党领导，中国特色社会主义制度的最大优势是中国共产党领导，党是最高政治领导力量。没有党的领导，民族复兴必然是空想。”②中国特色社会主义制度具有多重优势，包括领导主体的优势，道路选择的优势，理论体系的优势等。其中，中国特色社会主义制度内含的价值优势为人的全面解放指明了方向，更好发挥政府作用的前提下发挥市场在资源配置中的决定性作用，把资本的作用限制在生产力领域，不得向其他领域渗透。中国人的精神境界经过四十多年改革开放取得了极大的提升。首先，人的自我意识觉醒，主体性提升。改革开放四十多年以来，尊重和保护个人的正当权利，成为全社会的共识；国人个体意识觉醒，个人在政治生活和社会生活中的地位得到承认和尊重；主体意识明晰，主动关心公共事务，关注政治体制改革和社会生活中的重大问题，个人对大型

① ［英］齐格蒙特·鲍曼：《被围困的社会》，郇建立译，江苏人民出版社2006年版，第15页。

② 习近平：《论坚持党对一切工作的领导》，中央文献出版社2019年版，第253页。

活动关注和参与的积极性、主动性极大提高。其次，人的发展呈现多样化。人们的就业多样化，随着取消统一分配工作制度，人们不再满足于“铁饭碗”，个人的优势、特长和兴趣得到尊重；否定了平均主义，打破了“大锅饭”，个人的主动性得到了激发。再次，人的自由时间增加。马克思批判资本主义把人的全部时间都作为劳动时间，指出要用自由时间克服异化劳动时间，他认为“时间实际上是人的积极存在，它不仅是人的生命的尺度，而且是人的发展的空间”①。中国于1994年实行“隔一周五天工作制”，1995年实行五天工作制，每日工作八小时。1998年和2008年实行长假和节假日休假制度，国人的自由时间不断增加。自由时间为人的个性发展和能力提高创造了条件。最后，社会对人的评价趋向多元化。改革开放以来，随着社会利益关系多元化，传统的价值观念也发生了分化，社会评价机制也发生了变化。社会管理部门由干预私人生活转变为鼓励个人追求现代生活方式，管理的领域逐渐缩小，服务的领域逐步扩大。这极大地提高了人们的幸福感、满足感和获得感。

人的精神生活是价值观的核心内容。一个国家核心价值观的构建与人们对这种核心价值的认同，决定着一国人民的精神状态。习近平总书记指出，“当代中国价值观念，就是中国特色社会主义价值观念，代表了中国先进文化的前进方向。”②随着中国特色社会主义进入新时代，加快凝练以中国优秀传统价值观为“本来”，以社会主义核心价值观为核心内容，以中国梦为“未来”的新时代中国价值观，培育国人的理论认同和情感认同显得尤为重要。党的十八大以来，习近平总书记关于文化自信的重要论述，为新时代中国价值观的凝练提供了根本遵循，我们相信以此引领当前国人的精神生活，一定能够达到人的精神生活“诗意的栖居”之理想状态。

在马克思的论域中，当今社会在人类的历史长河中尚处于“史前时

① 《马克思恩格斯全集》第37卷，人民出版社2019年版，第161页。

② 《习近平谈治国理政》，外文出版社2014年版，第161页。

期”，人的发展依然任重道远。人的实践活动永无止境，由人的实践决定和确证的人的精神境界的提升永无止境，二者在人认识世界、改造世界的活动中彼此联系、相互作用。我们应该在推动中国特色社会主义建设实践中提高人的精神境界，在提升人的精神境界的同时，促进中国特色社会主义实践不断向前发展。

习近平总书记指出：“中国特色社会主义是实现中华民族伟大复兴的必由之路”。① 只要始终不渝走中国特色社会主义道路，我们就一定能够不断实现人民对美好生活的向往，不断推进全体人民共同富裕。从本质上看，中国特色社会主义不是简单延续我国历史文化的母版，不是简单套用马克思主义经典作家设想的模板，不是其他国家社会主义实践的再版，也不是国外现代化发展的翻版。② 中国特色社会主义是科学社会主义在当代中国的具体实践。中国特色社会主义从马克思共产主义视域看来，仍处于社会主义发展的初级阶段；从人学发展阶段来看，处于物役阶段为主，具有自由个性倾向但并未弃绝人役特征的阶段；从世界历史发展来看，仍未完全摆脱资本逻辑的控制。因此，我们不应超越社会发展阶段，片面强调人的自由全面发展；也不应以此为借口，忽视甚至阻塞人的全面发展的道路。中国应该立足当前发展实际，尊重人与社会发展规律，在新时代中国特色社会主义实践中既推进社会进步，又推进人的全面发展。“中国式现代化创造了人类文明新形态，既是我们强国建设、民族复兴的康庄大道，也是中国谋求人类进步、世界大同的必由之路。”③

---

① 习近平：《高举中国特色社会主义伟大旗帜　为全面建设社会主义现代化国家而团结奋斗——在中国共产党第二十次全国代表大会上的报告（2022 年 10 月 16 日）》，人民出版社 2022 年版，第 70 页。

② 《习近平谈治国理政》第 2 卷，外文出版社 2017 年版，第 344 页。

③ 《习近平新时代中国特色社会主义思想学习纲要》（2023 年版），学习出版社、人民出版社 2023 年版，第 61 页。

结束语

共产主义是马克思主义学说的核心概念，也是马克思进行理论研究和实践活动的重要目标。共产主义思想是马克思、恩格斯关于共产主义问题思考的统称，包括理论、运动和制度三个维度，是在唯物史观的指导下，揭示资本主义剩余价值规律，探索人的自由发展和社会和谐进步的科学体系。马克思将人类社会划分为“人役阶段”（包括原始社会、奴隶社会和封建社会）、“物役阶段”（即资本主义社会）和“自由个性阶段”（即共产主义社会），这三阶段恰恰与人的解放发展阶段相吻合，可见，马克思把人的解放、发展作为划分社会形态非常重要的依据。

马克思选择共产主义作为自己终身的奋斗目标，主要原因是关涉“人之解放”的共产主义思想传统与自己“为人类而工作”的理想相契合。英法空想社会主义坚持感性主义人学，德国真正的社会主义坚持思辨主义人学，二者都认同共产主义思想对人的自由的观照。但因为它们把人既定化、抽象化，最终都成为空想，然而，这从侧面证明了共产主义思想和人学的“血缘关系”。马克思共产主义和人学以唯物史观为哲学基础，是唯物史观合乎逻辑的发展和实践。马克思共产主义与人学的出发点是无产阶级的悲惨处境，理论归宿是每个人自由而全面的发展，实践主体是无产阶级及其政党。马克思共产主义思想的人学价值和理想蕴含在理论、制度和运动三方面，并且在三方面得以体现。

共产主义不是人的发展的终点，也不是人类社会的终结。在马克思的语境中，共产主义是人类“史前时期”的结束和“人类历史的开端”。在当今世界上，中国特色社会主义的发展令全球瞩目，它坚持科学社会主义的基本原则，结合中国社会实际情况，经过四十多年的改革开放，进入发展的快车道。中国共产党作为无产阶级、中国人民和中华民族的先锋队，自创立以来就以“全心全意为人民服务”为宗旨，确立共同富裕的发展目标，明确“人的全面发展”的理念。在中国共产党的带领下，中国特色社会主义发展进入全新阶段。特别是在以习近平同志为核心的党中央的领导下，中国社会确立了“以人民为中心”的发展思想，架构了促进人的解放发展的四梁八柱，即习近平新时代中国特色社会主义思想的人学内容。这一思想中的价值理念、总体布局、人类命运共同体、时代新人等内容是马克思人学中国化的最新成果。在中国共产党的领导下，中国特色社会主义实践是马克思共产主义思想和人学价值在中国实现的现实选择。

参考文献

著　作

《马克思恩格斯文集》第1—10卷，人民出版社2009年版。

《马克思恩格斯选集》第1—4卷，人民出版社2012年版。

《马克思恩格斯全集》第42、47卷，人民出版社1979年版。

《马克思恩格斯全集》第1、30卷，人民出版社1995年版。

《马克思恩格斯全集》第3卷，人民出版社2002年版。

《马克思恩格斯全集》第10、12、31卷，人民出版社1998年版。

《马克思恩格斯全集》第21卷，人民出版社2003年版。

《马克思恩格斯全集》第35卷，人民出版社2013年版。

《马克思恩格斯全集》第44卷，人民出版社2001年版。

《马克思恩格斯全集》第47卷，人民出版社2004年版。

《列宁全集》第6、42卷，人民出版社1986年版。

《列宁专题文集》，人民出版社2009年版。

《毛泽东文集》第6、7卷，人民出版社1999年版。

《毛泽东选集》第2、4卷，人民出版社1991年版。

《周恩来统一战线文选》，人民出版社1984年版。

《邓小平文选》第2卷，人民出版社1994年版。

《邓小平思想年谱（1975—1997）》，中央文献出版社1998年版。

《邓小平思想年编：1975—1997》，中央文献出版社2011年版。

《江泽民文选》第3卷，人民出版社2006年版。

《习近平谈治国理政》，外文出版社2014年版。

《三中全会以来重要文献选编》上，人民出版社 1982 年版。

《十六大以来重要文献选编》中，中央文献出版社 2006 年版。

《十七大以来重要文献选编》上，中央文献出版社 2009 年版。

《十八大以来重要文献选编》上，中央文献出版社 2014 年版。

《习近平新时代中国特色社会主义思想学习纲要》，学习出版社、人民出版社 2019、2023 年版。

《习近平新时代中国特色社会主义思想三十讲》，学习出版社 2018 年版。

[英] 罗素：《为什么我不是基督教徒》，徐奕春等译，商务印书馆 2012 年版。

[英] 罗素：《西方哲学史》下卷，马元德译，商务印书馆 2017 年版。

[日] 池田大作、[英] 阿·汤因比：《展望 21 世纪》，荀春生等译，国际文化出版公司 1999 年版。

[美] L.J. 宾克莱：《理想的冲突——西方社会中变化着的价值观念》，马元德等译，商务印书馆 1983 年版。

[英]特里·伊格尔顿：《马克思为什么是对的》，李杨等译，新星出版社 2011 年版。

[英] 弗里德里希·奥古斯特·冯·哈耶克：《通往奴役之路》，王明毅等译，社会科学出版社 1997 年版。

[美] 兹·布热津斯基：《大失败——二十世纪共产主义的兴亡》，军事科学院外国军事研究部译，军事科学出版社 1989 年版。

[美] 理查德·尼克松：《1999：不战而胜》，朱佳穗等译，长征出版社 1988 年版。

[美] 弗朗西斯·福山：《历史的终结及最后的人》，黄胜强等译，中国社会科学出版社 2003 年版。

[匈] 卢卡奇：《乔治·民主化的进程》，寇鸿顺译，广东人民出版社 2013 年版。

[日] 柄谷行人：《跨越性批判——康德与马克思》，赵京华译，中央编译出版社 2011 年版。

[法] 路易·阿尔都塞：《保卫马克思》，顾良译，商务出版社 2016 年版。

[美] 罗伯特·L. 海尔布隆纳：《马克思主义：赞成与反对》，马林梅译，东方出版社 2016 年版。

[俄]鲍·斯拉文：《被无知侮辱的思想》，孙凌齐译，中央编译出版社 2006 年版。

[德] 恩斯特·卡西尔：《人论》，甘阳译，上海译文出版社 2013 年版。

[德] 路德维希·费尔巴哈：《费尔巴哈哲学著作选集》上卷，荣震华等译，商务印书馆 1984 年版。

[德] 海德格尔：《海德格尔选集》，孙周兴选编，上海三联书店 1996 年版。

[德] 费希特：《人的使命》，梁志学等译，商务印书馆 1982 年版。

[德] 黑格尔:《小逻辑》，贺麟译，商务印书馆 1981 年版。

[法] 科尔纽:《马克思恩格斯传》第 1 卷，刘丕坤等译，生活·读书·新知三联书店 1963 年版。

[德] 弗·梅林:《德国社会民主党史》第 1 卷，青载繁译，生活·读书·新知三联书店 1963 年版。

[德] 海德格尔:《存在与时间》，陈嘉映等译，生活·读书·新知三联书店 1999 年版。

[美] 沃伦·布雷克曼:《废黜自我：马克思、青年黑格尔派及激进社会理论的起源》，李佃来译，北京师范大学出版社 2013 年版。

[苏] 巴加图利亚:《马克思的第一个伟大发现——唯物史观的形成和发展》，陆忍译，中国人民大学出版社 1981 年版。

[加] 本·阿格尔:《西方马克思主义概论》，慎之等译，中国人民大学出版社 1991 年版。

[匈] 乔治·卢卡奇:《历史和阶级意识》，张西平译，重庆出版社 1989 年版。

[美]杰弗里·亚历山大:《社会学二十讲》，贾春增等译，华夏出版社 2000 年版。

[英] 齐格蒙特·鲍曼:《共同体》，欧阳景根译，江苏人民出版社 2003 年版。

[美] 汉娜·阿伦特:《马克思与西方政治思想传统》，孙传钊译，江苏人民出版社 2007 年版。

[英] 阿伦·布洛克:《西方人文主义传统》，董乐山译，生活·读书·新知三联书店 1997 年版。

[日] 广松涉:《文献学语境中的〈德意志意识形态〉》，彭曦译，南京大学出版社 2005 年版。

[法] 爱弥尔·涂尔干:《孟德斯鸠与卢梭》，李鲁宁等译，上海人民出版社 2006 年版。

[英] 戴维·麦克莱伦:《马克思传》，王珍译，中国人民大学出版社 2016 年版。

[美] 马尔库塞:《理性与革命——黑格尔和社会理论的兴起》，程志民等译，重庆出版社 1993 年版。

[德] 黑格尔:《哲学史讲演录》第 4 卷，贺麟等译，商务印书馆 1978 年版。

[英] 怀特:《文化科学》，曹锦清等译，浙江人民出版社 1988 年版。

[匈] 赫格居斯·安德拉斯:《赫格居斯回忆录》，陈之骝等译，世界知识出版社 1992 年版。

[加] 凯·尼尔森:《马克思主义与道德观念》，李义天译，人民出版社 2014 年版。

[意] 奈格里:《〈大纲〉：超越马克思的马克思》，张梧等译，北京师范大学出版社

2011 年版。

[美] J.K. 吉布森–格雷汉姆：《资本主义的终结》，陈冬生译，社会科学文献出版社 2002 年版。

[美] 乔恩 · 埃尔斯特：《理解马克思》，何怀远等译，中国人民大学出版社 2016 年版。

[美] 约翰 · 罗尔斯：《政治哲学史讲义》，杨通进等译，中国社会科学出版社 2011 年版。

[美] R.G. 佩弗：《马克思主义、道德与社会正义》，吕梁山等译，高等教育出版社 2010 年版。

[德] 斐迪南 · 滕尼斯：《共同体与社会》，林荣远译，商务印书馆 1999 年版。

[加] 凯 · 尼尔森：《平等与自由：捍卫激进平等主义》，傅强译，中国人民大学出版社 2015 年版。

[英] 史蒂文 · 卢克斯：《马克思主义与道德》，袁聚录译，高等教育出版社 2009 年版。

[德] 黑格尔：《历史哲学》，王造时译，上海书店出版社 2001 年版。

[美] 卡罗尔 · C. 古尔德：《马克思的社会本体论》，王虎学译，北京师范大学出版社 2018 年版。

[古希腊] 亚里士多德：《政治学》，吴寿彭译，商务印书馆 1965 年版。

[德]康德：《单纯理性限度内的宗教》，李秋零译，中国人民大学出版社 2003 年版。

[美]阿历克斯 · 英格尔斯：《人的现代化》，殷陆君译，四川人民出版社 1985 年版。

[法] 让 · 鲍德里亚：《消费社会》，刘成富等译，南京大学出版社 2014 年版。

[美]大卫 · 雷 · 格里芬：《后现代精神》，王成兵译，中央编译出版社 1998 年版。

[德]卡尔 · 雅斯贝斯：《时代的精神状况》，王德峰译，上海译文出版社 1997 年版。

[英]齐格蒙特 · 鲍曼：《被围困的社会》，郇建立译，江苏人民出版社 2005 年版。

[美] 艾伦 · 布坎南：《马克思与正义》，林进平译，人民出版社 2013 年版。

金冲及：《毛泽东传（1893—1949）》，中央文献出版社 2004 年版。

冯友兰：《中国哲学简史》，新世界出版社 2004 年版。

吴冷西：《忆毛主席》，新华出版社 1995 年版。

高放：《马克思主义与社会主义》，黑龙江教育出版社 1994 年版。

陈先达：《被肢解的马克思》，中国人民大学出版社 2016 年版。

中国科学院哲学研究所西方哲学史组编：《存在主义哲学》，商务印书馆 1963 年版。

袁贵仁：《马克思主义人学理论研究》，北京师范大学出版社 2012 年版。

韩庆祥：《思想是时代的声音：从哲学到人学》，新世界出版社 2005 年版。

韩庆祥：《现实逻辑中的人》，北京师范大学出版社 2017 年版。

韩庆祥、亢安毅：《马克思开辟的道路——人的全面发展研究》，人民出版社 2005 年版。

韩庆祥、黄相怀：《历史不会终结》，中国人民大学出版社 2018 年版。

陈曙光：《直面生活本身——马克思人学存在论革命研究》，北京师范大学出版社 2012 年版。

徐斌：《中国特色社会主义制度的大众认同与完善发展》，人民出版社 2017 年版。

钟明华、李萍：《人学视域中的现代人生问题》，人民出版社 2006 年版。

欧阳康：《对话与反思——当代英美哲学、文化及其他》，人民出版社 2005 年版。

欧阳康：《当代英美哲学地图》，人民出版社 2005 年版。

陆剑杰：《社会主义与人》，河南人民出版社 2011 年版。

杨适等：《中西人论及其比较》，东方出版社 1992 年版。

王子嵩：《希腊哲学史》第 3 卷，人民出版社 2014 年版。

赵敦华：《西方人学观念史》，北京出版社 2005 年版。

苗力田主编：《古希腊哲学》，中国人民大学出版社 1989 年版。

中共中央党校马克思主义理论教研部编：《马克思主义关于人的学说》，人民出版社 2011 年版。

高清海：《找回失去的“哲学自我”——哲学创新的生命本性》，北京师范大学出版社 2004 年版。

陆杰荣：《哲学境界》，吉林教育出版社 1998 年版。

陈志尚：《人学原理》，北京出版社 2005 年版。

陈志尚：《人学新论》，人民出版社 2015 年版。

孙伯 ：《探索者道路的探索》，南京大学出版社 2002 年版。

邵腾：《资本的历史极限与社会主义——回归马克思的理论基础上的整合研究》，上海大学出版社 2005 年版。

邓晓芒：《康德〈纯粹理性批判〉句读》上册，人民出版社 2010 年版。

李德顺：《价值论》，中国人民大学出版社 1987 年版。

叶秀山：《苏格拉底及其哲学思想》，人民出版社 1986 年版。

苗力田：《亚里士多德全集》第 3 卷，中国人民大学出版社 1994 年版。

张奎良：《唯物主义：社会主义的思想来源与实践指引》，人民出版社 2009 年版。

许俊达等：《马克思主义范畴史述要》，上海社会科学院出版社 2015 年版。

北京大学哲学系编：《人道主义和异化问题研究》，北京大学出版社 1985 年版。

李惠斌、李义天：《马克思与正义理论》，中国人民大学出版社 2010 年版。

衣俊卿：《历史与乌托邦》，黑龙江教育出版社 1995 年版。

杨适：《人的解放——重读马克思》，四川人民出版社 1996 年版。

兰征：《拉卡托斯的科学哲学》，湖北人民出版社 1987 年版。

马细谱等编：《战后东欧：改革与危机》，中国劳动出版社 1991 年版。

罗荣渠：《现代化新论》修订版，商务印书馆 2004 年版。

杨适：《中西人论的冲突》，中国人民大学出版社 1991 年版。

郗戈：《超越资本主义现代性——马克思现代性思想与当代社会发展》，中国人民大学出版社 2014 年版。

李培林等：《2018 年中国社会形势分析与预测》，社会科学文献出版社 2018 年版。

刘同舫：《马克思的解放哲学》，中山大学出版社 2015 年版。

张剑：《社会主义与生态文明》，社会科学文献出版社 2016 年版。

论　文

任洁：《共产主义“妖魔化”与回归马克思》，《马克思主义与现实》2014 年第 6 期。

梁惟：《共产主义“宗教论”再认识》，《南昌航空大学学报（社会科学版）》2016 年第 3 期。

马拥军：《马克思的共产主义信仰形成之路》，《江西社会科学》2018 年第 3 期。

王金福、庄友刚：《从“哲学共产主义”到科学共产主义——马克思、恩格斯的哲学革命与共产主义学说的转变》，《哲学研究》2006 年第 11 期。

陈惠珍：《马克思恩格斯早期的共产主义理论》，《福建论坛（人文社会科学版）》2011 年第 12 期。

焦坤：《马克思早期共产主义思想发展轨迹探析》，《理论探讨》1994 年第 1 期。

焦坤、邓福庆：《青年马克思共产主义思想解读》，《教学与研究》1999 年第 8 期。

张奎良：《马克思共产主义思想的哲学意蕴》，《哲学研究》2003 年第 4 期。

豆金贤、胡绪明：《马克思恩格斯共产主义的文本学阐释》，《学理论》2010 年第 31 期。

齐亚宁：《马克思共产主义思想发展的内在逻辑》，《学理论》2011 年第 22 期。

李伟：《社会主义就是消灭剥削和阶级——论社会主义运动的本质》，《马克思主义研究》2013 年第 11 期。

李济广：《科学社会主义制度的基本内涵是生产资料公有制》，《马克思主义研究》2017 年第 3 期。

俞可平：《人的全面发展：马克思主义的最高命题和根本价值》，《马克思主义与现实》2001 年第 5 期。

叶汝贤：《每个人的自由发展是一切人的自由发展的条件——〈共产党宣言〉关于未来社会的核心命题》，《中国社会科学》2006 年第 3 期。

荆学民：《当代意义：马克思共产主义学说的三重维度》，《人文杂志》2005 年第 5 期。

曹峰：《马克思共产主义概念的三个维度阐释》，《内蒙古社会科学（汉文版）》2010 年第 5 期。

贺麟：《辩证法和哲学的理想性》，《社会科学战线》1988 年第 1 期。

傅长吉、丛大川：《对卡尔·马克思“共产主义”另想的解读》，《广东社会科学》2007 年第 1 期。

王海锋：《交往·资本·共产主义——论马克思对“人的解放”的探索》，《晋阳学刊》2009 年第 5 期。

王庆丰：《批判的辩证法与共产主义》，《哲学动态》2013 年第 7 期。

白新欢：《马克思、恩格斯共产主义思想的“三个维度”及其当代意义》，《理论导刊》2006 年第 3 期。

陈慧平：《如何理解共产主义》，《理论月刊》2003 年第 7 期。

李彬彬：《马克思共产主义思想的起源——重新思考“巴黎手稿”对共产主义的七条论证》，《马克思主义与现实》2013 年第 3 期。

张雷：《马克思恩格斯共产主义思想的逻辑进路》，《东北大学学报（社会科学版）》2013 年第 3 期。

王永强：《马克思的共产主义思想是人类的生活观》，《长白学刊》2009 年第 6 期。

邓晓臻：《马克思共产主义思想的文本阐释》，《淮海工学院学报（社会科学版）》2008 年第 3 期。

张兴国、阚玉双：《马克思共产主义思想及其信仰维度——读马克思〈1844 年经济学哲学手稿〉》，《辽宁大学学报（哲学社会科学版）》2015 年第 4 期。

焦佩锋：《重申马克思共产主义思想的三个本质维度》，《社会科学研究》2013 年第 6 期。

高放：《也谈马克思主义经典著作中未来社会名称的历史演变》，《理论视野》1999 年第 6 期。

赵家祥：《马克思主义经典著作中未来社会名称的演变》，《贵州社会科学》2009 年第 3 期。

谭建陵：《社会主义与共产主义的关系再探析》，《前沿》2011 年第 10 期。

张星炜:《什么意义上的社会主义必然能够代替资本主义》,《毛泽东思想研究》2009年第1期。

卜祥记:《马克思共产主义思想的生存论透析》,《社会科学战线》2002年第4期。

汤文曙:《论马克思关于共产主义的本原性阐述》,《当代世界与社会主义》2005年第5期。

李延明:《共产主义与人的全面自由发展》,《当代思潮》2003年第1期。

于萍:《马克思人的解放理论意义探寻——对共产主义的一种解读》,《求实》2011年第11期。

李红波:《也谈马克思的哲学变革与共产主义学说的转变》,《广东社会科学》2008年第4期。

赵敦华:《西方人本主义的传统与马克思的"以人为本"思想》,《北京大学学报(哲学社会科学版)》2004年第6期。

韩东屏:《从"人本"价值维度重释共产主义》,《河北学刊》2005年第5期。

欧阳康:《本体论的兴衰与哲学观念的变革》,《天津社会科学》1997年第2期。

韩东屏:《天堂与人本——重解共产主义》,《学习月刊》2005年第2期。

石镇平:《关于什么是社会主义的讨论》,《马克思主义研究》2009年第4期。

于光远:《〈哥达纲领批判〉中译本里的"共产主义社会高级阶段"应译成"共产主义社会的一个更高的阶段"》,《马克思主义研究》1987年第3期。

刘建军:《论社会形态的两个层级——"五大社会形态"理论的新阐释》,《中国人民大学学报》2018年第2期。

坚毅:《共产主义社会阶段划分探析》,《求实》1990年第2期。

汝信:《青年黑格尔关于劳动和异化的思想——关于异化问题的探索之一》,《哲学研究》1978年第8期。

王德峰:《海德格尔与马克思:在历史之思中相遇——论历史唯物主义的存在论境域》,《天津社会科学》1999年第6期。

张曙光:《人的存在的历史性及其现代境遇(上)——对马克思关于人的存在思想的重新解读》,《学术研究》2005年第1期。

周敦耀:《〈关于费尔巴哈的提纲〉第十条的传统解说评析》,《广西大学学报(哲学社会科学版)》2002年第2期。

鲁品越:《马克思主义哲学原生态基本纲领——〈关于费尔巴哈的提纲〉系统化新解》,《河北学刊》2018年第1期。

习近平:《略论〈关于费尔巴哈的提纲〉的时代意义》,《中共福建省委党校学报》2001年第9期。

卜祥记、赵得生:《“市民社会”与“人类社会”的划界及其意义》,《江西社会科学》2017 年第 1 期。

王若水:《异化——这个译名》,《读书》2000 年第 7 期。

白刚:《资本、革命和自由——从〈共产党宣言〉到〈资本论〉》,《学术研究》2016 年第 5 期。

刘梅:《〈资本论〉中的隐性逻辑:共产主义》,《中国社会科学报》2018 年第 5 期。

杨学功:《广义历史唯物主义视野中人的本质问题及其哲学意义》,《学习与探索》2014 年第 10 期。

庞卓恒:《马克思社会形态理论的四次论说及历史哲学意义》,《中国社会科学》2011 年第 1 期。

刘同舫:《马克思人类解放视域中的社会形态理论》,《福建论坛(人文社会科学版)》2012 年第 5 期。

许恒兵:《马克思论证未来理想社会的双重逻辑——从苏联东欧理论家的论证路径说开去》,《长白学刊》2016 年第 2 期。

高放:《第一次共产党人参加的欧洲 1848 年革命流光溢彩》,《中国延安干部学院学报》2013 年第 5 期。

杨筱刚:《唯物史观:分析当代社会主义的理论构架——从某些经典论述谈起》,《社会科学研究》2003 年第 2 期。

徐斌:《人的全面发展与制度建设——基于当代中国现实境遇的分析》,《当代世界与社会主义》2013 年第 1 期。

徐斌、何喜均:《中国特色社会主义制度的大众认同》,《中国特色社会主义研究》2015 年第 5 期。

何喜均:《马克思国际交往理论与“一带一路”倡议》,《人民论坛》2017 年第 31 期。

何喜均、赵秀芳:《马克思的理论研究之居与变》,《忻州师范学院学报》2017 年第 6 期。

何喜均:《中国特色社会主义的人学实践》,《高校马克思主义理论研究》2020 年第 1 期。

林怀艺:《科学社会主义基本原则及其中国化》,《理论探讨》2010 年第 6 期。

鲁燕、景庆虹:《人类命运共同体思想的发展历程及实践探析》,《北京林业大学学报(社会科学版)》2018 年第 3 期。

刘同舫:《构建人类命运共同体对历史唯物主义的原创性贡献》,《中国社会科学》2018 年第 7 期。

罗骞:《中国特色社会主义建设实践的理论自觉——论历史唯物主义功能及其内涵

的当代转化》，《江苏大学学报（社会科学版）》2012 年第 2 期。

刘建军：《论“时代新人”的科学内涵》，《思想理论教育》2019 年第 2 期。

陈宝：《资本批判与人的自由全面发展》，《兰州学刊》2009 年第 4 期。

李慎明：《全球化与第三世界》，《中国社会科学》2000 年第 3 期。

［美］詹姆斯·劳勒：《虚无主义的共产主义与辩证的共产主义》，段忠桥等译，《国外理论动态》2006 年第 2 期。

［日］柄谷行人：《双重的颠倒——马克思关于“未来”的认识》，韩立新译，《清华大学学报（哲学社会科学版）》2013 年第 2 期。

牛先锋：《从“虚幻的共同体”到“自由人联合体”——马克思国家理论及其对国家治理现代化的启示》，《天津社会科学》2016 年第 4 期。

庞立生、王艳华：《精神生活的物化与精神家园的当代建构》，《现代哲学》2009 年第 3 期。

邹诗鹏：《现时代精神生活的物化处境及其批判》，《中国社会科学》2007 年第 5 期。

侯惠勤：《共产主义：马克思主义哲学之魂》，《红旗文稿》2015 年第 18 期。

报纸类

习近平：《高举中国特色社会主义伟大旗帜　为决胜全面小康社会实现中国梦而奋斗》，《人民日报》2017 年 7 月 28 日。

习近平：《决胜全面建成小康社会　夺取新时代中国特色社会主义伟大胜利——在中国共产党第十九次全国代表大会上的报告》，《人民日报》2017 年 10 月 28 日。

习近平：《在庆祝改革开放 40 周年大会上的讲话》，《人民日报》2018 年 12 月 19 日。

韩庆祥：《从资本逻辑走向人的逻辑》，《光明日报》2017 年 9 月 18 日。

王虎学：《“共产主义”的现实性与超越性》，《光明日报》2016 年 1 月 27 日。

张红光：《对话国家环保局首任局长、山东人曲格平：“改革利益集团是治霾关键”》，《齐鲁晚报》2014 年 3 月 24 日。

张世英：《人生的四种境界》，《光明日报》2009 年 12 月 31 日。

后 记

本书是在我的博士学位论文的基础上修改而成。在本书的修改过程中，博士论文的写作过程，乃至攻读博士学位的整个过程，都在我的脑海中进行了一番“游历”。不惑之年考取博士，无论如何都是一个冒险的举动，但也应该是回应了内心的召唤。读博无疑是一段痛苦的历险，但也是一段幸福的旅程。痛苦来源于身体，我的右眼因视网膜脱落进行了三次手术；痛苦表现于精神，多次的自我怀疑使我几欲放弃。然而必须承认，我的幸福感远远大于痛苦。生命中有了一段读博的日子，我的精神因之更加丰盈，平静的生活平添了许多“遇见”。感谢这段充实的日子，感谢一路走来遇见的诸多老师和朋友。

感谢导师徐斌。他让我想起范仲淹对严子陵的评价：“云山苍苍，江水泱泱，先生之风，山高水长。”徐老师于我而言，颇有先生之风。徐老师对我有知遇之恩，他不仅将我收入门下，悉心教导，而且宽厚体谅，有教无类。我的博士论文，大到甄别选题、构建框架，小到语言表述、标点符号，都凝聚着导师的诸多心血。徐老师看似严管，实则厚爱，他照顾到我的自尊，提出批评时总会辅以建议。我能够顺利完成博士学业，最应该感谢徐斌老师。书成之时，欲邀导师作序，心里诚惶诚恐，不料徐师欣然应诺，不日便寄回。这真的让我感激不尽。

感谢我的妻子赵秀芳博士。她学在我先、识在我上，但为了让我能安心学习，独自挑起家庭和工作的重担。在我读博期间，她不仅将家庭生活安排得井井有条，而且在忙于指导学生、申请课题、晋升职称的同时，还亲自为我编排和修改论文。她的专注和精进是我永远的前进动力。感谢女儿何允仪，乖巧懂事的她不仅没有干扰过我的学习，并且经常通过询问论文进度来督促我不断前行。读博五年，因为论文写作让她们牺牲了许多假期的休闲时光，我的心中多有愧疚。

感谢我的兄长、嫂子和姐姐，多年来替我照顾患病在家的父母。在我考取博士和攻读学位期间，父母双亲因病辞世，他们又竭尽所能地处理家中事务，极少要求于我。正是他们的辛苦付出和奔波劳累换来了我安宁的工作和读书时光。

在世界范围逆全球化、孤立主义甚嚣尘上之时，中国特色社会主义在新时代乘风破浪，引领马克思共产主义运动步入新的发展阶段，开辟了新的发展境界。如何用马克思人学思想系统地观照 21 世纪的马克思主义，阐释人类文明新形态？新时代中国特色社会主义的实践呼唤着伟大的理论，习近平新时代中国特色社会主义思想指引着伟大的实践。在理论和实践的相互激荡下，马克思共产主义思想必将得到更深入的发展。希望自己能够就此发展尽自己的绵薄之力。

最后感谢山西师范大学马克思主义学院的资助。感谢人民出版社的大力支持，感谢詹夺博士认真负责的指导。

责任编辑：詹　夺
封面设计：姚　菲

图书在版编目（CIP）数据

马克思人学视域下共产主义思想研究 / 何喜均 著 . — 北京：
人民出版社，2024.5
ISBN 978 – 7 – 01 – 025785 – 3

I. ①马…　II. ①何…　III. ①共产主义思想 – 研究　IV. ① D0–0

中国国家版本馆 CIP 数据核字（2023）第 117200 号

马克思人学视域下共产主义思想研究
MAKESI RENXUE SHIYU XIA GONGCHAN ZHUYI SIXIANG YANJIU

何喜均　著

人民出版社 出版发行
（100706　北京市东城区隆福寺街 99 号）

北京中科印刷有限公司印刷　新华书店经销

2024 年 5 月第 1 版　2024 年 5 月北京第 1 次印刷
开本：710 毫米 ×1000 毫米 1/16　印张：18
字数：248 千字

ISBN 978 – 7 – 01 – 025785 – 3　定价：89.00 元

邮购地址 100706　北京市东城区隆福寺街 99 号
人民东方图书销售中心　电话（010）65250042　65289539